신한류

이 도서의 국립중앙도서관 출판예정도서목록(CIP)은 서지정보유통지원시스템 홈페이지(http://seoji.nl. go.kr)와 국가자료공동목록시스템(http://www.nl.go.kr/kolisnet)에서 이용하실 수 있습니다. CIP제어번호: CIP2017012506(양장), CIP2017012507(학생판)

NEW KOREAN WAVE

▶

신한류

진달용 지음
나보라 옮김

소셜 미디어 시대의 초국가적 문화 권력

Transnational Cultural Power in the Age of Social Media

한울
아카데미

New Korean Wave

Transnational Cultural Power in the Age of Social Media

by Dal Yong Jin

차례

일러두기

1　이 책은 다음을 완역한 것이다. Dal Jin. 2016. *New Korean Wave: Transnational Cultural Power in the Age of Social Media*. Champaign, IL: University of Illinois Press.

2　원서에는 주가 없다. 따라서 글상자의 각주를 포함한 모든 각주는 옮긴이 주다.

3　되풀이해서 나오는 주요 고유명사와 학술용어는 필요하면 가장 먼저 나오는 곳에서 원어를 같이 표기했다.

4　본문에 등장하는 도서, 신문 등의 표기에서 단행본 제목에는『 』, 논문, 보고서 제목에는「 」, 신문이나 잡지 제목에는 ≪ ≫, 게임 이름에는 〈 〉을 사용했다.

5　맞춤법과 외래어 표기는 국립국어원 표준국어대사전과 외래어표기법을 따랐으나 인명의 경우, 실제 발음과 최대한 비슷하게 표기했다.

들어가며

1990년대 후반 이래 빠르게 성장해온 한국의 문화 산업과 문화 상품 수출의 증대를 상징하는 한류the Korean Wave는 2000년대 들어 상당한 변화를 겪고 있다. 한류는 지역 권력local force의 주도로 발전한 초국가적transnational 대중문화이자 디지털 테크놀로지로서 2008년 즈음부터 성장에 몇 가지 특징을 보이기 시작한다. 그러한 특징들은 수출이 증대되기 시작했던 1990년대 후반부터 2007년 사이의 한류의 초기 단계와는 매우 상이한 양상으로 나타나고 있다. 한류의 최근 경향에서 가장 중요한 부분은 소셜 미디어의 발전, 그리고 그것이 지역 문화 상품 영역에 미친 영향인데, 왜냐하면 전 세계의 한류 팬들이 K팝K-pop, 디지털 게임, 영화 등을 즐기기 위해 소셜 미디어에 접속했기 때문이다. 싸이Psy의 「강남스타일」이 유튜브Youtube에서 센세이션을 일으키며 전 세계적으로 유명한 K팝이 된 사례가 보여주듯, 지역 대중문화의 글로벌한 흐름에 대한 기존의 개념은 소셜 미디어로 인해 크게 바뀌고 있다. 한국산 스마트폰과 비디오게임 또한 한류의 주요 영역으로 자리 잡아가고 있다. 영화와 텔레비전 프로그램 중심으로 수출이 이루어졌던 1997~2007년의 '한류 1.0' 시기와는 달리, 2008년부터 현시점에 이르는 '한류 2.0' 시기에는 창의 콘텐츠와 디지털 테크놀로지 간의 융합에 초점이 맞춰지고 있다. 한국의 문화 상품 시장 또한 변화하고 있다. 한국의 문화 산업에서 아시아가 가장 큰 시장을 형성해온 가운데, 북미와 서유럽 그리고 남미를 포함한 다른 지역들 또한 시청각적 상품들과 디지털 테크놀로지 등이 포함된 한국의 대중문화를 수용하기 시작했기 때문이다.

그에 따라 한국은 비서구권 국가들 가운데 텔레비전 프로그램, 영화, 대중음악, 애니메이션, 온라인 게임, 스마트폰 등 거의 모든 문화 형식을 서구권과 비서구권 모두에 수출하는 최초의 국가가 되었다. 자국의 문화 상품을 글로벌 시장에 내놓았던 다른 지역의 전례가 없었던 것은 아니지만, 대개 일부 제한된 문화 형식(예컨대 멕시코와 브라질은 텔레비전 드라마 부문에, 일본의 경우 애니메이션과 콘솔 게임console game 등)에 치중되어 있었다. 자국의 다양한 문화 형식이 전 지구적으로 출현하고 있는 오늘날 한국의 양상은 다른 비서구권 국가들에서는 볼 수 없었던 현상인 것이다.

한류의 주된 특성이 변화해감에 따라 최근 몇 년간 한류에 대한 학술서를 비롯해서 학술세미나, 컨퍼런스 등에서 관련 학술 담론이 범람하고 있다. 그러나 한류가 다양한 영역에 걸쳐 있음을 반영하듯, 한류에 관한 담론들은 문화 형식(예를 들어 텔레비전 프로그램, 영화, 대중음악, 비디오게임)의 측면이나 학술적 범주(문화 연구, 정책 연구, 제도 분석 등)의 측면, 그리고 한류의 주류 영역(성형, 한식, 패션 등)의 측면에 있어 신문이나 잡지의 기사 또는 서적 등에서 구체적인 학술 형식으로 다뤄지지는 못하고 있다. 2010년 초반에 출간되었던 일부 서적은 모두 편저로서, 대개 비판적이거나 분석적인 접근을 결여한 채 현재 벌어지고 있는 사건들에 관한 내용을 제공하는 데 그치고 있다.

물론 이것들 모두 그 나름의 가치를 지니지만 여기에는 무언가 결여되어 있었다. 그것들이 모두 개별적인 중요성을 지니고 있었음에도, 여러 문화 형식들과 학술적 범위를 관통해서 흐르는 역사, 이론 그리고 비판적 관점과 같은 중요한 요소들을 놓쳤던 것이다. 이러한 문제점들에 대한 숙고 끝에 한류가 시작되었던 시점과 대비되는 새로운 '신한류the New Korean Wave'에 대한 최초의 분석으로서 이 책의 작업을 시작했다. 그 작업의 시작은 한류의 최신 특성들을 사회문화적인 맥락 속에서 탐구하면서 그 텍스트가 지닌 의미들을 분석하는 것이었다. 이 책은 또한 지역의 대중문화와 디지털 테크놀로지가 성공적으로 성취한 것들을 분석했을 뿐만 아니라 그러한 성취의 배경을 형성해온 지역의 사회적 지형에도 초점을 맞추었다. 그에 따라 여기서는 한국 대중문화의 초기 발전 과정을 비판적으로 그리고 역사적으로 맥락화할 것인데, 이 작업은 신자유주의 글로벌라이제이션neoliberal globalization 및 혼종화hybridization로 알려져 있는 문화적 글로벌라이제이션cultural globalization 간 논쟁을 통해 진행될 것이다.

궁극적으로 확인하고자 하는 것은, 서구의 지배가 지속되고 있는 가운데서 비서구에 초점을 맞추는 새로운 이론적 관점의 가능성이다. 즉, 현재 한류 현상이 보여주는 지역 대중문화의 성장 사례를 통해 비서구적 관점이 서구적 관점에 의해 발전되어온 중심적인 가정들과 주장에 도전할 수 있을 것인지 여부를 탐구하겠다는 것이다. 여기서는 미디어와 지역 연구 분야에서 서구적·비서구적 관점의 통합과 글로벌 비교연구 이론의 활용, 비서구 이론과 모델 간 연관성, 그리고 이론적 교잡수분에 성공 또는 실패한 노력들에 대해 논의할 것이다. 이러한 논의를 통해 현재의 발전 양상에 대한 이해가 증진되고, 그러한 발전들이 미래의 초국가적 문화의 흐름과 생산에 연관되는 관점에 놓이기를 희망한다.

필자는 2000년대 초반부터 한류에 대한 학술적 여정을 이어왔다. 그렇기 때문에 이 책에 담긴 생각들은 본래 *Javnost-the Public*(2010)나 *Popular Music and Society*(2014) 등의 일부 학술지에 실렸던 저자의 기존 논문에 뿌리를 두지만, 이 책의 작업을 위해 원본에 담겼던 아이디어와 논의를 좀 더 확장시키고 다듬어 정교하게 발전시켰다. 이 책의 제2장은 *Pacific Affairs*〔vol.87, no.1 (2014)〕에 실렸던 논문 "The Power of the Nation-State amid Neoliberal Reform: Shifting Cultural Politics in the New Korean Wave"에 주로 기반을 두고 작성되었음을 밝혀둔다.

소셜 미디어가 빠르게 확산되지 않았다면 현재의 한류 붐은 불가능했을 거예요. 서구의 한류 팬이자 라틴아메리카 출신인 제게 라틴아메리카에서 열광적인 한류의 인기가 인상적이었던 것은 멕시코나 페루, 브라질 같은 나라들까지 엄청난 열기로 한류가 확산되었다는 사실이었어요. 하지만 젊은 세대들은 자막이나 토렌토, 미디어 스트리밍 같은 온라인 콘텐츠 접속에 익숙한데, 이처럼 갈수록 확산되어가는 디지털 문화를 고려한다면 라틴아메리카의 한류 붐이 아주 놀라운 것만은 아니라고 생각해요.

_캐나다 밴쿠버의 23세 여학생과의 인터뷰 중

제1장

신한류의 부상

21세기 초 한국 대중문화는 전 세계적으로 커다란 붐을 일으켰다. 텔레비전 프로그램, 영화, 음악, 애니메이션 등 다양한 문화 형식들이 북미와 유럽 등의 서구 문화 시장으로 진출하고 있다. 할리우드와 같은 서구 문화가 비서구권의 문화 시장에서 여전히 그 영향력을 유지하고 있는 가운데 한국 문화 산업의 대중문화 수출은 세계 여러 지역으로 확대되고 있다. 페이스북 같은 소셜 미디어 네트워크와 이용자 제작 콘텐츠UGC를 제공하는 유튜브 같은 소셜 미디어는 한국 대중문화의 새로운 플랫폼으로서 중추적인 역할을 수행하고 있다. 전 세계 대부분의 지역에서 한국 대중문화에 접촉하는 것이 가능한 가운데, 글로벌 대중문화 팬들이 전통적인 미디어뿐 아니라 소셜 미디어를 통해 한국의 대중음악과 텔레비전 프로그램을 향유하고 있기 때문이다. 비디오게임이나 스마트폰 등의 디지털 테크놀로지 또한 한류의 주요 분야로서 자리 잡고 있는데, 이는 한국산 디지털 테크놀로지가 이미 글로벌 시장에 상당 수준 보급되어 있기 때문이다. 자국의 문화 상품 및 테크놀로지 수출이 전 세계적으로 이러한 성공 수준에 이른 것은 지금까지 비서구권에서 전례가 없는 현상이다.

한국이 이처럼 초국가적 대중문화 생산의 중심권에 자리 잡기 시작한 것은 그리 오래된 일이 아니다. 1990년대 후반부터 한국 문화 산업은 상품을 발전시켜왔고 생산된 문화 상품을 주로 동아시아와 동남아시아 지역으로 수출해왔다. 이렇게 아시아의 여러 국가들에 자국의 문화 상품을 수출하면서 한국은 초국가적 대중문화를 생산하는 새로운 강자로 떠오른다. 이와 같은 한국 대중문화의 갑작스러운 부상과 아시아권으로의 확산, 즉 '한류'는 많은 아시아인들에게 놀라운 일이었는데, 왜냐하면 이전까지 아시아권에서 초국가적 대중문화는 미국과 일본 또는 홍콩에 한정되어왔기 때문이다(Joo, 2011; Youna Kim, 2013). 일부 아시아 국가들의 보호주의 문화 정책과 중국이나 인도가 대중문화 영역에서 새로운 강자로 부상하고 있는 상황으로 인해 "한류는 한때의 유행"으로서 이내 사라질 것이라는 주장과 우려도 있었지만, 한류는 권역의 경계에서 벗어나 전 지구적인 현상으로서 — 비록 아직 완전히 만개한 수준에 이른 것은 아니지만 — 발전을 거듭해왔다. 전 세계의 정책 결정자들과 문화 실천가들, 미디어 학자들, 그리고 누구보다도 수많은 대중문화 팬들은 한국의 대중문화와 디지털 테크놀로지에 경탄하며, 한때 변방에 머물렀던 작은 국가인 한국에서 만들어낸 지역 문화가 글로벌한 인기를 얻고 있는 이유를 파악하고자 노력하고 있다.

한류 2.0은
어떻게 규정되는가

1990년대 후반 이래 지속되어온 한류는 지금까지 몇 번의 중대한 변동을 거쳐왔는데 특히 주요한 변동은 2008년경부터 시작되었다. 2007년까지 지속되어온 기존의 흐름에서 현재 한류를 완전히 분리할 수는 없겠지만 2008년을 기점으로 하는 신한류 또는 한류 2.0은 기존의 한류와는 구분되는 독자적인 특징

표 1.1 한류 1.0 vs. 한류 2.0

구분	한류 1.0	한류 2.0
주요 시기	1997~2007년	2008~현재
주요 보급 장르	TV 드라마, 영화, 온라인 게임	K팝, 비디오게임, 애니메이션
테크놀로지	온라인 게임	소셜 미디어(SNS, 스마트폰), 디지털 게임
주요 보급 권역	동아시아	아시아, 유럽, 북미
주요 소비자층	30~40대	10대와 20대 포함
주요 문화 정책	간접 정책	직접 정책

자료: 이 표의 일부는 *Vitalsign*(2010)에서 발췌.

을 보인다. 여기서는 한류의 발전 과정을 역사화하기 위해 거칠게나마 시기를 구분했는데, 대략 1997년부터 시작해서 2007년 즈음까지 이어졌던 '한류 1.0' 시대와 2008년부터 현재까지 이어지고 있는 '한류 2.0', 즉 신한류 시대라는 두 시기로 구분할 수 있다. 이 두 시기가 일부 공통적인 현상을 공유하기는 하지만 이후 전개할 분석 작업들을 통해 주요 수출 형식이나 기술적 발전 양상, 팬층의 특성, 정부의 문화 정책 등 주요 분야에서 이 두 시기가 서로 구분되는 특성을 지님을 분명히 확인할 수 있을 것이다(〈표 1.1〉 참조).[1]

우선 2008년을 기점으로 변화한 한국 문화 산업의 전 지구적인 교역 양상을 들 수 있는데 이 시기에 방송과 영화, 음악, 게임 등 문화 상품의 수출 물량이 수입 물량을 넘어서기 때문이다. 한국의 문화 상품 총수입량은 2008년 이후 일부 예외를 제외하고 전반적인 감소세를 보인다. 2008년 한국의 문화 상품 수출액은 23억 3000만 달러를 기록한 반면 같은 해 수입 총액은 19억 8000만 달러에 머물렀는데, 이는 33억 5000만 달러 수준이었던 2007년에 비해 감소한 것이었다(Ministry of Culture, Sports and Tourism, 2012b: 70). 이처럼 한국이 2008년에 이르러 마침내 달성한 문화 상품 교역상의 흑자는 2014년까지 지속되는데, 이는 신한류의 주요 특성이다.[2]

둘째, 한국이 최근 몇 년에 걸쳐 서구권과 비서구권 양 진영으로 텔레비전 프로그램과 영화, 대중음악, 애니메이션 등의 거의 모든 문화 형식과 온라인 게임, 스마트폰 같은 (테크놀로지로서뿐 아니라 문화로서의) 디지털 테크놀로지를 유의미한 수준으로 수출한 비서구권 국가로 부상했다는 점이다. 이전까지 자국의 문화 산물을 글로벌 시장에 보급했던 국가가 없었던 것은 아니지만 대개 일부 특정한 문화 형식에 한정되어 있었다. 예를 들어 멕시코와 브라질은 '텔레노벨라telenovelas'로 알려진 텔레비전 프로그램을 수출했고, 홍콩은 1970~1980년대에 걸쳐 쿵푸 영화로 인기를 모았다. 일본 또한 애니메이션 분야에서 세계를 선도했으나 대중음악과 텔레비전 프로그램 분야는 ─ 동아시아에서의 성공에도 불구하고 ─ 서구 시장에서 잘 받아들여지지 않았다.

셋째, 소셜 미디어가 빠르게 발전하면서 지역의 문화 산물 영역에 영향을 끼쳤다는 점이야말로 현재의 한류 경향에서 가장 주목할 만한 부분이다. 전 세계 팬들은 한국의 대중음악(K팝)과 비디오게임(온라인, 모바일, 소셜 게임 등), 텔레비전 프로그램, 영화 등을 즐기기 위해 소셜 미디어를 적극적으로 활용하고 있다(Jin, 2012). 한국에서 생산된 스마트폰과 비디오게임은 한류의 주류를 형성하는 디지털 한류the Korean Digital Wave를 주도하게 되는데, 사실상 한류 2.0의 중심에는 새로운 디지털 테크놀로지와 소셜 미디어의 발전이 있다고 할 수 있다.[3] 2007년 6월까지 스마트폰은 존재하지 않았고, 유튜브는 2005년에 개시된 뒤 2006년에는 구글에 병합되었으므로 디지털 플랫폼의 영향력은 한류 1.0 시대에는 별 의미가 없는 수준에 그쳤다.[4] 글로벌 시장에서 지역 문화가 인기를 얻는 것은 대중문화 콘텐츠의 전달을 수월하게 만들어주는 디지털 테크놀로지와 소셜 미디어가 얼마나 보급되어 있는지에 달려 있다. 22세 미국인 여학생은 심층 인터뷰에서 다음과 같이 언급한 바 있다. "저는 2008년 즈음 고등학생이었을 때 한국의 대중문화를 즐기기 시작했어요. 소규모였고 아시아를 주 대상으로 삼았던 기존의 한류와 비교할 때 지금의 한류는 그 기반이 좀 더 글로벌한 것 같아요. 유튜브나 트위터, 인스타그램, 비키Viki가 아니었다면 전 세계

수많은 팬은 결코 한국의 대중오락을 알 수 없었을 거예요." 실제로 전 세계적
으로 히트한 K팝인 싸이Psy의 「강남스타일」은 2013년 6월 16일 유튜브에서
16억 뷰를 기록했고, 2014년 12월에는 유튜브의 32비트 정수 한계•를 넘어섰
다(BBC News Asia, 2014).[5] 이는 소셜 미디어가 지역 대중문화의 글로벌 문화
흐름을 어떻게 바꾸어 놓고 있는지를[6] 잘 보여준다. 북미의 한국 드라마 팬들
— 특히 예능 장르entertainment genre의 팬 — 이 유튜브를 통해 프로그램을 향유하고
있다는 점도 디지털 테크놀로지와 소셜 미디어 없이는 현재의 한류가 불가능
함을 분명히 보여준다. 한국산 대중문화 상품과 디지털 테크놀로지가 서구 시
장에 상당한 수준으로 보급되었다는 점에서, 아직 완전한 단계에 이르렀다고
할 수는 없어도 신한류가 다양한 형식의 문화 산물과 디지털 테크놀로지로 국
경을 초월하는 것에 성공했음은 분명해 보인다. 그리고 이러한 점이야말로 특
정한 문화 형식에 한해 성공했던 다른 국가들과 차별화되는 지점이다.

  넷째, 정부 정책의 변화다. 한국 정부는 초기 한류 1.0 시대에 문화 상품의
글로벌 교역에 대해 간접적으로 지원했던 불간섭주의hands-off에서 신한류 시대
에 들어와서는 직접적인 지원을 중심으로 하는 간섭주의hands-on로 그 입장을
바꾸었다. 이와 같은 변화는 정치적 이데올로기의 변화와 미국을 포함한 인
근 국가들의 각 정권 간 관계 변동에 따른 결과였다. 대중문화와 문화 정책이
불가분의 관계라는 점에서 한국 대중문화의 발전에 있어 문화 정책은 핵심
적인 요소이며 따라서 그에 대한 분석이 필요하다. 한류 1.0 시대에는 한국
정부가 간접적인 개입 방식으로 지원하는 탈규제 노선의 문화 정책을 추진
함으로써 민간 영역이 한류 현상을 주도하는 양상이었다. 하지만 이명박 정권
(2008~2013)과 박근혜 정권(2013~2016)에 들어와 문화 정책이 콘텐츠를 강조하
는 방향으로 바뀌면서 정부가 문화 영역에 적극적으로 개입하기 시작한다.

•   21억 4748만 3647회 조회를 초과했다 — 옮긴이 주.

2008년 이후 집권해온 이 두 정권은 창의 산업(기존의 문화 산업)을 국가 경제의 중요한 분야로 삼았는데 지적재산권[7]은 이들이 강조했던 분야 가운데 하나였다. 실제로 지적재산권은 한국 문화 산업계의 가장 중요한 수익 원천으로 조망되면서 문화 상품의 장래 수출 가능성보다 훨씬 중요해진다. 이는 곧 한국 정부와 문화 산업의 기업들이 전략적으로 주의 깊게 정책을 구축했음을 의미하는데 왜냐하면 음악 산업을 포함한 일부 문화 상품의 경우 지적재산권을 통해 또 다른 수익을 얻을 수 있었기 때문이다.

한류는 한국 대중문화 그 자체라기보다는 한국 외의 지역에서 일고 있는 한국 문화의 높은 조류(인기)를 의미한다. 하지만 한류를 초국가적인 문화 현상으로서만 인식하거나, 단순히 문화적인 것 또는 전 세계 팬들에 의해서 규정되는 것으로만 이해해서는 안 된다. 한류는 문화적 영역을 넘어서서 명백한 야망을 통해 추진되는 국가-제도적 정책이기도 하기 때문이다. 국가적으로 추진되는 정책으로서의 한류는 한국의 국가적 이익을 위해 종합적으로 기획된 것으로서 주로 한국 기반의 소수 기업들과 주류 미디어, 국가 관료, 전문 컨설턴트에 의해 주도된다(J. B. Choi, 2015).[8]

결과적으로 이 두 정권은 대중문화의 수출을 넘어 관광, 한식, 패션에 이르기까지 한류의 범주를 확장시키기에 이르는데, 여기서 정부의 계획과 참여는 매우 중추적인 것이었다.

이상의 변화상은 신한류의 역사적 발전 과정을 이해하는 데 미디어 텍스트상의 변화와 더불어, 수출된 주요 문화 형식과 기술적 발전, 정부의 문화 정책과 같은 더 넓은 범주의 특성이 고려될 필요가 있음을 보여준다. 글로벌 시장에서 한국 대중문화가 크게 성장하고 있는 현상이라는 점에서 신한류는 한류 1.0의 연장선상에 놓여 있다. 하지만 동시에 그 특성에서 초기 한류와 구별되는 지점들이 있기 때문에 한류 2.0의 발전 과정 이면에 놓인 배경, 그리고 한류 2.0이 글로벌 문화 산업과 지역 문화 산업 양쪽에 미친 영향을 분석하는 것은 반드시 필요한 작업이다.

책의 주요 내용

이 책은 신한류 현상을 초기 한류와의 비교를 통해 분석한 첫 시도로서, 한류의 최근 발전 과정을 텍스트의 의미와 더불어 사회경제적인 맥락 속에서 탐구하고자 한다. 기존의 접근들은 아시아 문화 시장에서 한국의 특정한 문화 상품이 성공하게 된 원인들을 탐구하는 데 집중되어 있었다. 한류에 대한 대다수 연구(Huat and Iwabuchi, 2008; D. Kim and M.-S. Kim, 2011; Youna Kim, 2013; Kuwahara, 2014; Lie, 2015)는 인류학이나 문화 연구에 그 뿌리를 두고 문화기술지적 접근을 취하면서 사례 연구에 중점을 둔다. 이들 연구에서 우선순위는 대중문화에서 사용된 텍스트 이미지들에 대한 분석, 그리고 한국 대중문화가 아시아 지역에서 성장하게 된 문화적 원인들을 분석하는 것이었다. 하지만 이들 연구는 한류상 소셜 미디어와 테크놀로지의 역할이 증대하고 있는 현상은 다루지 않았다.

이와 달리, 여기서는 미디어 텍스트 분석을 통한 한국 대중문화의 놀라운 성취뿐 아니라 한국이라는 지역local의 대중문화 발전이 지니는 사회적 의미의 중요성에 대해서도 논의할 것이다. 특히 전 지구적 맥락에서 한국 대중문화와 디지털 테크놀로지의 정치경제적인 측면에 초점을 맞춘다. 또한 문화정치 내 권력관계를 국가적인 차원과 전 지구적인 차원에서 이해하고자, 한국 문화 기업들의 운영 방식과 글로벌 전략을 정부의 문화 정책 변화상과 함께 살펴볼 것이다. 대중문화 연구에서는 정치경제학적으로 접근할 때 문화 산업과 문화 정책에 대한 분석에 초점을 맞춘다. 따라서 여기서는 대중문화의 경제적인 측면과 산업적인 측면을 강조하면서 정치와 경제 간 상호작용과 관련된 질문들을 탐구하고, 나아가 문화 산업과 글로벌 문화 시장, 그리고 정부 간 관계를 절합함으로써 전체 현상에 대한 좀 더 발전된 관점을 제시하고자 한다. "정치경제학적 접근 자체가 문화적 흐름의 양상 변화에 있어 주요한 역할을 수행하고 있는 디지털 테크놀로지에 초점을 맞추기 때문에"(Otmazgin, 2013: 2~3), 신한류의 중심으로 빠르게 부상하고 있는 디지털 테크놀로지에 대한 분석 또한 매우 중요한 작업이 된다.

이 책에서 한국의 대중문화 및 디지털 테크놀로지의 초기 발전 과정을 혼종화hybridization의 개념 속에서 비판적·역사적으로 맥락화하는 것은 바로 그러한 이유에서다. 여기서 신한류에 대한 비판적인 분석을 긍정적인 변화에 대한 완전한 거부로서 이해해서는 안 될 것이다. 건설적인 비판이란, 향후 문화 산업과 콘텐츠가 좀 더 성장하는 데 기여하는 일종의 탈선deviation이라 할 수 있을 것이다. 더불어, 이 책에서는 문화 연구에서 주로 사용하는 접근 방식인 텍스트 분석textual analysis과 심층 인터뷰in-depth interview를 활용했는데, 그 이유는 이러한 접근 방식을 통해 현재 한류의 주요 특성들을 더 잘 파악할 수 있기 때문이다.

좀 더 구체적으로, 최근 수년간 진행되어온 한류의 변화상이 잘 드러나는 핵심적 요소들을 초기 한류와 비교함으로써 체계적으로 분석할 것이다. 필자는 신한류에 대해 포괄적으로 접근한다. 그에 따라 이 책에서는 텔레비전 프로그램, 영화, 애니메이션, 음악 등의 대중문화뿐 아니라 스마트폰과 디지털 게임 같은 디지털 테크놀로지 또한 혼종화라고 알려져 있는 문화적 글로벌라이제이션의 관점을 기반으로 하는 필자의 탐구 영역으로 포함될 것이다. 지난 18여 년간 한류의 주요 특성이 변화해왔음을 감안해서 지역의 문화 산업이 고유한 특성들을 발전시켜온 방식에도 초점을 맞출 것인데, 특히 혼종적 지역 문화가 형성되어온 과정과 혼종적 대중문화의 수출에서 최근 몇 년간 나타난 특징적인 측면에 집중할 것이다. 또한 한국의 디지털 테크놀로지 그 자체가 신한류의 일부로서 부상하게 된 과정과 새로운 수단으로서 소셜 미디어와 디지털 미디어가 일부 문화 장르의 전 지구적 수출에 어떠한 역할을 수행했는지에 대해서도 살펴볼 것이다.

둘째, 이 책은 한류의 역사적 발전 과정을 서술할 것이므로 각 장은 해당 분야에 대한 한류 이전 시기의 사회문화적 맥락에서 시작한다. 그 이유는 현재의 한류 현상을 이해하는 데 그 이전 시기의 문화 정책과 문화 산업이 배제되어서는 안 되기 때문이다. 윤태진이 올바르게 지적하듯, "문화적 맥락은 몰역사적 ahistorical으로 연구되어서는 안 되며, 역사 연구란 찾아낸 파편들을 연결함으로써 과거를 재구축하는 과정이 되어야 한다. 여기서 재구축이란 과거가 기술되는 것described에 그치는 것이 아니라 해설되는 것explained임"을 의미한다(Yoon, 1997: 68). 수십 년 전의 당시로 되돌아가는 것은 물론 불가능하겠지만 대신 여기서는 디지털 한류 2.0을 포함한 현재의 한류에 직접적인 영향을 미친 한국 문화 산업의 초기 발전 과정에 대한 논의를 진행할 것이다.

셋째, 혼종성Hybridity의 개념을 형성하는 근본적인 전제들을 한국 대중문화와 디지털 미디어의 빠른 성장을 통해 살펴볼 것이다. 이 책에서는 혼종성을 대중문화의 최근 발전상을 분석하는 주요한 이론적 틀로서 활용했는데, 이에 대해서는 다음 장에서 좀 더 자세히 설명할 것이다. 여기서 목표는 지역의 문화 산업이 문화 상품을 어떤 식으로 혼종화했는지를 검토하는 것에 그치지 않고, 그러한 시도들이 지역 권력 주도의 새로운 문화 창출이라는 혼종화의 목표를 달성했는지의 문제까지 포함한다. 이는 매우 중요한 문제인데, 왜냐하면 이와 같은 접근을 통해 한국의 문화 산업과 생산자들이 혼종성을 통해 미국이 지배적인 위치를 점유하고 있는 대중문화 및 디지털 미디어 영역에서 탈피한 새로운 문화를 창조해낸 것인지, 아니면 단지 서구 문화와 지역 문화 간의 물리적 혼합을 개량한 것에 그친 것인지를 확인할 수 있기 때문이다.

그러한 작업을 위해 대중문화의 초국가주의를 분석하면서 한국 대중문화의 수출 양상뿐 아니라 생산과정에서 서구 문화가 어떤 식으로 활용되었는지의 측면 또한 탐구했다. 많은 한국인과 문화 생산자가 서구 문화의 영향을 받아왔기 때문에 한국이라는 지역의 대중문화가 혼종화되는 과정에서 서구가 어떠한 초국가적 영향을 미쳐왔는지, 그리하여 궁극적으로 어떠한 과정을 통해 한류가 전 세계적인 현상이 된 것인지를 분석할 필요가 있을 것이다. 이와 같은 순환적인 초국가적 문화 흐름은 비서구에서 서구로의 역류contraflow 가능성에 중점을 두면서 글로벌 시대 한국 대중문화의 진정한 의미를 밝혀줄 것으로 기대된다.

이 책에서는 모든 장에 걸쳐 일관되게 혼종성 이론을 활용할 것이다. 하지만 각 장에서는 세부적으로 특정한 문화 형식들의 혼종화 과정을 다룰 것인데, 예컨대 제3장에서는 텔레비전 포맷, 제6장에서는 언어 혼용linguistic mixing, 제7장에서는 글로컬라이제이션glocalization과 문화적 역류contraflow, 제8장에서는 기술적 혼종화를 다루는 식이다. 혼종성를 활용한 이와 같은 이론적 틀은 디지털 시대에 빠르게 변화하는 한류를 이해하는 데 도움을 줄 것이다.

넷째, 한국 문화 산업과 문화 정책의 발전에서 가장 중요하면서도 이전까지 별다른 논의의 대상이 되지 못했던 정부의 정책을 다룰 것이다. 경제적·역사적 고려 사항과 맞물려 변화해온 한국 정부의 문화 정책은 한국 문화 산업과 신한류의 성장에 중추적인 역할을 수행해왔다. 여기서 중점은 한류 1.0 시대(김대중 정권과 노무현 정권)와 한류 2.0 시대(이명박 정권과 박근혜 정권)의 문화 정책 간 비교와 대조에 놓인다. 이는 한국 정부의 문화 정책 변화상을 파악함으로써 문화 정책의 수립과 실행에 신자유주의가 어떤 식으로 작용했는지를 국가 주도의 발전 정책을 고수해온 한국적 맥락에서 분석할 수 있도록 해줄 것이다.

마지막으로 논의할 부분은 지속되고 있는 서구의 지배적 영향력하에서 비서구권의 문화적 헤게모니, 그리고 새로운 이론적 관점이 가능할 것인지의 문제로서, 이는 앞서 제시한 문제들 못지않게 중요한 문제다. 이는 다시 말해, 현재의 한류가 보여주는 지역 대중문화와 디지털 테크놀로지의 성장이라는 현상이 서구적 관점에 의해 구축되어온 중심적 전제와 주장에 대해 비서구적 관점에 기반을 둔 문제 제기가 가능한지 여부를 탐구하겠다는 것이다. 이것은 단순히 글로벌 문화 시장에서 증대되고 있는 비서구권 문화의 역할을 인정하는 데 그치는 것이 아니라, 비서구의 권력이 서구와 비서구 간 비대칭적 권력관계에 도전하고 있는지를 해석하려는 시도이다. 지역 권력의 역할 증대가 자동적으로 서구 문화 시장에서 한국 대중문화의 중요성을 보장하는 것은 아니기 때문에 혼종성과 역逆문화 흐름contracultural flow의 관점을 통해 지역 문화의 인기가 지니는 의미를 맥락화하여 접근할 필요가 있다.

방법론적으로 볼 때, 기존의 한류 관련 학술적 분석과 담론들은 지역 대중문화의 문화적 측면에 초점을 맞춰왔다고 할 수 있다. 예컨대 한류 현상의 발전 속에서 청소년 정체성의 문제와 생활방식의 변화 등에 수용자 연구를 수행한 것(Sujeong Kim, 2009)이 그에 해당한다. 하지만 대중문화는 더 이상 단절적으로 구분되어 존재하는 영역이 아니다. 테크놀로지, 문화 텍스트, 프로모션 등 모든 회로가 성장과 수익을 위한 핵심적인 공간으로서 광대하게 구축된 디지털 네트워크와 문화의 궤도상에서 서로 엮여 있기 때문이다(Kline, Dyer-Witherford and de Peuter, 2003). 따라서 문화 상품들은 기술적·사회적·문화적·경제적 특성의 조합을 바탕으로 파악되어야 하는 것으로서 그 가운데 특정한 항목만 바탕으로 삼아 파악되어서는 안 된다. 그에 따라 여기서는 사회문화적인 요소와 비판적 연구의 관점에 기반을 두고 신한류 현상을 검토함으로써, 글로벌 영역에서 한류가 개념화되어온 과정과 한류가 발전하고 이행되며 수용되어온 과정에서 미처 제대로 탐구되지 못한 채 남아 있는 복잡한 측면들에 접근하고자 한다.

이를 위해서 한류 1.0 시대부터 한류 2.0 시대에 이르는 성장 과정의 역사화를 강조하는 정치경제학적 접근법을 취하되, 주요 분석 틀을 보강하기 위해 텍스트 분석을 병행했다. 거의 모든 장에서 한두 편 정도의 시청각적 문화 상품에 대한 텍스트 분석을 수행함으로써 독자들의 한국 대중문화의 혼종성에 대한 이해를 돕고자 했다. 더불어 2012년과 2014년 여름, 두 번에 걸쳐 문화 생산자와 미디어 학자 10여 명, 그리고 서울과 캐나다 밴쿠버의 한국 대중문화 및 디지털 플랫폼 이용자 40명에게 심층 인터뷰를 실시했다. 인터뷰는 대상자들이 질문 너머에 자신의 의견을 표현할 수 있도록 하기 위해 반구조화된 방식으로 진행했는데, 한국산 대중문화와 디지털 테크놀로지에 대한 경험과 이해에 관한 질문에서 시작해 한국 대중문화와 디지털 테크놀로지의 빠른 보급에서 소셜 미디어와 디지털 미디어의 역할, 그리고 신한류에 대한 대상자들의 관점에 대한 질문으로 이어졌다. 인터뷰와 역사적 분석이 한류가 변화해온 경향의 주요 원인을 파악하고자 한 것이었다면, 텍스트 분석은 콘텐츠 자체의 속성 변화를 확인할 수 있도록 하는 것으로서 이와 같은 융합적이고 혁신적인 접근은 심층적인 분석을 위한 자원을 제공해주었다.

한국 대중문화의
혼종성

이 책은 초국가적 대중문화와 디지털 테크놀로지의 맥락에서 혼종화를 주요 이론적 틀로서 활용하되 그에 대해 비판적으로 접근했다. 특히 제3의 공간the third place의 개념에 후기 식민주의적 접근을 취하면서 한국 대중문화의 사례를 통해 혼종화 이론을 비판적으로 정치화한다. 지역 권력이 글로벌 시장에서 부상하는 가운데 문화적 글로벌라이제이션에서 문화 텍스트 내 혼종성이 그 본질적인 문제들 가운데 하나임을 인정하는 입장에서, 혼종성에 대한 역사-구조적인 분석 또한 수행할 것이다. 이는 다시 말해, 서구-비서구 간 문화 상품과 디지털 테크놀로지의 전 지구적인 흐름에는 텍스트 차원과 구조적인 차원에 걸쳐 협상negotiation이 개입된 것이라는 전제 아래 혼종화가 정치화의 한 양식으로서 분석될 필요가 있다는 것이다. 이론적인 측면에서 볼 때, 대중문화를 정치경제학적 관점에서 연구하는 것은 상대적으로 새로운 접근이다. 그리고 한국 대중문화의 성장에 대한 연구에서 혼종화 과정의 정치화는 거의 시도된 바 없다. 따라서 이와 같은 비판 주도의 이론적 접근이 신한류의 맥락 내 혼종성을 두고 벌어지고 있는 현재의 논쟁에 대해 시사하는 바가 있을 것으로 생각된다.

사실 이론적 틀로서 혼종화는 다른 분야에서 오랫동안 다뤄졌으나 미디어 연구 분야에서는 1990년대 초반에 이르러서야 유의미하게 다루어지기 시작했다. 몇몇 이론가들이 혼종화나 혼종성(또는 둘 모두)을 지역 대중문화의 속성이 변화하는 현상을 분석할 수 있는 이론적 틀로서 강조했던 것인데, 여기서 혼종성·혼종화란 글로벌한 것과 지역적인 것들이 이질성을 유지한 채 창조적으로 혼합되는 현상을 의미한다(Appadurai, 1996; Kraidy, 2005; Pieterse, 2009; S. Jung, 2011). 1990년대 초반부터 조셉 스트라우바Joseph Straubhaar 같은 미디어 학자들은 미국을 포함한 몇몇 서구 국가들의 지배적인 역할을 강조하면서(Straubhaar, 1991; H. Schiller, 1976; Guback, 1984), 문화다양성cultural plurality의 도래와 함께 문화 제국주의의 역할이 축소되고 있음을 논하기 시작한다. 또 다른 미디어 학자들은 국제적인 교류에서 서구의 미디어·문화 상품의 우세를 인정하면서 전 지구적인 문화 흐름이 필연적으로 일방적일 수밖에 없는지를 두고 논쟁을 벌이기도 했다(Tomlinson, 1999; Giddens, 1999; J. Sinclair and Harrison, 2004).

이러한 가운데, 몇몇 학자들이 라틴아메리카와 동아시아 그리고 남아시아의 일부 국가가 독특한 문화적 산물을 발전시키면서 혼종화 전략을 통해 언어와 문화가 유사한 혹은 동일한 인근 국가들로 진출해왔음에 주목하기 시작한다. 멕시코와 브라질의 텔레노벨라telenovelas와 인도의 발리우드Bollywood는 이러한 관점에서 서구 문화에 대응하는 지역 문화의 성공사례로서 논의되었는데, 왜냐하면 그것들이 단지 서구 문화를 차용하는 것에 그치지 않고 상이한 두 문화 간 혼합을 통해 자국 고유의 문화를 발전시켰기 때문이다(Siriyuvasak and Shin, 2007). 이러한 관점에서 글로벌 상호 연결성global interconnectivity이란, 다양성을 통해 글로벌 문화를 풍성하게 만들어주는 다층적이고 복합적인 과정의 묶음이라 할 수 있다. 물론 위 사례에서 언급된 지역 대중문화가 전 지구적으로 상당한 보급을 이뤘는지 여부는 많은 연구에도 불구하고 여전히 논쟁적인데, 이는 지역적 문화 산물의 성공이 일부 소수의 예외적 사례를 제외하고는 해당 권역에 한정되는 양상을 보여왔기 때문이다. 이들 국가가 혼종화 과정을 통해 고유의 지역 대중문화를 발전시켰는지의 문제 또한 여전히 논쟁적인 부분이다.

혼종화 이론 그 자체의 복잡성은 코이치 이와부치Koichi Iwabuchi의 작업에 잘 나타나 있다. 이와부치는 일본의 아시아 지역, 특히 대만으로의 문화적 진출 사례에 대한 논의에서 "일본의 초국가적 문화 권력의 강화는, 균질화하려는 글로벌 권력과 비서구권의 토착화된 근대성의 형성 과정에서 변형되어온 지역적 실천이라는 글로벌-지역 간 맥락 속에서 고찰될 필요가 있으며, 이를 통해 초국가적 문화 권력의 문제를 이해할 수 있다"고 주장한 바 있다(Iwabuchi, 2002: 40). 이는 지역의 문화적 영역에서 혼종화 과정을 두 개의 상이한 관점으로 분류할 수 있음을 의미하는데, 상이한 두 문화 간 혼합을 서구 주도의 단순한 혼용fusion 결과에 따른 균질화로 보는 것, 그리고 토착화된 지역 문화가 근대적이고 일상적인 글로벌 문화의 수준으로 변형됨에 따라 독특한 지역 문화가 형성되는 것으로 보는 관점들이 그것이다.

실제로 일부 학자들은 혼종성을 일반적인 혼합mixture의 개념에서 주장하기도 한다. 이 경우 혼종성은 혼합된 문화mixed culture 또는 단일한 문화 내에서 이루어지는 장르 간 혼합 과정을 기술하는 데 사용된다(Turow, 2008; 2011). 1990년대에 수행되었던 일부 연구들은 당시 한창 진행 중이던 글로벌라이제이션의 흐름 속에서 주로 장르 혼합과 정체성을 기술하는 데 혼종성을 활용했다(Tufte, 1995; Kolar-Panov, 1996). 이들은 두 상이한 문화 간 물리적인 혼합을 혼종성의 속성으로 강조했으나, 서구권과 비서구권의 문화적 혼합이 서구의 영향을 받은 균질적인 문화에서 벗어난 것인지의 문제에는 초점을 맞추지 않았다.

이러한 가운데 일군의 학자들이 혼종성 이론에 대한 비판적 접근의 필요성을 강조하기 시작한다. 즉, 혼종화가 단순히 상이한 요소들을 뒤섞고 통합함으로써 궁극적으로 문화적인 정체성이 모호한, 얼굴 없는 총체faceless whole를 형성하는 과정이 아니라는 것이다. 광범위하게 활용되는 개념으로서 혼종성은 최근 단순한 서술 장치descriptive device로서 인식되는 위험성을 지닌다. 즉, 지역의 글로벌 미디어 텍스트 수용을 문화적 혼합이 벌어지는 장소로서 서술된다는 문제점을 지닌 것으로 마완 크레이디Marwan Kraidy가 이에 대해 지적한 바 있다(Kraidy, 2002). 또 다른 일군의 후기 식민주의 학자들은 기존의 중심-주변부 모델에 저항하는 동시에, 복합적이고 중첩적이며 이접적인 것disjunctive으로서 새로운 글로벌 질서를 이해할 필요가 있다고 주장한다(Bhabha, 1995; Appadurai, 1996; Kraidy, 2005; Pieterse, 2009).

이상의 논의들은 대중문화와 디지털 테크놀로지 영역상 혼종성과 관련해 다양한 관점이 존재하고 있는 가운데, 혼종성 또는 혼종화에 관한 논의가 식민국과 피식민지의 요소들이 상호 엮임을 통해 새로운 문화로 구축되고 있는 현상을 주로 다루면서 고정된 문화적 정체성의 유효성에 도전해왔음을 함의한다(Bhabha, 1994; Garcia-Canclini, 1995; Meredith, 1998). 호미 바바Homi Bhabha는 "혼종성이란 식민 권력의 생산성과 변화하는 힘, 그리고 고정성fixities의 기호인 동시에, 부인disavowal을 통한 지배 과정에 대한 전략적 전복을 위한 이름"이라 주장한 바 있다(Bhabha, 1995: 34). 정선Sun Jung이 관찰한 대로, 여기서 바바가 강조하고자 하는 것은 "토착문화가 지배문화의 권위를 포착해서 재해석할 수 있는 능력"이다(Jung, 2011: 11). 다시 말해 혼종화는 형식form이 기존의 실천에서 분리되어 새로운 형식 및 실천과 재결합하는 방식으로서 규정되어왔다는 것이다(Rowe and Schelling, 1991: 231, cited in Pieterse, 1995).

바바는 특히 "혼종성은 다양한 요소가 만나면서 서로를 변화시킬 수 있는 '사이-내in-between' 공간으로서의 '제3의 공간'과 비주류 담론 스스로의 역량과 특정성을 보존하기 위해 개입할 수 있는 비교 불가한(즉, 주류 담론이 접근할 수 없는) 장소를 열어야 한다"고 주장한 바 있다(Bhabha, 1994: 217~218). 바바에게 "혼종성이란 하나의 해석적이고 성찰적인 양식(Bhabha, 1994: 53~54)"인 것으로, 지역 권력은 혼종화 가운데서 지역 문화를 발전시키는 데 중추적인 역할을 맡게 된다. 바바가 '제3의 공간'이라고 이름 붙인 이 '사이-내 공간in-between zone' 은 기존 경계들이 그어두었던 제한점들을 흐릿하게 만들고 확고하게 구축되어 온 문화와 정체성의 분류체계에 문제를 제기하면서 문화적 의미와 생산이 새롭게 발생하는 곳(Meredith, 1998, cited in Kim, Yun and Yoon, 2009)이다. 이와 같이, 후기 식민주의 이론가들의 혼종성 이론은 명백히 미국 주도의 문화적 지배에 대한 비판적 관점을 발전시켜왔다. 그러나 여기에도 몇 가지 문제점이 발견되는데, 최근 들어 일부 학자들이 후기 식민주의적 접근이 탈정치화 경향을 지닌다는 비판을 제기하고 있다.

사실 문화 생산자들이 상이한 두 문화를 혼합함으로써 만들어내는 혼종 문화는 전 세계 수용자들에게 호소력을 지닐 수 있도록 "탈정치화된 대중문화"라는 의미를 함축하게 된다. 일본 애니메이션과 대중문화의 사례를 통해 이와부치와 에이미 시롱 루Amy Shirong Lu는 글로벌화된 세계에서 비서구의 문화 상품이 좀 더 많은 수용자들을 끌어들일 수 있으려면 그 본래의 "문화적 향취 cultural odor"를 지움으로써 중화neutralized되어야 한다고 주장한 바 있다(Iwabuchi, 2004; Lu, 2008: 175). 루가 주장하듯, 아니메anime에서 나타나는 문화적 혼합과 경계 흐리기blurring는 서구 문화 시장에 진출하고자 하는 좀 더 거대한 국가적 욕망이 반영된 것으로, 아니메의 캐릭터들이 일본의 "문화적 향취"를 지니지 않는 이유는 바로 여기서 찾을 수 있다(Lu, 2008). 이와부치 또한 비서구적 문화 상품이 서구 문화 시장으로 진입하기 위해서는 자신의 기원을 희석시켜야 함을 지적한 바 있다(Iwabuchi, 2004). 아니메에서 나타나는 국제화Internationalization 경향은 서구화를 추구하는 과정에서 일본인들 사이에서 확산되어온 민족성에 대한 자기-부인의 결과로서, 이는 자신들 고유의 전통을 부정하는 것이었다(Kenji, 1997, cited in Wahab, Anuar and Farhani, 2012). 비록 글로벌 문화 시장을 목표로 하는 일부 지역의 문화 산업에서 문화적 무취성이 어느 정도 유효하긴 했지만, 그 개념이 지역의 고유한 문화를 창조해내는 실천으로까지 이어지지는 못한 것이다.

한편 크레이디는 일부 이론가들이 혼종성을 단순히 기술적으로descriptive 사용하면서 두 가지 어려움에 봉착했다고 주장한다. "존재론적으로 볼 때, 기술적인 접근이 혼종성을 글로벌-지역 간 상호작용의 명백한 산물로서 보는 것이라면, 나는 혼종성이란 사회정치적이고 경제적인 협의를 구성하는 것인 동시에 그것들에 의해 구성되는 상호 소통적인 실천communicative practice으로서 이해되어야 한다고 믿는다. …… 더불어, 혼종성을 기술적으로만 활용하는 것은 혼종성이 지닐 수도 또는 지니지 않을 수도 있는 정치적 가능성들을 평가절하해 버리는 위험성을 지닌다. 따라서 만약 혼종성이 다문화적 혼합물에 대한 단순한 관찰과 기록, 찬양에 그친다면, 그러한 혼합물에서 종종 나타나는 불평등을 덮어버리게 된다(Kraidy, 2002: 317~318)"는 것이다. 크레이디가 강조하는 것은 "국제적인 소통 과정에서 나타나는 문화적·경제적·정치적 권력 간 상호작용과 중첩"이다(Kraidy, 2002: 333)". 앞서 언급했던 후기 식민주의 이론가들과 달리, 문화 제국주의를 강조하는 크레이디는 비판적인 정치경제학적 측면의 중요성을 부인하지 않는다. 비록 오늘날 문화 흐름에 대한 이해에서 문화 제국주의에 대한 대안적 이론으로 혼종성의 역할을 강조하는 입장이긴 하지만, 크레이디는 문화 제국주의와 문화적 글로벌라이제이션 사이의 중간 지점에 위치한다. 웨이-칭 왕Wei-ching Wang과 얀 피터스Jan Nederveen Pieterse 또한 "지배가 더 분산되고 조직화와 의도성이 약화됨으로써 지역 권력과 글로벌 권력 간 문화적 협상이 가능해졌"고 주장했는데, 그러면서도 그러한 협상 과정에 영향을 미치는 구조적인 불평등은 여전히 존재한다고 본다(Pieterse, 2009: 77; Wang, 2008: 47).

우리는 글로벌과 지역의 권력이 상호 교차하는 양상이 혼종화에 의해 협상되고 있는지, 그리고 그 결과는 어떠한 것인지를 확인하고 넘어갈 필요가 있다. 왜냐하면 혼종성이 단순히 글로벌 대중문화 내에서 확산되는 새로운 트렌드가 반영된 형식 또는 스타일에 그쳐서는 안 되기 때문이다. 초국가적 대중문화의 혼종화는 정부와 문화 생산자를 포함하는 지역의 문화 관여자들이 글로벌 문화와 협상하는 방식으로 인식되어야 하며, 지역의 행위자들은 그러한 혼종화 방식을 원천으로 삼아 고유의 독특한 공간을 형성할 수 있어야 한다.

하지만 현실에서 이러한 과정은 보장되지 못한다. 왜냐하면 "제국주의 이후인 현재(까지도) 글로벌라이제이션은 서양이 동양과의 지속적인 상호작용 과정을 통해 지역 문화를 자신들의 수단으로 전유하고 지배 문화의 기표들을 지속적으로 변화시키면서 서구 문화의 영향력을 확장"시켜왔기 때문이다 (Yazdiha, 2010: 31). 이러한 관점에서 존 허트닉John Hutnyk은 혼종성이 정치적으로 무효하다며 비판한 바 있다.

아직도 혼란스러운 부분은, 혼종화된 문화적 행위들에 대한 찬양이 혼돈스러운 창의성의 양상을 촉진한다는 것이다. 이는, 그와 같은 찬양이 포기를 허용하지 않는다면 그 자체로서는 문제가 없다. 혼합, 크리올creole, 물라토mulato, 잡종의 출현 ─ 이것들은 동일한 것들이 아니다 ─ 을 가치 안정화하는 과정에서는 좀 더

약한 곳a lesser place이 정치화된 문화 생산의 형식에 대한 의도적인 타깃이 되는데, 이 때 차이 및 차이의 시장성 확산을 통해 구조적이고 제도적인 제약에 대한 저항과 거의 피할 수 없는 헤게모니를 쥔 기업에 대한 저항은 모두 무시된다(Hutnyk, 1998: 411).

이는 일부 학자들이 1990년대 초반 다문화에 대한 인식이 높아진 것에 대한 반응으로서 대중문화의 혼종성에 대한 논의를 발전시켜왔음에도, 그들 가운데 상당수가 정치적인 의미를 지닌 역사적·구조적 불평등의 중요성을 인지하지 못했음을 의미한다.

2000년대 초반 동아시아 내 한국 대중문화의 초국가적 문화 흐름이 가시화되자, 일부 학자들은 애니메이션, 대중음악, 영화, 게임 등 지역의 문화 기업들이 서구 문화와 접촉하면서 혼종화와 그에 따른 문화적 역류가 한국에서 발생한 것이라고 주장했다(Dater and Seo, 2004; Shim, 2006; Ryoo, 2009; Mori, 2009; S. J. Kim, 2009; Kim, Yun and Yoon, 2009; M.-K. Kim, 2011; S. Jung, 2011). 이들은 한국의 문화 산업이 지리문화적 근접성의 개념을 활용했고 그 결과 아시아 시장에서 한류가 성공할 수 있었던 것으로 보았다. 이 책에서 한류에 있어 가장 중요한 시장으로 아시아의 중요성을 강조한 것처럼, 중국, 일본, 대만, 베트남, 싱가포르를 포함한 아시아 시장은 한국 대중문화를 처음 받아들였을 뿐만 아니라 한국 문화 산업의 가장 큰 시장으로 유지되고 있다. 2010년대 들어 아시아 시장을 포함한 글로벌 시장에서 거둔 일부 문화 형식의 성공은 한국의 문화적 역량이 부상하고 있을 뿐 아니라 문화적 글로벌라이제이션까지 일궈낼 수 있는 가능성까지 보여주었다. 그러나 여기서 한국 대중문화의 수입자이자 소비자로서 중대한 역할을 수행해온 아시아 시장의 중요성은 강조되지 않을 수 없다.

하지만 아시아 권역 내 상호 문화적 흐름이자 혼종화를 통한 서구로의 역류로서 한국 대중문화의 문화적 역류가 지속될지 여부를 확정 짓기에는 아직 너무 이르다. 왜냐하면 한류에 대한 현재의 논쟁은 더 광대한 사회적 맥락 속에서 엄격하고 섬세하며 회고적인 분석을 필요로 하는 것이기 때문이다. 류웅재의 지적대로, 텍스트나 수용자에 초점을 맞추면서 문화주의적 접근과 비판적인 정치경제학적 관점을 통합하는 것, 그리고 혼종화 이론에서 발견되는 맹점을 보완할 수 있는 유용한 이론적 틀로서 비판적 정치경제학에 주의를 기울이는 것은 매우 중요한 작업이다(Ryoo, 2008; 2009). 다시 말해, 한류에 대해 혼종화 이론과 접목된 정치경제학적·문화주의적 접근을 활용함으로써 한 국가의 미디어스케이프mediascape가 좀 더 광대한 역사적·사회적 맥락 속에서 담론적 실천과 글로벌라이제이션의 전유를 통해 어떤 식으로 변화해왔는지에 대한 보다 생산적인 연구가 가능하다는 것이다.

한국 대중문화의 문화적 현상은 모든 문화적 형식이 빠르게 글로벌 시장에 진입했다는 점, 그리고 그러한 과정에서 소셜 미디어와 디지털 테크놀로지의 역할이 컸다는 점에서 일본의 아시아 지역으로의 문화적 진출을 포함한 다른 어떤 국가들의 사례보다도 흥미롭고 독특하다. 따라서 한국이 보여주는 초국가적인 양상은 문화의 흐름에 대한 해설explanation이 아니라, 한국이 서구 문화를 전유하고 그것을 이용해서 다양한 문화 산물을 만들어낸 방식들에 대한 해석interpretation으로서 인식되어야 한다. 대중문화와 디지털 테크놀로지 영역에서 혼종화 과정은 반드시 문화의 탈정치화가 아닌 정치화의 과정으로서 다뤄져야 하는 것이다.

책의 구성

이 책은 다음과 같이 구성된다. 우선 제2장에서 신자유주의 글로벌라이제이션의 진행으로 좀 더 광대한 사회구조의 맥락상 변화하고 있는 국민국가의 역할을 문화 산업의 사례를 통해 고찰할 것인데, 이는 문화 산업이 문화 정책에서 어떤 식으로 개념화되어 있는지가 한류를 통해 드러나기 때문이다. 여기서는 한국 정부가 그 나름의 고유한 문화 정책을 개발해온 과정을 전개하고, 그러한 과정 속에서 국내 문화 산업과 흐름의 활황boom에 한국 정부가 어떠한 식으로 기여하게 되는지 살펴볼 것이다. 특히 경제와 문화 영역상 작은 정부를 강조하는 신자유주의적 전환이 지배적이었음에도 신자유주의 이데올로기가 한류에서 국가의 주도적인 역할을 완전히 바꾸어 놓지 못했음을 주장한다. 이와 같은 논의를 통해 여기서는 궁극적으로 한류 초기 단계와 대조되는 신한류에 대한 새로운 관점을 제공할 것이다.

제3장은 방송 분야의 신한류를 조망한다. 기존의 텔레비전 프로그램 연구들은 아시아 권역 내 한국 드라마의 인기는 한국 드라마가 아시아 수용자들의 전통적 가치를 강화하기 때문이라고 강조해왔다. 이러한 연구는 한국의 외부에서 이루어지는 한국 드라마의 초국가적 흐름으로서 한류를 맥락화하는 경향이 있다. 하지만 2008년 이후 방송 부문의 한류는, 한국의 방송사들이 글로벌 텔레비전 포맷(외국 텔레비전 프로그램 저작권에 대한 라이선스)에 기반을 둔 프로그램과 관객 경쟁쇼audience competition 같은 프로그램 개발을 추진하면서 상당한 변화를 겪고 있다. 또한, 한국 방송사들은 드라마뿐 아니라 리얼리티쇼 등으로 수출 품목을 다변화하고 있다. 이 장에서는 초국가성이 반영된 최신 프로그램 포맷과 관객 경연쇼 등의 몇 가지 오락 프로그램에 대한 분석을 통해 초국가적 문화 생산이자 문화 흐름으로서 한류를 조망한다. 이 장에서는 특히 글로벌 텔레비전 포맷을 활용하고 있는 한국방송공사 KBS의 새로운 경향을 탐구함으로써 한국 텔레비전 프로그램의 초국가성에 대해 분석할 것이다.

제4장에서는 글로벌 시장에서 빠르게 성장했다가 급몰락한 한국 영화를 다룬다. 한류 1.0 시대의 한국 영화 산업 전성기와 비교할 때, 한국 영화는 국내

외적으로 흥행 저조를 겪고 있다. 이를 설명할 수 있는 몇 가지 핵심적인 요인 - 예컨대 2006년의 스크린쿼터 축소 등 - 이 있기는 하지만, 가장 중요한 요인으로 콘텐츠 자체를 꼽을 수 있다. 생산자들이 고유한 작품을 만들어내지 못했고, 그랬기 때문에 신한류의 일환으로서 다른 국가로 제대로 진출하지 못했다는 것이다. 한국 영화의 이러한 상황을 이해하려면 문화적 혼종성 개념의 근본에 놓인 가정들assumptions에 대해 문제를 제기할 필요가 있다. 다시 말해, 혼종성이 서구의 지배력으로부터 자유로운 새로운 문화의 창출 가능성을 지니고 있는지의 문제를 다뤄야 한다는 것이다. 여기서는 이를 위해 1990년대 초반부터 2010년대 초반까지의 혼종적 한국 영화들을 장르와 테마 등을 중심으로 분석할 것이다.

제5장은 한류 연구에서 아직 많이 다루어지지 않은 애니메이션을 다룬다. 한국 애니메이션은 글로벌 문화 시장에 적합한 오리지널한 작품을 만들어내는 데 이전까지 두각을 나타내지 못했다. 이와 같은 한국 애니메이션 산업사적 맥락과는 달리, 한국의 독자적인 컴퓨터 기반의 만화들은 전례 없이 성공적으로 세계시장에 진출하였는데 이를 통해 애니메이션은 한국의 주요 문화 형식으로 성장했다. 초기 한류 때와는 달리, 애니메이션은 - 비록 아직 일본에 비할 수 없는 수준이기는 하지만 - 가장 중요한 분야로 떠올랐다. 이 장에서는 그 급작스러운 성장의 원인들을 이해하고자 애니메이션 산업에 대한 분석을 수행한다. 또한 한국에서 가장 성공한 문화 상품의 사례로서 애니메이션 제작 시스템에 대한 탐구를 통해 그 혼종적 속성에 대해 논의할 것인데, 이는 한국 애니메이션에 대한 매우 중요한 분석 작업이 될 것이다.

제6장에서는 21세기 초반 K팝의 변화상을 좀 더 광대한 사회문화적 맥락에서 분석한다. 이 장은 혼종성이 서구의 지배력에서 벗어난 새로운 창조적 문화를 만들어낸 것인지 아니면 그러한 경향이 궁극적으로는 지역의 음악을 억압하고 있는 것인지를 살펴본다. 여기서는 확대되고 있는 글로벌라이제이션의

원리에 따른 한국 대중음악의 문화적 변화상을 탐구하고, 현재 진행 중인 문화 현상을 설명할 수 있는 이론적 틀로서 문화적 혼종성의 타당성을 검토하는 것을 목표로 한다. 특히 이 장에서는 한국 대중음악 가사의 영어 혼합 양상이 발전해온 과정을 분석하고, 그와 같은 양상이 K팝의 빠른 성장과 신한류에 미친 영향을 확인할 것이다. 비판적 문화 연구와 텍스트 분석이 통합된 이와 같은 새로운 관점을 통해, 한국 대중음악 분야에서 부상하고 있는 문화적 혼종화에 대한 담론을 통찰할 수 있는 능력을 얻을 수 있을 것이다.

제7장에서는 한국 디지털 게임의 성장에 대해 논의한다. 21세기에 들어와 한류는 디지털 문화의 빠른 성장과 함께 확산되었는데, 그 가운데 특히 두드러진 분야가 온라인 게임이었다. 온라인 게임을 포함한 한국 디지털 게임 산업의 빠른 성장, 그리고 서구 시장으로의 수출은 아시아 권역에 집중되었던 상호 문화적 흐름으로서의 한류가 서구를 대상으로 하는 문화적 역류로 그 속성이 변화하고 있는 것인지에 대한 근본적인 의문을 제기한다. 그에 따라 이 장에서는 온라인 게임, 특히 MMORPG(다중 사용자 온라인 롤플레잉 게임)가 문화적 역류를 증대시켜온 방식에 대해 논의할 것이다. 더불어, 중국 게임 산업의 성장 그리고 스마트폰 시대 모바일 게임의 부상에 따른 디지털 게임 분야의 변화 경향에 대해서도 논의한다. 이 장은 또한 한국 온라인 게임이 콘텐츠 및 구조적인 측면에서 글로컬라이제이션에 따라 서구의 게임 이용자들에게 적합하도록 전유된 과정을 전개한다. 마지막으로는 이 새로운 경향이 서양과 동양 간의 비대칭적 문화 흐름에 변화를 가져올 수 있을지에 대해서 논의할 것이다.

제8장은 스마트폰의 빠른 성장과 전 지구적인 보급이 디지털 한류의 새로운 상징이 되고 있다는 점에서 스마트폰의 중심적인 역할을 다룬다. 신한류가 창의 콘텐츠와 디지털 테크놀로지의 융합을 강조해온 가운데, 디지털·소셜 미디어의 성장은 한류의 속성을 변화시켜왔다. 이러한 상황은 신한류가 자본 축적과 국가 경제와 관련해서 대중문화뿐 아니라 디지털 테크놀로지 또한 강조할

필요가 있었기 때문이다. 이 장은 또한 지역 생산 스마트폰의 성장과 기술적 혼종화의 원리가 지닌 발전 가능성을 탐구한다. 스마트폰과 소셜 미디어가 주도하는 소비와 문화적 생산의 흐름이 전 지구적인 차원에서 창의 산업과 디지털 산업 간 권력 역학을 두고 벌어지는 오늘날의 논쟁에 대해 기여하는 바는 무엇인지에 대해서도 논할 것이다.

제9장에서는 신한류의 주된 특성들을 요약한 후, 지역 대중문화가 글로벌 시장에서 빠르게 성장하고 있는 현상을 설명하기 위해 비서구적 미디어 이론을 발전시켜야 할 것인지 아니면 현재의 서구 미디어 이론을 활용할 것인지에 대해 논의한다. 또한 이 마지막 장은 글로벌라이제이션이 진행 중인 가운데 한류 현상을 다룰 향후 연구가 고려해야 할 사항에 대해서도 논의할 것이다. 왜냐하면 그와 같은 한류 연구들이 새롭게 부상하고 있는 타 지역 시장을 위한 좋은 사례연구가 될 수 있기 때문이다.

제**2**장

신한류 시대의 문화정치학

한국은 1990년대 후반부터 초국가적 대중문화의 중심적인 생산지 가운데 하나로 부상하기 시작한다. 서구 문화가 전 세계 문화 시장에서 여전히 영향력을 유지하는 가운데, 한국의 문화 산업은 텔레비전 프로그램이나 영화 등 그 나름의 문화적 생산품을 발전시켜왔다. 최근 한국은 새로운 문화 상품, 특히 온라인 게임, 애니메이션, 대중음악 등을 통해 유럽과 북미 등의 다른 권역으로 진출하고 있다. 이처럼 아시아뿐 아니라 서구의 수용자들까지 비서구권의 작은 국가로부터 수입한 지역 문화 상품을 향유하면서 비서구적 문화 형식으로 구성된 한국의 문화 상품이 전 세계적으로 붐을 일으키고 있다.

아시아 권역을 넘어서는 한국 대중문화의 성장은 다양한 차원의 요소들이 중요한 역할을 수행하면서 이루어졌다. 동아시아 내 문화적 근접성이 아시아 권역 내 한국 대중문화의 확산을 장려했고, 그러한 대중문화를 소비할 수 있는 거대한 중산층 소비자군을 일궈낸 경제적 성장이라든가 문화콘텐츠의 빠른 확산과 소비를 가능하게 한 기술 발전(예를 들어 유튜브) 등의 요소들은 분명 한국 대중문화가 전 지구적으로 진출하는 데 기여한 것들이었다. 하지만 한국의 문화 산업과 대중문화의 발전에서 중요성에 비해 잘 논의되지 못한 요소는 바로 한국 정부의 역할이다. 한국 정부의 문화 정책은 신한류 현상에 매우 중추적인 역할을 수행해왔다.

이 장에서는 문화 산업과 한류 현상에서 국가가 수행했던 주요 역할을 좀 더 광대한 사회구조적 맥락에서 살펴본다. 여기서는 한국 정부가 문화 산업을 어떤 식으로 발전시켜왔고 글로벌 무역과 관련된 문화 정책을 어떠한 방식으로 구축해왔는지 — 예컨대 수출 장려, 직간접적인 수출 보조금과 지원, 국가의 문화적 이미지에 대한 해외 홍보 등 — 에 대해 논의할 것이다(Throsby, 2010). 특히 작은 정부를 강조하는 신자유주의 이데올로기가 한류 현상과 관련해 발전주의 developmentalism에 해당하는 국가 개입주의nation interventionism적 태도를 변화시켰는지를 살펴본 후, 정부의 역할에 대한 논의를 이어갈 것이다. 이 장은 지난 18년간 한류의 변화와 지속을 주도해온 미디어 환경 관련 정책 변화를 바탕으로 한류 현상을 역사화하는 작업이라 할 수 있다.

문화 산업 내
국가와 신자유주의 간 연결망

20세기 초반 이래 전 세계의 문화 흐름은 서구의 — 주로 미국 기반의 — 문화 산업이 주도해왔다. 미국의 문화 상품은 지속적으로 타 국가에 영향을 미쳐왔는데 미국 정부는 텔레비전 프로그램과 같은 자국의 문화 산업을 지원해왔다 (McChesney, 2008). 미국 정부는 1980년대 초반부터 할리우드 영화사 등 소수의 다국적 미디어 기업과 함께 타국 정부에 신자유주의 개혁을 강요해왔다. 이는 문화 상품을 생산·유통하는 서구의 기업에게 유리한 문화 시장의 자유화 조치로서 서구 문화적 지배력이 강화되는 결과로 이어진다. 캐나다, 프랑스 등 일부 국가들은 부분적으로나마 이와 같은 문화 부문의 신자유주의 개혁에 저항했는데, 이는 자국의 문화 산업이 국가 정체성이나 경제적 측면에서 중요하다고 여겨졌기 때문이었다. 그러나 멕시코나 칠레 같은 여러 개발도상국은 생존을 위해 미국 주도의 신자유주의 글로벌라이제이션 정책을 수용해야만 했고,[1] 그에 따라 신자유주의를 따르는 글로벌라이제이션의 변동 속 문화 정책과 문화 흐름에 있어 정부의 역할을 두고 벌어지는 논쟁이 글로벌과 지역 권력 사이에서 피할 수 없는 주제로 부상했다(T. Miller, 2004; Fuchs, 2010).

우선 신자유주의 글로벌라이제이션 이론의 부상과 함께 몇몇 이론가들이 오늘날 국경 없는 세계 경제와 문화 속에서 국가가 하나의 단위로서 그 의미를 잃어가고 있음을 주장하기 시작한다(Morley and Robins, 1995; Giddens, 1999; Hardt and Negri, 2000; J. Sinclair, 2007). 1980년대 초부터 본격적으로 발전해온 신자유주의는 탈규제와 사유화를 통해 시장과 수익 창출의 역할을 최대화하면서 비非시장 기관들의 역할을 최소화하는 정책에 기반을 둔 개념이다. 밀턴 프리드먼Milton Friedman은 "정부의 권력은 제한되어야 하는 반면 민간 기업들은 자유시장에서 최대한의 자유를 누려야 한다"고 주장한 바 있는데(Friedman, 1982: 2~3), 이는 정부가 기업의 이익을 위해 봉사하면서 기업의 영업을 억제하는 행위를 축소해야 함을 뜻한다. 이와 같은 신자유주의 이데올로기는 지난 20여 년간 전 세계로 확산되면서 문화 정책을 포함한 공공 정책에 막대한 영향을 끼치게 된다. 여러 국가들은 이와 같은 이데올로기적 전환을 도모하기 위해 행정부 구성을 상당 부분 수정했는데 자유시장 활용 조치에 대한 지원 강화, 민간 기업과의 계약, 정부 서비스에 대한 의존이 아닌 자립에 대한 강조 등이 그에 해당한다(Jeannotte, 2010). 로버트 맥체스니Robert McChesney는 "신자유주의란 대내외 정책들이 모든 사회 영역 가운데 기업 영업에 대한 지원을 최대화하는 것"이라고 정리한 바 있다(McChesney, 2008: 15~17).

마이클 하트Michael Hardt와 안토니오 네그리Antonio Negri는 "글로벌라이제이션 속에서 그 어떤 국가도 근대 유럽의 국가들이 그랬던 방식으로 세계를 주도할 수 없으므로 국가의 통치권은 종료된 것"이라고 주장하기에 이른다(Hardt and Negri, 2000: xii-xiv). 스티그 야바드Stig Hjarvard 또한 국가의 역할이 약화됨에 따라 비서구 국가들의 고유문화와 문화적 정체성의 역할이 축소되었음을 강조한 바 있다(Hjarvard, 2003). 문화 흐름을 연구했던 실비오 웨이스보드Silvio Waisbord 와 낸시 모리스nancy morris 또한 "국가가 정보와 문화 상품의 흐름에 대해 권위를 행사하는 것이 어려워졌다"고 주장했다(Waisbord and Morris, 2001: vii-xxi). 실제로 글로벌 탈정치화에 따랐던 아시아의 많은 정부는 자국의 문화 정책에 대한 통제력을 상실한 채 모든 결정을 기업과 시장에 맡기고 있다는 비판을 받고 있다(Chin, 2003). 이상의 주장대로 신자유주의 글로벌라이제이션은 국가 경제의 재구축을 추동했는데, 이는 국가 정부의 역할 약화와 함께 문화 산업의 초국가화라는 결과로 이어졌다.

하지만 후아팅 우Huating Wu와 조셉 챈Joseph Chan 등 또 다른 연구자들은 오늘날 문화의 흐름이 정부 역할의 약화를 일관되게 주장해온 글로벌라이제이션 논자들의 생각보다 훨씬 복잡하다고 주장한다(Wu and Chan, 2007). 여러 비서구권 국가를 중심으로 그와 같은 글로벌라이제이션 변동에 맞선 문화적 저항 또한 나타나고 있기 때문이다. 엘렌 우드Ellen wood 또한 "신자유주의 글로벌라이제이션으로 인해 국가가 종말을 맞이한 것은 아니며, 국가는 여전히 자본 축적의 조건들을 지탱하고 순환하게 하는 필수 불가결한 역할을 수행하고 있다"고 주장한다(Wood, 2003: 139). 이들은 모두 여러 국가의 정부와 기업들이 비록 어느 정도 한계를 지니고 있고 있음에도, 자국의 문화 영역에서 여전히 영향력을 행사하고 있다고 본다(Wu and Chan, 2007).

한편 멕시코, 브라질, 중국 등 일부 국가들은 자국의 문화 산업을 지원하는 문화 정책들을 전개해왔다. 문화 상품의 직간접적 경제적 파급력이 확인 되자, 다른 여타의 상품과 마찬가지로 취급하면서 경제적 수익을 위한 투자를 장려해왔던 것이다(Pratt, 2005). 한국 또한 발전주의와 신자유주의적 개혁 간 충돌과 타협 속에서 그 나름의 문화 정책을 추진해왔다. 다시 말해 1990년대 중반 이후 한국 정부는 신자유주의적 경향 속에서 문화 산업을 탈규제화하면서도 문화 산업에 직접적인 지원을 해왔다는 것인데, 따라서 한류는 정부의 역할 변화라는 측면에서 정책 입안자들과 미디어 학자들이 주의 깊게 분석할 필요가 있는 사례라 할 수 있다. 즉, 신자유주의 이데올로기에도 불구하고 한국 정부가 한류의 주요 영역인 문화 산업에 개입하는 경향을 유지한 것에 대해 주의 깊게 분석할 필요가 있는 것이다.

초국가적 문화 권력
한류 1.0부터 한류 2.0까지

글로벌 시장에서 한국 문화 상품의 인기는 한류가 놓인 정치적 문화 영역 내 변동에 의해 상당한 변화를 겪어왔다. 한국의 문화 기업들은 상품을 개발하면서 글로벌 시장을 개척해왔는데 그러한 가운데 한류의 속성은 지난 18년 동안 상이한 양상을 보여왔다. 제1장에서 언급했듯, 이 책에서는 한류의 발전 과정을 분석하기 위해 한류를 두 개의 기간, 즉 한류 1.0 시대(1997~2007)와 한류 2.0 시대(2008년 이후)로 구분한다. 여기서는 이와 같은 구분을 통해 시기별 정부의 문화 정책을 논의할 것이다. 시간에 따른 변화가 거의 고려되지 않았던 기존의 한류 연구와 달리, 이 연구에서는 정부의 특정한 정책들이 시기별 한류의 변화에 중요한 역할을 수행했음을 주장할 것이다.

한류의 초기 단계였던 한류 1.0은 몇몇 텔레비전 프로그램의 인기에서 비롯되었다. 1990년대 후반의 드라마 〈사랑이 뭐길래〉(1997)와 〈별은 내 가슴에〉(1997)가 동아시아와 동남아시아 지역에서 인기를 끌기 시작하면서 한국 대중문화에 대한 관심이 일기 시작한다(D. Kim and M.-K. Kim, 2011). 이들 드

표 2.1 문화 상품의 수출 현황(1998~2014) (단위: 미화 100만 달러)

구분	1998	1999	2000	2001	2002	2003	2004	2005	2006
방송	10	12.7	13.1	18.9	28.8	42.1	70.3	122	134
영화	3.1	5.9	7.1	11.2	15	31	58.3	76	24.5
애니메이션	85	81.6	85	121.3	89.2	75.7	61.8	78.4	66.8
음악	8.6	8.1	7.9	7.4	4.2	13.3	34.2	22.3	16.6
게임	82.2	107.6	101.5	130.4	140.7	182	388	585	672
캐릭터	0	65.7	69.2	76.9	86	116	117	164	189
아니메	0	2.9	3.7	6.8	8.2	4.1	1.9	3.3	3.9
합계	188.9	284.5	287.5	372.9	372.1	464.2	731.5	1,051	1,106.8

구분	2007	2008	2009	2010	2011	2012	2013	2014	비고
방송	151	171	185	184.7	222.4	233.8	309.4	340	
영화	24.4	21	14.1	13.6	15.8	20.1	37	26.3	
애니메이션	72.7	80.5	89.6	96.8	115.9	112.5	109.8	110	
음악	13.8	16.4	31.2	81.3	196.1	235.1	277.3	310	
게임	781	1,094	1,241	1,606	2,378	2,638	2,715	2,720	
캐릭터	203	228	237	276.3	392.3	416.4	446	490	
아니메	3.9	4.1	4.2	8.2	17.2	17.1	20.9	46	
합계	1,249.8	1,615	1,802.1	2,266.9	3,337.7	3,673	3,915.4	4,042.3	

자료: Ministry of Culture, Sports and Tourism(2012a, 2006b); Korean Film Council(2015: 46). 2008년부터는 방송 부문에 독립 제작사들도 포함되었다. Ministy of Culture, Sports and Tourism(2014a); Korea Creative Content Agency(2015.6).

라마가 인기를 끌자 한국 방송사들은 방송 프로그램 수출에 노력을 기울이기 시작한다. 남매 간 영원한 사랑의 스토리였던 〈가을동화〉(2000), 한 여성과 그녀의 기억상실증 애인의 감동적인 러브 스토리를 아름다운 겨울 풍경 속에서 그렸던 〈겨울연가〉(2002), 그리고 역사 드라마인 〈대장금〉(2003) 등이 2002년에서 2006년 사이에 일본과 태국, 베트남, 싱가포르, 홍콩에서 커다란 호응을 얻었던 드라마였다(Hanaki et al., 2009). 드라마의 인기가 빠르게 증대하면서 한국 텔레비전 프로그램의 총 수출액이 크게 증대되었는데 한류가 시작되었던 1997년부터 한류 1.0 시대가 종료되는 2007년 사이에 830만 달러에서 1억

5100만 달러로 18.2배 증가한다(〈표 2.1〉 참조; Ministry of Culture and Tourism, 2006a; 2008).

당시 수출의 대부분은 다른 아시아 국가들을 향한 것이었다. 한국 드라마(K-드라마)는 한류를 개시하고 주도한 가장 중요한 문화 상품이었다. 아시아 시장 내 한국 드라마의 인기를 유도했던 여러 가지 요인 가운데 대부분의 작품이 문화적인 요인을 강조했다는 점은 한국 텔레비전 프로그램이 아시아 시장에서 상대적으로 유리할 수 있었던 핵심적인 요소였다.[2]

21세기 초 아시아 내 한국 문화 상품의 인기는 영화와 대중음악으로 확산되어 가는데, 2001년부터는 한국 영화 수출이 증대하기 시작한다. 1997년 36편, 1998년 33편 수준이었던 한국 영화 수출은 2001년 102편으로 늘어난 이후 지속적인 확장세를 보이는데 여기에는 국내 박스오피스에서 높은 흥행 수위를 차지했던 작품들이 포함되어 있었다(Korean Film Council, 2009). 〈실미도〉(2003), 〈태극기 휘날리며〉(2004), 〈왕의 남자〉(2005), 〈괴물〉(2007), 〈디워〉(2008) 등은 한국에서 1000만 명에 육박하는 혹은 그것을 넘어서는 관객 수를 기록했고, 이후 아시아를 비롯한 세계의 여러 지역으로 수출되었다. 이와 같은 상업적 성공을 기반으로 할리우드에서 몇몇 한국 영화를 리메이크하기도 했는데, 심리공포 영화인 〈장화, 홍련〉(2003)〔The uninvited(2009)〕, 판타지 로맨스 영화인 〈시월애〉(2000)〔Lake house(2006)〕, 로맨틱 코미디 영화인 〈엽기적인 그녀〉(2001)〔My sassy girl(2008)〕 등이 그것이다(Jin, 2011b: 100).

그러나 21세기 초반 일부 아시아 국가에서 자국 문화 산업에 대한 보호 정책을 시행하면서 한류는 일부 국가에서 침체를 겪게 된다. 아시아 내 한국 문화 상품의 인기가 증대됨에 따라 일본과 중국, 대만 등이 한국 드라마의 방영과 영화 상영을 제한했고, 그 결과 한국 드라마·영화가 이들 국가에서 어려움을 겪게 되었던 것이다. 예를 들어 2011년 대만의 국가통신방송위원회National Communications Commission는 한국 드라마 의존도가 너무 높다는 이유로 일부 케이블 채널에 프라임타임 편성을 수정할 것을 요청하기도 했다(*TAIPEI TIMES*, 2009.11.29). 물론 이들 국가의 한국 문화 상품에 대한 반감이 자동적으로 한국 대중문화의 시장점유율을 축소시킨 것은 아니다. 예를 들어 미디어 학자 황성빈은 2013년 인터뷰에서 일본 시장에 대해 다음과 같은 부분을 특별히 지적한 바 있다. "한국 드라마는 일본에서 여전히 인기가 있습니다. 그러나 한국과 일본 간 국가적 갈등 속에 한류에 호의적인 부류와 반감을 갖는 부류로 나뉘면서 문화적 양극화가 발생했습니다. 따라서 한류는 일본 내 외국 문화 중 가장 중요한 양식에 해당하면서도 새로운 팬층은 확보하기 어렵습니다." 한국 영화 산업 또한 2006년 이래 가파른 수출 감소를 겪고 있다. 문화체육관광부에 따르면 한국 영화 수출액은 2000년 700만 달러 수준에서 2005년 7600만 달러로 증가했으나, 2006년에는 2450만 달러로 떨어졌다. K팝 또한 2004년 3420만 달러였던 수출액이 2007년 1380만 달러로 급락하면서 고충을 겪고 있다(Ministry of Culture, Sports and Tourism, 2011d: 195~197, 2012c).[3]

그에 따라 "한국 문화 산업은 이러한 위기에서 벗어나기 위한 새로운 성장 동력을 절실하게 찾아야 했고 이러한 문화 기업들과 함께 한국 정부 또한 위기 전환을 위한 진지한 계획을 추진하기 시작"한다(*Munhwa Ilbo*, 2015.2.5). 이러한 과정에서 일부 산업, 특히 온라인 게임과 음악 산업은 자구 노력을 통해 미국과 멕시코, 프랑스까지 활동 영역을 확장해간다. 우선 온라인 게임 산업의 경우 빠른 성장을 통해 한국의 가장 중요한 문화 산업으로 자리 잡는다(Jin, 2010b). 한국의 온라인 게임 산업은 주변국을 중심으로 2003년 1억 8200만 달러 수출을 달성했고, 2008년에는 10억 달러, 2014년에 이르러서 이 수치는 27억 2000만 달러에 이른다(〈표 2.1〉 참조). 영화나 드라마 같은 문화 상품이 주로 아시아 시장에 진출했다면 온라인 게임은 북미와 유럽을 포함한 서구 시장까지 영향력을 확장시켰다. 하지만 2008년 이후 중국이 한국을 제치고 전 세계 최대 게임 생산국으로 부상한다. 2015년 중국의 비디오게임 시장 규모는

148억 달러를 기록했는데, 같은 해 미국 시장의 규모는 170억 달러였으며, 연간 성장률은 20.6%였다(PriceWaterhouse Coopers, 2012). 한국과 중국은 이후 세계 온라인 게임 시장에서 제위를 차지하기 위해 치열한 경쟁을 벌여왔는데, 이것이 바로 한류 2.0의 새로운 흐름을 형성하게 된다.

한편 한국 대중음악은 최근 몇 년 사이에 가장 중요한 문화 형식으로 부상했다. 비록 K팝이 초기 한류에 포함되긴 했지만 전 지구적 교역에 있어 그 비중은 의미 있는 수준이 아니었다. 하지만 K팝은 새롭게 단장한 아이돌 그룹(예컨대 빅뱅, 소녀시대, JYJ 등)을 중심으로 2008년 이후 한류를 주도하는 새로운 성장 동력으로 부상한다. 2014년 한국 대중음악 산업은 3억 1000만 달러의 수출 성과를 달성했는데, 이는 2008년 이후 19배 증대된 것이었다.

한류 1.0과 한류 2.0은 이와 같은 주요 문화 장르 외에도 그 특성상 여러 구분점이 존재한다. 그 가운데 한류의 속성 변화에 영향을 미친 문화 정책의 차이는 두 시기를 구분하는 중요한 지점이다. 한류 1.0 시기 정부의 문화 정책은 간접적인 개입과 탈규제를 통해 민간 영역이 한류 현상을 주도하도록 하는 것이었다. 그에 반해 이명박 정부는 창의 콘텐츠 정책 지향의 문화 정책을 강조하면서 이전 정부에 비해 더 직접적으로 관여한다. 이처럼 한국 문화 산업의 빠른 성장과 확산은 신자유주의 개혁과 관련된 정부의 문화 정책과 직간접적으로 밀접하게 연관되어 있다.

문화 정책의
신자유주의적 전환
예술에서 문화 산업으로

한류가 시작된 것은 1997년경이지만 그 직전까지 한국의 문화 정책이 어떻게 진행되어왔는지 확인하는 것은 매우 중요하다. 왜냐하면 바로 그 시점에 한국 정부가 문화 부문에 대해 신자유주의 글로벌라이제이션 정책을 적용하기 시작했기 때문이다. 1990년대 초반의 한국 정부는 문화 부문과 관련해서, 정치 이데올로기나 정부의 개입 태도에서 기존 군부 독재 정권과 상이한 입장을 취한다. 신자유주의 글로벌 시대 이전까지 한국의 문화 정책은 예술을 통한 문화적 정체성을 강조하는 것에 초점을 맞추었다. 일본 제국주의의 영향(1910~1945), 한국 전쟁(1950~1953), 한반도 분단(1945~현재)에 이르는 한국의 고유한 역사적 경험으로 인해 민족문화와 더불어 민족주의와 전통문화로서 문화정체성 고양이 문화 정책의 주요 목표로서 책정되어왔던 것이다(Yim, 2002). 당시 핵심적인 문화 정책은 회화나 전통음악 같은 예술에 중점을 두면서 한국 예술의 우수성을 알리고 문화적 정체성을 구축하는 것이었는데, 이는 한국 문화 정책이 사실상 예술 정책과 동일한 것이었음을 의미한다(Flew 2007; Yim, 2002: 40~41).

그러나 1993년 이후 한국 정부는 문화의 경제적 중요성을 인식하기 시작한다. 이들 정부는 문화적 관점이 아닌 경제적 관점에서 문화 산업에 접근하는 것에 우선순위를 두었는데, 이는 문화 상품의 상업화commodification와 자본화capitalization에 대한 강조로 이어졌다. 좀 더 상세히 부연하자면, "김영삼 정부 − 1961년 이래 첫 문민정부 − 는 전 지구적으로 무한 경쟁이 벌어지는 새로운 세상에서 살아남기 위해 적극적으로 신자유주의 글로벌라이제이션을 수용했고, 이것이 한국 문화 산업에 전환점"이 된다(Samuel Kim, 2000: 2~3). 따라서 김영삼 정부하에서 문화 산업 개발의 문제는 문화적 가치의 향상에 놓여 있지 않았다고 할 수 있다. 즉, 신자유주의적 행정부의 정책 기준은 생산성과 수익성, 즉 비즈니스적인 규범에 놓여 있었다는 것이다(Brown, 2006). 실제로 1994년 1월 문화체육부의 연간 보고 후 김영삼은 문화 상품의 중요성을 강조하면서, "21세기에는 문화 산업이 다양한 시청각 미디어의 발전을 통해 가장 거대한 산업으로 성장할 것입니다. 서구의 국가들이 문화 부문에서 서로 경쟁하는 동안, 우리는 글로벌 감각에 맞는 문화 상품을 개발해야 할 것이며 대기업은 문화 영역에 투자해야 할 것"(1994)이라고 언급하기도 했다.

그에 따라 김영삼 정부는 문화 산업의 개념을 문화 정책에 적용하고 예술에서 상업적인 문화 산업으로 정책 초점을 전환하면서 지역 대중문화의 상품화를 촉진한다. 즉, 한국 정부는 문화 부문이 신자유주의 논리에 맞춰 운영되도록 허용한 것이다. 물론 김영삼 정부가 신자유주의 논리를 철저하게 따랐던 것은 아니다. 문화 상품을 자유시장화marketization한다는 것은, 문화 산업 부문을 지원하고 보조할 수 있는 국가 권력과 권위, 그에 대한 국가의 재정적 책임 권한을 축소하는 것을 뜻한다. 하지만 한국 정부는 경제적 중요성에 따라 문화 부분의 성장을 촉진하며 문화 산업을 지원했던 것이다(Tong and Hung, 2012).

김영삼 정부의 첫 개입은 시청각 부문에 대한 지원인데 한류의 성장 기반은 바로 이로부터 형성된다. 예를 들어 김영삼 정부는 1995년 '영화진흥법'을 제정해 영화 산업의 성장을 도모했다(J. Shin, 2005). 이 새로운 법률에는 다양한 유인책이 포함되어 있었는데, 재벌(삼성이나 현대, LG 등 가족 소유의 대기업)의 투자를 유도하기 위한 영화사 세금 우대 조치 등이 그에 해당한다(Paquet, 2005). 영화 촬영 장소나 관련 기술 등 관련 기반 시설의 부족 현상에 주목한 김영삼 정부는 문화 산업 부문에 할당된 국가 예산의 72.1%를 여기에 사용하기도 했다(K. Kim, 2013).

한국의 맥락에서 신자유주의 개혁 속에서도 지속되어온 이와 같은 정부의 역할은 한국적 국가 개입주의state interventionism에 해당한다. 지금까지 언급한 바와 같이, 한국의 경제 모델은 1960년대 초반 이래 수출 주도의 경제 성장을 추진해온 국가 주도의 경제였다(J. Lee, 2010; Yim, 2002). 한국 정부는 1960년대와 1970년대에 들어와 농업에서 조선과 전자 부문을 포함한 중공업으로 빠르게 산업적 전환을 개시했다. 한국 정부는 또한 천연자원과 기술력이 부족한 상황에서 수출만이 한국의 경제를 부흥시킬 수 있는 유일한 방법이라고 여겼다

(Gereffi, 1990).

　군부가 신자유주의 경제 정책과 문화 정책을 추진하면서 "발전주의는 문화 부문부터 부분적으로 옅어지기 시작"한다(MacDonald, 1996: 218). 전두환 정부(1980~1988)와 노태우(1988~1993) 정부가 신자유주의 정책의 일환으로 문화 시장을 자유화했던 것이다. 이 두 정부는 1988년 외국 업체의 할리우드 영화 직배를 허용한다. 미국 정부와 초국가 자본의 강한 요구에 영화 시장을 개방했던 것이다. 하지만 "김영삼 정부는 문화 산업을 정부가 지원할 수 있는 가장 수익성 있는 최첨단 산업"이라고 여겼다(Jin, 2011c: 129). 문화 영역이 국가 경제의 중요한 부문으로 부상하면서 김영삼 정부는 문화 산업의 성장을 촉진할 수 있는 문화 정책을 수립하기 시작한다. 국가 개입주의의 귀환은 지역 대중문화의 문화 흐름에 상당한 영향을 미치게 되는데, 특히 한류의 초기 단계에 많은 영향을 끼쳤다.

21세기 초
신자유주의 문화 정책

21세기 초반까지 한국 정부는 한류에 대한 지원을 지속한다. 예를 들어 한국 정부가 국제 문화 교류 촉진을 위해 1999년 제정한 '문화산업진흥법'은 외국과의 공동 제작, 방송과 인터넷을 통해 한국 대중문화를 홍보하는 것, 그리고 국내에서 생산한 문화 상품의 외국 시장 진출을 지원하는 내용을 담고 있다(문화산업진흥법 20조). 그리고 한국 정부는 이 법을 통해 자국의 대중문화를 소개하기 위해 아시아 주요 도시에서 다양한 이벤트를 진행한다.

　하지만 이내 한국 정부는 다른 아시아 국가들의 적대감을 자극하지 않으려면 배후로 빠져야 함을 깨닫는다. 그와 함께 관련 정책 또한 한국 문화 상품의 아시아 권역 진출을 지원하되 주요 수입국에서 되도록 분쟁을 일으키지 않도록 하는 것을 우선순위에 놓는 것으로 바뀌어간다. 다시 말해 한국 정부는 간접적인 지원 정책을 활용해 아시아권으로 문화 진출이 저해되지 않도록 했던 것으로, 이를 통해 21세기 초반 한국이 문화적으로 침략한다는 인상을 피하고자 했다(Jin, 2011b: 116~117). 이와 같은 변화상은 한국 정부가 시장의 탈규제와 문화 상품 교역에 대한 간접적인 지원을 강조하는 무간섭 정책hands-off을 선호하기 시작했음을 보여준다.

"김대중 정부 시기에 책정되었던 새로운 문화 정책은 정부 지원을 강조하되 직접적인 개입은 피했다"(Ministry of Culture and Tourism, 2001: 38~39). 이와 같은 반反국가 간섭주의는 노무현 정부의 말기까지 상이한 양상으로 유지된다. 1990년대 후반에서 2007년 사이에 집권했던 한국 정부에게 탈규제화는 신자유주의 개혁의 추진을 현실화하는 것으로써 작동했다. 독립 텔레비전 제작사의 발전,[4] 스크린쿼터 시스템의 변화, 한류 현상을 위한 간접적인 촉진 정책 등은 이 시기 한국 정부가 추진했던 주요 무간섭 정책이었다.

그 가운데 한국 영화에 부정적인 영향을 끼쳤던 스크린쿼터 시스템의 변화는 무간섭 정책을 가장 잘 보여주는 사례다. 신자유주의 글로벌라이제이션 한가운데서도 유지되어온 한국의 스크린쿼터 시스템은 한국 영화의 성장에 기여해왔다.[5] 하지만 2006년 노무현 정부는 한미 자유무역협정FTA을 위한 선제 조건으로 미국의 압박을 받게 되자 스크린쿼터 정책을 탈규제화한다. 이는 영화 부문에서 정부의 역할이 축소됨을 의미하는 것이자 국내 문화 정책이 세계무역기구WTO나 자유무역협정 같은 글로벌 거버넌스의 새로운 통치기구와 연계되기 시작했음을 의미하는 것이었다. 이러한 국제적인 입장들은 한국의 정치적 맥락상 신자유주의의 효과를 분명히 내기 위해 한국인과 국내의 이익을 위해 정부가 사회적 경제적 정책들을 추진하는 능력을 제한하는 것이었다(Jeannotte, 2010).

가장 진보적인 정치인으로 여겨졌던 노무현이었기 때문에, 문화 산업 종사자들은 노무현이 약속대로 문화 영역에서 신자유주의 글로벌라이제이션에 반하는 정책을 펼칠 것으로 기대했다. 그러나 예상과 달리 노무현은 국가 경제의 성장을 위해 작은 정부를 현실화한다. 노무현은 본래 행정부 수립 초반에 문화 부문에서 창의성과 다양성, 그리고 역동성을 강조했었다. 그러나 이후 2000년대 초반 9000달러 수준이던 국민소득을 2만 달러 수준으로 끌어올리겠다는 대담한 계획을 펼치면서 갑작스럽게 국가 경제의 발전을 추진한다(Y.-H. Choi, 2013). 2003년 7월 24일 서울에서 열렸던 차세대 성장산업 국제회의The Inter-national Conference of Growth Engines of Korea에서 노무현은 기조연설을 통해 다음과 같이 말했다. "한국은 국민소득 1만 달러의 교착 상태에서 벗어나기 직전의 상태에 와 있으며, 다른 여러 선진국이 그렇듯 국민소득 2만 달러 시대로 도약할 것을 목표로 하고 있습니다. 국민소득 2만 달러 달성이라는 목표에 있어 핵심 전략은 차세대 문화 산업의 성장입니다(Roh, Moo-hyun, 2003)."

소득 2만 달러 시대는 삼성과 현대, LG 등 대기업의 이익을 대변하는 전국경제인연합회(전경련)와 삼성 경제연구소가 제시해온 것이었다. 따라서 노무현이 이들의 어젠다를 국가적 목표로 내세운 것은 예상 밖의 일이었다(C. Park, 2003). 대통령이 되기 전 정치인 노무현은 한국에서 사회민주주의로의 변화가 가장 중요한 문제라고 여겼다. 하지만 대통령으로서 노무현은 2003년 초반의 경제 불황 가능성을 우려하던 전경련 멤버들과의 연이은 만남 끝에 자신의 어젠다를 바꾸었고, 경제의 성장을 가장 중요한 문제로 여기게 된다(T. Lee, 2012). 일단 대통령의 정치적 어젠다가 바뀐 이상, 문화관광부를 포함한 행정부 또한 정치적 우선순위를 바꿔야 했다. 국가 경제 개선을 위해, 전경련 및 개별 기업들에 대한 지원과 더불어 한미 자유무역협정의 확실한 추진이 노무현 정부의 주요 추동력이 된다. 결과적으로 볼 때 노무현 정부는 자유무역협정의 성사를 위해 스크린쿼터를 희생양 삼은 셈이었다. 김종훈 한미무역협정 특위

수석대표는 기자회견에서 "스크린쿼터 감축은 자유무역협정을 위한 좋은 조건을 만들기 위한 것이었으며, 양국 간 협상을 도울 수 있는 유일한 방법이 스크린쿼터 감축"이었다고 말한 바 있다(S. M. Hong, 2010: 10).

2006년 7월부터 연간 146일에서 73일로 감축된 스크린쿼터의 결과는 혹독했다. 주로 할리우드 영화가 포진된 외화의 수입 물량은 2005년의 253편에서 2011년 551편으로 117% 증가했는데, 이는 한국 극장이 할리우드 영화를 의무적으로 상영해야 했기 때문이다(영화진흥위원회, 2011; 2012a: 5). 더 중요한 부분은 한국 영화의 시장점유율이 2006년의 63.8%에서 2008년 42.1%로 떨어졌다는 것 ─ 비록 2012년에 조금 오르긴 하지만 ─ 이다(영화진흥위원회, 2009). 총 관객 수 또한 2008년 들어 수십 년 만에 처음으로 5% 줄어들었는데, 그러한 가운데 영화 관객은 국산 영화를 기피하면서 외화에만 몰렸다(영화진흥위, 2008: 2). 한국 영화의 수출 또한 고전을 면치 못한다. 2005년 7600만 달러 수준에 이르렀던 것이 2010년에는 1360만 달러에 그치기 때문이다(〈표 2.1〉 참조; Ministry of Culture, Sports and Tourism, 2012d). 이러한 변화는 명백히 한국 내 미국 영화 산업의 수익 증대를 보여주는 것으로, 따라서 스크린쿼터의 감축이 한국 영화의 국내 시장 점유율과 해외 수출에 위기를 발생시켰다고 보는 시각은 타당할 것이다.

이후에 상세하게 논의할 것이지만 노무현 정부는 문화 산업 부문에 대한 예산 또한 감축한다. 이처럼 21세기 초 한국 영화 산업에 있어 글로벌라이제이션은 국가의 상대적인 약화를 함의했다. 21세기 초반의 상당 기간에 걸쳐 한국 정부는 문화 산업 부문에서 작은 정부와 정부 개입의 제한을 강조하는 신자유주의적 사례를 보여주었던 것이다.

신한류 시대
창의 콘텐츠 산업을 향하여

한국의 문화 정책은 2008년 이후 바뀌어간다. 노무현 정부와 달리, 이명박 정부는 디지털 테크놀로지와 결합된 콘텐츠의 중요성을 강조하면서 문화 산업과 문화 상품의 수출을 촉진할 수 있는 새로운 정책을 추진한다. 문화 산업 부문에 대한 정부 예산의 증대, 정부 부처 간 통합, 그리고 해외 수출을 위한 주요 문화 상품으로서 비디오게임과 K팝의 중요성을 강조하는 창의 콘텐츠 산업 개념의 도입 등이 한류 발전을 위해 제시되었던 주요 정책들이었다.[6]

무엇보다도 "정부의 예산은 문화 정책상의 변화를 보여준다. 예산이란 정부의 활동을 보여주는 금전적인 표상"이기 때문에 각 정부의 문화 정책 특성을 해석하는 데 예산에 대한 분석은 매우 중요하다(Wildavsky and Caiden, 2000: 1~5). 지난 18년 동안, 한국 정부의 문화 산업 부문 관련 예산은 1994년 54억 원에서 2013년 2849억 원으로 상당히 증대 ― 비록 2003~2008년까지 정부의 무간섭 정책으로 인한 기복은 있었지만 ― 되었다(Ministry of Culture, Sports and Tourism, 2013c: 41). 특히 문화체육관광부 예산에서 문화 산업 부문에 대한 비중이 1994년 1.8%에 불과했으나 2012년 13%로 가파르게 증가한다(〈표 2.2〉 참조). 정부가 미디어 정책 분야에 대한 예산을 증대시키면서 문화 산업과 미디어 정책 부문에 대한 전체 예산은 2012년 문화체육관광부 전체 예산의 18.5%를 차지하게 된다. 문화체육관광부의 예산이 대개 행정부 비용의 1%에 못 미쳤다는 점을 고려할 때 문화 산업 부문에 대한 예산과 비용이 직접적인 보조금의 형태로 상당히 증가했음을 알 수 있다.

그러나 앞서 논의한 대로 노무현 정부는 무간섭 정책을 강화해왔다. 따라서 노무현 재임기간 전체 예산과 행정부 예산에서 문화 산업 부문의 비중은 줄어들었다. 김대중 정부 말기(2002년)에 문화 산업에 대한 예산은 1958억 원(행정

표 2.2 정부의 문화 산업 예산

(단위: 10억 원)

연도	문화 산업 예산	문화체육관광부 예산	정부 예산 총액
1994	5.4	301.2	47,626.2
1995	15.2	3,838.0	56,717.3
1996	18.9	459.1	62,962.6
1997	13.2	853.1	71,400.6
1998	16.8	757.4	80,762.9
1999	100.0	856.3	88,485.0
2000	178.7	1,170.7	84,919.9
2001	147.4	1,243.1	106,096.3
2002	195.8	1,398.5	116,119.8
2003	189.0	1,486.4	115,132.3
2004	172.5	1,567.5	120,139.4
2005	191.1	1,585.6	135,215.6
2006	135.3	1,738.5	146,962.5
2007	128.4	1,425.0	156,517.7
2008	150.8	1,513.6	174,985.2
2009	242.2	1,735.0	196,871.2
2010	256.1	1,876.2	201,283.4
2011	249.1	1,910.3	209,930.2
2012	279.8	2,093.3	223,138.3
2013	284.9	2,287.6	236,225.3
2014	305.7	2,320.8	250,800.0

주: 원서에는 단위가 100만 원(million)으로 되어 있으나, 원자료를 확인한 결과 10억 원(billion) 단위였던 것으로 확인되었다. 그에 따라 본문 내용 또한 수정된 단위로 바꾸어 환산했다 — 옮긴이 주.
자료: Ministry of Culture, Sports and Tourism(2013b: 41); Ministry of Culture, Sports and Tourism(2014b: 31); Ministry of Culture, Sports and Tourism(2014c: 17). 위의 내역은 문화체육관광부 일반회계와 특별회계 금액을 합한 것이며, 기금은 제외한 금액임.

부 예산의 14%)이었으나 2006년에는 전체 행정부 예산의 7.8%에 해당하는 1355억 원으로 축소되는데, 이는 노무현 정부가 문화 산업 부문에서 작은 정부 체제를 실천했기 때문이다. 특히 노무현 정부는 문화 산업을 운영하는 업체들을 지원하기 위해 1999년 설립되었던 문화산업진흥기금을 2007년에 폐지했는데, 이는 결과적으로 문화 산업에 대한 재정적 지원이 축소된 셈이었다.

〈표 2.2〉에서 볼 수 있듯 2007년 문화 산업 부문에 대한 예산은 1284억 원이었는데 이는 2000년 이래 가장 낮은 수준이었다(Y. Park, 2012; Ministry of Culture and Tourism, 2013c: 41). 노무현 정부가 기존 정부에서 별다른 지원을 받지 못했던 예술 분야를 지원했음에도 — 이는 노무현의 사회민주주의에 대한 본래의 강조에 따른 것이었다 — 문화 산업의 진흥에서는 재정적으로나 법적으로 별다른 도움이 되지 못했던 것이다. 맥체스니와 실러Dan Schiller는 "많은 국가에서 신자유주의 지지자들은 문화 교역의 장벽과 규제가 소비자에게 해가 될 것이라고 주장했고, 심지어 보조금과 법적 보호막이 경쟁력 있는 문화 기업을 키울 수 있는 국가적 능력마저 저해할 것이라고 주장"하고 있음을 지적했다 (McChesney and Schiller, 2003: 6). 이전까지 반-신자유주의로 여겨졌던 노무현 정부는 이러한 신자유주의 개혁을 구체화했던 것이고 그에 따라 한국은 문화 산업 분야에서 가장 눈에 띄는 신자유주의 국가로 전환되었다.

한편 이명박 정부는 문화 산업의 주변 환경을 변화시킨다. 지난 18년간 가장 보수적인 정부로 꼽히는 이명박 정부는 신자유주의적 규범을 모든 곳에 적용하면서 문화 부문에도 동일한 기준을 적용했다. 그럼에도 이명박 정부는 문화 산업을 지원했는데 이는 문화 산업이 21세기 국가 경제에 중요성을 지니기 때문이었다. 이명박 정부는 2007년 1284억 원이었던 관련 예산을 2013년 2849억 원까지 증액한다. 행정부 전체 예산에서 문화 산업 부문의 비중 또한 2007년 9.0% 수준에서 2010년 13.6% 수준으로 증가한다.[7] 그뿐 아니라 이명박 정부는 콘텐츠 산업을 국가의 전략 산업으로 키우기 위해 2010년 '콘텐츠 산업진흥법'을 제정하고 2013년까지 전례 없는 1억 6000만 달러의 투자를 결정한다. 이 기금의 주요 정책 어젠다 중 하나는 K팝과 다른 문화 장르의 문화 흐름을 북미와 유럽을 포함한 여러 권역으로 원활하게 촉진하는 것이었다 (Ministry of Culture, Sports and Tourism, 2011b).

이명박 정부가 이처럼 문화 정책을 급진적으로 추진한 데에는 여러 가지 이유가 있지만 이와 같은 직접적인 개입 정책을 취했던 주요 원인이 정치적·경제적 필요성이었다는 점은 명백하다. 이명박 정부는 문화 부문에서 기존 좌파 노무현 정부와의 차별성을 강조하고자 했는데, 그에 따라 문화 산업 부문의 국가 예산도 변화했던 것이다(J. Park, 2010). 이명박 정부가 정책 기조를 보수적으로 전환하면서 무언가 새로운 정책적 계획을 필요로 했던 것인데, 그에 따라 주요 문화 정책으로서 창의 콘텐츠의 진흥이 채택되었던 것이다(K. Kim, 2013). 또한 이명박 정부는 2010년부터 외교 정책의 프레임으로 문화적 외교를 추진하기 시작한다.[8] "공공 외교public diplomacy에 기반을 둔 문화의 개념은 다음과 같은 프레임을 통해 구축된 것이었다. ① 쌍방의 외교관계를 기념하는 문화 이벤트의 촉진, ② 양 방향적 문화 교류에 대한 지원, ③ 문화주관부처가 주관하는 컨퍼런스, ④ 한류의 확장"(Kang, 2015).

한편 문화 교역이 경제적인 이득을 줄 수 있고 한국의 대외 이미지 개선에도 도움이 된다는 인식 또한 정부가 문화 상품의 수출 진흥을 지원하도록 이끌었다. 이명박 정부는 문화 정책을 통해 대중문화의 마케팅을 추진했는데, 2008년 3월 문화체육부의 연간 보고회에서 이명박은 "우리가 목표로 하는 선진국은 문화 국가입니다. 문화 콘텐츠 산업은 성장 엔진으로서 장차 핵심적 산업 분야가 될 것입니다. 따라서 우리는 이 분야에서 목표를 달성하기 위해 열심히 노력해야 합니다"(Ministry of Culture and Tourism, 2008)라고 언급한 바 있다. 이명박 정부가 이처럼 문화 산업 부문을 지원했던 데에는 부분적으로 관광 산업이나 메디컬 한류, 캐릭터 산업 등 관련 산업 분야를 발전시키려는 목적이 있었다(Won, 2012).

예산 외에도 문화 부문에서 무간섭에서 적극적 개입으로 정책적 방향이 변화한 것은 두 개의 주요 전략에 바탕을 둔 결정이었다. 우선 이명박 정부가 2008년에 설립한 문화체육관광부를 들 수 있다. 기존의 문화관광부와 정보통신부를 통합해 신설한 문화체육관광부는 문화 산업에서 핵심적인 변화였다. 이명박 정부가 이처럼 행정부를 새롭게 배치하면서 추구했던 것은 문화관광부 소관의 대중문화 부문과 정보통신부 소관의 디지털콘텐츠 간 기능적 시너지 효과의 고양이었다(K. Lee, 2009). 이와 같은 텔레커뮤니케이션과 창의 콘텐츠 간의 융합은 하나의 이슈 이상으로 부상하면서 정부의 지원을 필요로 하는 분야로 부상하게 된다.

이와 같은 융합을 위해 이명박 정부는 영국이나 호주 등 다른 국가들의 사례를 벤치마킹한다. 테리 플루Terry Flew에 따르면 일부 국가들은 콘텐츠 산업을 새로운 성장 분야로 육성하기 위해 공공 정책을 기술적 변화의 촉진에 활용하는 방안에 관심을 기울여왔고, 그러한 가운데 국가적 차원에서 미디어 산업과 ICTInformation and Communications Technology 산업을 새롭게 부상하는 글로벌 정보 경제 체제를 위한 주요 산업 부문으로서 구축했다(Flew, 2007: 21~24). 이를 참고해서 한국 정부는 정보 및 문화 산업 부문을 융합했던 것인데, 이러한 융합을 통해 두 산업 부문을 콘텐츠 산업의 맥락에서 효율적으로 지원할 수 있을 것이라 판단했기 때문이다. 이명박 정부는 (이제는 사라진) 정보통신부의 소프트웨어 정책 기능을 흡수함으로써 직접적으로 콘텐츠 산업을 지원하기 시작한다. 한 신문이 간결하게 보도했듯, 이와 같은 이명박 정부의 문화 정책은 문화 산업 부문에 대한 정부의 강력한 개입으로 요약된다(*Kyunghyang Shinmun*, 2008.11.16). 이명박 정부는 효율적으로 한국 콘텐츠 산업 분야를 지원 또는 통제(혹은 모두)한다. 댄 실러는 "국가의 정부는 부단한 정치적 개입을 통해 미디어와 문화 분야에서 핵심적 역할을 수행하는데, 이는 역설적이게도 미디어 분야에서 자유시장 체제에 접근할 수 있는 무언가를 현실화하는 데 필요한 조치다"라고 언급한 바 있는데, 바로 이명박 정부가 문화 산업에 대한 국가적 개입을 재구축했던 것이다(Schiller, 1999: 2).

한편 한국 정부는 2009년 한국콘텐츠진흥원KOCCA을 설립하면서 기존 기관

세 곳 - 한국방송진흥원(1989~2009), 한국게임산업진흥원(1999~2009), 한국문화콘텐츠진흥원(2001~2009) - 을 통합한다. 이들 기관은 이전 정부에서 문화·콘텐츠산업과 관련해서 설립된 것이었고, 각기 상이한 문화 영역에서 중추적인 역할을 수행해왔다(Korea Creative Content Agency, 2012b). 그러나 이명박 정부는 디지털 미디어와 소셜 미디어가 빠르게 성장하고 있는 상황에서 거의 모든 문화 부문을 다룰 수 있는 효율적인 정부 구성의 필요성을 느꼈다. 오늘날 KOCCA는 문화체육관광부 내에 위치하면서 정부가 관리하는 프로그램과 관련된 작업을 수행한다. 이 기관의 가장 중요한 어젠다는 문화 산업의 진흥을 목표로 하는 업체에 대한 지원이며, 그 목표는 한국을 2013년까지 전 세계 5위에 드는 콘텐츠 강국으로 육성하는 것이었다(Korea Creative Content Agency, 2012b).

그러나 이상의 조치들이 이명박 정부가 민족 정체성이나 민족 예술 문제를 위해 창의 산업을 발전시켰음을 의미하는 것은 아니다. 이명박 정부는 명백히 경제적 필요성이 전제되었을 때에만 한류 관련 문화콘텐츠를 지원했기 때문이다. 그리고 "그것이야말로 일부 사람들이 이명박 정부의 문화 정책을 수익 창출을 위한 기업의 영업 전략이라고 비판하는 이유"이기도 하다(Y.-H. Choi, 2013: 257). 이명박 정부는 문화 정책의 강조점을 시장에 두면서 시민사회의 관심사를 경시했던 것이다(Clarkson, 2002).

한편 박근혜 정부(2013~2016)는 문화 부문에 대한 개입 정책을 지속, 심지어는 강화하고 있다. 2012년 12월 대통령 선거에서 승리한 박근혜는 2013년 1월에 3D 애니메이션 영화인 〈뽀로로 슈퍼썰매 대모험〉 시사회에 참석해 문화 부문에 혁신과 창의성, 그리고 부wealth를 창출할 수 있도록 지원을 강화하겠다는 의지를 나타냈다. 박근혜는 "지난 수년간 (한국 애니메이션 프로그램 중 가장 성공한 작품으로 꼽히는) 뽀로로의 성장을 보면서 우리 창의 산업에 대해 커다란 희망을 갖게 됐습니다. 대통령 후보로서 제 공약 중 하나는 문화 산업을 한국의 새로운 성장 동력으로서 진흥하는 것이었고, 이를 실현하기 위해 노력"할 것(Do, 2013)이라고 말했다. 실제로 2015년 2월 한국 정부는 해외 진출 지원책으로서 2015년부터 2019년까지 국산 애니메이션과 캐릭터 산업 부문에 3억 4580만 달러를 투자하기로 결정한다(Ministry of Culture, Sports and Tourism, 2015). 박근혜는 또한 문화 프로젝트와 관련 투자에 국가 예산을 증액할 것을 약속했다. 박근혜 정부는 국가 예산의 2%를 문화 부문에 할당하는 정책도 세웠는데, 이는 2010년의 0.9%에 비해 OECD 평균인 1.9%와 비슷한 수준으로 증대시킨 것이었다(Presidential Transition Team, 2013).

역사적으로 문화 분야는 보호무역을 정당화하는 정치적 주장과 자유무역을 지지하는 경제적 놓여 있었다(Maule, 1989). 그러나 최근의 한국 정부는 문화 산업 부문에서 분명한 입장을 취해왔다. 일부 예외적인 사례를 제외하고, 한국 정부는 국가 경제를 위해 디지털 미디어와 소셜 미디어의 빠른 성장 속에서 거의 모든 문화 부문을 다루는 효율적인 정부 부처를 구축하고자 했다. 또한 한국 정부는 문화 상품을 진흥할 수 있는 프로그램들을 계속해서 개발해왔다. 문화 산업 분야의 민간 기업과 정부를 통합하는 새로운 체계적 수출 전략의 주도로 온라인 게임과 K팝 등 한국 대중문화는 다른 국가로 전파·확산되었다. 새로운 문화 정책은 국제시장에서 경쟁력을 강조하면서 문화 수출을 지원하는 것이었다. 특히 "한국 대중문화의 초국가적 흐름은 경제의 국가적 상상과 연결되는 것에 그치는 것이 아니라 발전의 프레임을 통해 국가를 재구축하는 것과 연결"된다(J. Lee, 2010: 7).

신자유주의 개혁은 정치와 경제를 망라해 영향력을 끼치는 이데올로기다. 하지만 신자유주의 개혁이 문화 정책에서 한국적 맥락을 형성하는 근본적인 양상까지는 바꾸지 못하고 있다. 일부 예외를 제외하고, 국가 역할은 최소화되거나 축소되지 않았고 심지어 시장경제의 이익을 위한 재조직화도 이루어지지 않았다. 문화 영역에서 발전주의 국가는 사라지지 않은 채, 정치적·경제적 갈등의 발생과 함께 변화하고 있다(S. Lee and Hewison, 2010). 문화적 글로벌라이제이션이 심화됨에 따라 국가적 차원의 특정한 경제 정책과 문화 정책에 일부 제한을 두는 것으로 보이기는 한다. 그러나 그와 같은 국가의 제한은 정부의 기능과 내부 구조상의 — 완전한 축소나 제거가 아닌 — 상당한 변화로서 드러나고 있다(S. Lee and Hewison, 2010). 경제나 교육 등 일부 영역에서 신자유주의 개혁은 강력한 발판을 확보할 수 있었다. 그러나 신자유주의 문화 정책은 문화 산업과 문화 흐름에 대해 정부 개입의 종료가 아니라 더 많은 지원을 요청하고 있다. 다시 말해, 신자유주의 글로벌라이제이션은 한국에서 획일적인 어젠다로서 나타나지 않는데, 이는 그것이 한류와 관련된 다양한 정치적 맥락 속에서 상이한 양상을 취하고 있기 때문이다. 그리고 신자유주의는 한국 발전주의와의 대응 속에서 변화무쌍한 방식으로 작동하고 있다.

결론

글로벌라이제이션의 지지자들은 국가가 경제와 문화 영역에서 그 권력을 상실했다고 주장한다. 그들은 국가적 경계가 사라졌으며, 따라서 국가가 더는 사람들의 문화적 정체성과 자주권을 형성하는 기능을 지속할 수 없게 되었다고 주장한다. 그러나 "국가의 힘은 분리되어 존재하는 것이 아니라 국제적인 관계 속에서 형성되고 발전되는 것으로, 이 현상을 일반화하면서 국가가 문화적 자주권에 대한 힘을 상실하고 있다고 주장하는 것은 문제적"이다(Chin, 2003: 79). 글로벌 무역에서 국가의 실종은 사실과 거리가 먼데, "초국가주의와 공공연한 국가의 존재는 여러 국가에서 필수적이며, 심지어 미국의 문화 산업과 그 제국에서도 매우 중요"하기 때문이다(T. Miller, 2010: 143). 리처드 맥스웰 Ricahrd Maxwell이 지적하듯 "비록 초국가적 신자유주의 현상에 의해 국가가 가려져 있음에도, 국가는 여전히 문화적 자주권 보호를 위한 문화 정책을 구축하는

데 중요한 역할을 수행"하고 있는 것이다(Maxwell, 1995: xxvii).

신자유주의 교역체제의 핵심을 수용했음에도 한국은 여전히 국가와 문화적 역량의 성장 관계가 결정적일 뿐만 아니라 그 성장에 있어 정부의 역할이 증대하고 있음을 보여주고 있다. 한국 정부는 신자유주의 글로벌라이제이션 방식을 따라 문화 산업, 그리고 최근에는 창의 산업 부문에 접근해왔다. 하지만 현실은 예상보다 복잡했다. 한국은 정부가 문화 부문을 적극적으로 지원할 때 자국 문화 산업이 상당히 성장했음을 인정했다. 한국 정부는 경제 정책에 상응하는 정도의 문화 정책을 통해 대중문화의 시장경제화를 활성화해야 했다. 신자유주의 규범은 문화 영역에서 작은 정부를 요청하는 것이었지만 문화 산업은 ─ 민족 예술의 일환으로서가 아니라 ─ 상품으로서의 성장을 위해 정부의 적극적인 개입을 필요로 했고 그에 따라 한국 정부는 주도적인 역할을 맡았다.

신자유주의 개혁에서 한국 정부의 주요 역할은 예상대로 어느 정도 축소되기도 했다. 하지만 국가는 대중문화 영역에서 자신의 역할을 지속하면서 나아가 강화하기에 이른다. 그러므로 한류는 글로벌라이제이션에 따라 국가가 완전히 대체되거나 무효화된 것은 아님을 보여주는 사례라 할 수 있다. 엄청난 영향력을 지닌 신자유주의 문화 정책이지만 그것이 정부 역할의 기반 윤곽을 완전히 뒤바꿔 놓지는 못했던 것이다(Sánchez Ruiz, 2001). 한국에서 정부는 문화 산업 부문과 더불어 그 상업적 정체성을 실행하는 중요한 역할을 여전히 수행하고 있다.

정부가 한국 대중문화의 전 지구적 존재감을 진흥해왔다는 사실에도 불구하고 정부의 개입은 몇 가지 우려를 야기한다. 1990년대 들어 신자유주의가 강화되며 상품으로서의 문화에 대한 우려가 본격화하기 시작했다(Jeannotte, 2010). 최근 한국 정부들은 무간섭주의에서 직접 개입으로 접근 방식을 전환했고, 이들 정부의 신자유주의적 경향은 창의 산업의 시장 측면과 소비자 기반의 측면에 중점을 두는 문화 정책을 유도하고 있다. 그러면서 이들 정부는 문화적 다양성과 정체성에 대한 집합적인 시민 기반의 관심사에는 주의를 기울이지 않고 있다. 이는 – 비록 한국 정부가 일반 대중의 관심사를 지원하는 것처럼 보이지만 – 사실상 한국의 문화 정책이 기업의 이익에 봉사하는 방식으로 운영되고 있음을 의미한다. 따라서 한국의 문화 정책은 공익 개념으로 프레임화된 것이 아니며 한국 정부는 민족문화 보존에 대해서도 적극적으로 개입을 하지 않는 상황이다.

제 2 편

초국가적 대중문화

제 3 장

초국가적 텔레비전 프로그램

1990년대 후반 수출된 몇 편의 텔레비전 드라마가 한류의 시작이었다는 점에서 텔레비전 프로그램은 한류 역사에서 가장 중요한 문화 형식이라 할 수 있다. 그 전까지 한국 대중문화는 세계적으로는 물론, 아시아 권역 내에서도 별다른 주목을 받은 적이 없었다. 역사적으로도 한국은 자국의 대중문화 발전보다는 일본이나 미국 등의 외국 문화의 유입에 더 관심을 쏟아왔다(Joo, 2011: 489~490). 그러나 1990년대 후반 들어 한국 방송사들은 텔레비전 프로그램을 이웃 국가로 수출하기 시작했고 결과적으로 지구 반대편까지 수출하기에 이른다. 텔레비전 프로그램의 존재가 초국가적으로 인식되기 시작하면서, 한국은 영화나 애니메이션, 음악 등의 다른 문화 형식의 대중성을, 특히 아시아권에서 시험해보기 시작한다.

한류는 방송 분야에서 2008년 이후 상당한 변화를 겪는데, 이는 지상파와 케이블 채널 모두 글로벌 텔레비전 포맷에 맞춰 새로운 프로그램의 개발에 신속하게 착수했기 때문이다. 이 글로벌 텔레비전 포맷이란 관객 경연쇼 등 저작권이 있는 외국 TV 프로그램을 제작하고 리메이크할 수 있는 라이선스를 가리킨다. 또한 방송사들은 드라마뿐 아니라 리얼리티쇼나 게임쇼 등으로 수출 품목을 다변화했는데, 이는 한류 초기 단계와 상당히 다른 양상이다. 동시에 한국 방송사들은 서구의 텔레비전 프로그램과 포맷의 수입 또한 증대시켰다. 결과적으로 프로그램과 포맷의 수입은 2011년 10년 만에 처음으로 수출을 앞지르게 되는데, 이는 서구의 영향력이 다시 증대하는 것이라는 점에서 방송 영역에서 한류에 대한 재해석이 필요한 지점이다.

　이 장에서는 신한류를 특징짓는 방송 부문의 이와 같은 새로운 측면에 대해 논의할 것이다. 여기서는 초국가적인 문화 상품이자 문화 흐름으로서 텔레비전 한류의 두 가지 측면을 살펴볼 것이다. 우선 한류에서 드라마의 중요성을 인식하고 지역 포맷의 주요 특성을 혼종성의 측면에서 이해하기 위해 관객 경연쇼 등의 글로벌 포맷의 성장을 분석할 것이다. 드라마의 경우, 신한류 시기에 들어와 레디-메이드 드라마에서 포맷 드라마로 변화한 것에 대해 탐구할 것이다. 그리고 나서 한국인이 한류의 이미지를 소비하는 방식과 한국 오디션 프로그램(이라 함은 다양한 역할에 대해 오디션을 보는 참가자에 대한 묘사)에서 한류가 재현되는 방식에 대해 살펴볼 것이다. 2000년대 초반의 상황과 달리, 신한류는 초국가적인 관객 참여에 의해 커다란 영향을 받고 있다. 또한 역사적 맥락에서 텔레비전 프로그램에 대한 텍스트 분석을 수행함으로써 지역화된 글로벌 포맷이 새로운 문화적 공간을 창조해내고 있는 것인지에 대해서도 논의할 것이다.

텔레비전 포맷의
초국가적 흐름

방송된 텔레비전 프로그램을 녹화할 수 있는 기술이 방송 산업에서 활용되기 시작한 것은 1950년대부터였다. 이후 "국제적인 TV 무역의 흐름은 영화나 TV 시리즈와 같이 완결된, 특히 할리우드에서 제작된 프로그램이 점유했다"(Chalaby, 2012: 37). 녹화 또는 완결된 프로그램을 통해 텔레비전쇼는 전 세계로 유통될 수 있었다. 서구의 일부 국가를 제외한 전 세계 대부분의 국가는 자국 고유의 프로그램을 제작할 수 있는 텔레비전 테크놀로지나 노하우, 그리고 자본이 없었기 때문에 서구의 텔레비전 프로그램을 수용할 수밖에 없었는데, 이것이 바로 시청각 부문에서 초국가화의 주요 양상이었다.

그러나 최근 텔레비전 프로그램의 흐름에 변화가 나타나고 있는데 이는 텔레비전 포맷의 형태에서 확인할 수 있다. 포맷의 상품화 자체는 새롭지 않은데, 수십 년간 리얼리티 포맷과 픽션 포맷이 제작되어 글로벌 시장에서 팔렸기 때문이다. 하지만 최근 들어 포맷은 텔레비전 산업 분야를 휩쓸고 있다 (Waisbord, 2004: 359~360; Moran, 1998). 이 포맷 혁명은 "1990년대 후반부터 한 지역에서 고안된 콘셉트가 다른 지역에서 각색되어 엄청난 숫자로 국경을 넘기 시작"하면서 텔레비전 프로그램 흐름의 속성을 급진적으로 바꾸고 있다 (Chalaby, 2012: 37). 포맷이란 다른 지역에서 하나의 프로그램을 각색해서 리메이크하는 일종의 레시피 또는 가이드와 같은 것으로서 이해할 수 있다. "포맷 프로그램은 한 텔레비전 시장에서 고안·개발된 후 방송된다. 일단 그러한 과정을 거치고 나면, 이 프로그램을 세계의 다른 지역에서 재-방영할 수 있는 라이선스를 낼 수 있는 기회가 생긴다. 그렇게 해서 방송되는 것은 원본 프로그램의 포맷을 리메이크 가이드용 템플릿template으로 활용해서 만들어낸 새로운 프로그램"이다(Moran, 2008: 461). 따라서 "포맷이란 하나의 변별적인distinctive 내러티브를 생성해낼 수 있는 쇼 프로그램으로 정의될 수 있다. 또한 포맷은 지역 관객에게 맞추기 위해 원본을 제작한 국가가 라이선스를 수출한 것"이기도 하다(Chalaby, 2012: 37).

좀 더 구체적으로 설명하자면, '(글로벌) 텔레비전 포맷'이라는 용어는 "미래에 라이선스를 통한 각색이 원활히 이루어질 수 있도록 체계적·의도적으로 구성된 지식의 총체"를 가리킨다(Moran and Malbon, 2006: 7). 이러한 맥락에서 볼 때 포맷화formatting는 "프랜차이즈가 제작 네트워크와 비용 절감, 지식의 전수, 라이선스 비용의 교환 등을 원활히 하는" 가운데서 "합작 투자joint venture의 특정한 형식"으로 기능하는 것이라 볼 수 있다(Keane and Moran, 2008: 158). 모란 Albert Moran과 맬본Justin Malbon은 텔레비전 포맷을 "개별 에피소드 내의 변경 가능한 요소들 가운데 창출되는, 연속적 프로그램 내 불변적 요소들의 집합"이라고 정의하기도 한다(Moran and Malbon, 2006: 20). 게임쇼나 기타 리얼리티쇼의 포맷과 비교할 때, 장르 각색(예를 들어 〈브로타운bro Town〉, 〈쇼트랜드 스트리트 Shortland Street〉)에서는 "국내적 요소를 포함할 수 있는 기회"를 좀 더 많이 제공하면서 각색본과 원본이 공유하는 것이 거의 없을 정도"까지 가능한, 더 "열린 결말"을 고려하기도 한다(Moran, 1998: 106, 140). 따라서 포맷은 프로그램의 수출입이라는 초국가적 교역 모델과 상반되는 것으로 여겨지는 것이 일반적이다. 녹화·완결된 프로그램과 달리 포맷은 복제가 수월하며, 지역의 각색을 위해 국제적인 텔레비전 시장을 통해 각색의 골조가 라이선스화되는 것이다.

포맷 구매는 21세기 초에 들어와 방송사들 사이에서 인기가 있었는데, 그 이유는 비용 절감이 가능하고 창의적인 어떤 것을 창작하는 작업에 따른 위험성을 피할 수 있으면서 새 포맷 개발에 드는 시간을 줄일 수 있기 때문이다. "치열한 경쟁 시대에 포맷은 방송사가 (다른 시장에서 성공한 해당 콘셉트에 대한 지식을 통해) 관리의 위험성을 줄이고 (프로덕션 모델을 점진적으로 정제하는 작업을 통해) 비용을 절감할 수 있으면서 언제나 시청자들의 선호를 얻을 수 있는 지역 프로그램의 제공을 가능하게" 해준다(Chalaby, 2012: 37). 포맷은 전 세계로 텔레비전 상업화 모델이 동시화·표준화되고 있다는 신호다. 또한 포맷은 종종 국내외의 미디어 기업뿐 아니라 국가 기관에 의해서도 수행될 수 있는 (Lustyik and smith, 2010) "민족문화의 복원"을 위한 이상적인 해결 방안으로서 여겨지기도 한다(Waisbord, 2004: 360).

지역의 시청자들은 자신들 고유의 것처럼 보이고 들리는 프로그램을 선호한다. 자신들의 감각에 맞춰진 프로그램을 선호하는 것이다. 텔레비전 프로그램 포맷이라는 아이디어는 그러한 상황이 고려된 것이다. 미국과 영국을 포함한 서구 일부 국가의 주요 비즈니스 규범으로 텔레비전 포맷이 빠르게 자리 잡아가는 가운데, 21세기 들어 소수의 비서구권 국가들 또한 고유의 포맷을 개발하면서 다른 국가로 수출하기 시작한다. 한류가 한창 진행되는 가운데 한국 방송기업들이 특히 능동적으로 임하는 부문이 ─ 비록 일부는 타국에서 유래한 것이긴 하지만 ─ 바로 포맷이다.

한류와 텔레비전 드라마

1990년대 후반부터 한국 방송사들은 웰-메이드 드라마 여러 편을 만들기 시작한다. 한국에서는 1990년대 초부터 텔레비전 채널이 증가하면서 새로운 지역 제작자들이[1] 등장하기 시작하는데, 이는 "재조직된 커뮤니케이션 제도가 차례로 전례 없는 초국가적인supranational 문화 상품을 보급"함에 따른 것이었다(Miege, 1989: 21). 국내 방송사 간의 경쟁을 통해 고품질 드라마가 생산되기 시작한 것은 1997년의 경제 위기 이후부터다. 한국이 1997년 사상 최악의 경기 침체를 겪으면서 금융과 기업 부문에 커다란 여파가 남았고 방송사 또한 예산 부족으로 인해 외국에서 프로그램을 수입하는 대신 직접 제작해야 했다. 한국 방송사들의 해외 프로그램 수입은 극적으로 감축되었는데, 1997년의 5720만 달러 수준이던 수입액이 1998년 2700만 달러 수준으로 거의 50% 줄어들었다. 동시에 프로그램 수출은 조금씩 늘어갔는데, 1997년 830만 달러였던 수출액은 1998년 1000만 달러로 증가한다. 1997년 이후 프로그램 수출은 연간 30%의 증가율을 보였으며, 2002년에 이르러서는 수출이 수입을 능가하기에 이른다 (Ministry of Culture and Tourism, 2004: 255).

한국 방송사들은 미니시리즈라고 불리는 독특한 연속 드라마 형식의 프로 그램 ─ 편당 50분 정도의 길이로 총 16~20편 분량인 ─ 을 발전시키는데, 이것이 한류의 주요 원동력이 된다(Joo, 2011). 한국 텔레비전 산업의 주춧돌이라 할 수 있는 멜로드라마 붐을 이끈 것이 미니시리즈였기 때문이다(Paquet, 2011). 이러한 한국의 드라마는 아시아권 시장에서 성공을 거두었는데, 〈사랑이 뭐길 래〉(1997)나 〈별은 내 가슴에〉(1997) 같은 시리즈가 크게 성공하면서 동아시아 권의 여러 국가에서 한국 대중문화에 대해 관심을 갖게 되었다(Yin and Liew, 2005).

예상할 수 있듯이, 텔레비전 프로그램의 흐름은 부분적으로 해외 시청자가 초국가적 대중문화를 향유하면서 형성된다. 동아시아 국가의 팬들은 프로그 램의 질, 가격 그리고 문화적 친밀성 등 여러 가지 이유로 한국 프로그램을 선 호해왔다. 예를 들어 중국 바이어들에게 한국 텔레비전 프로그램은, 지난 수 년간 괄목할 만한 개선을 통해 일본 프로그램과 질적으로 거의 비슷한 수준으 로 성장했으면서도 가격 면으로는 훨씬 저렴한 상품이었다. 다시 말해 소프 오페라soap opera와 비슷한 것으로서 가족이나 가슴 아픈 러브 스토리에 중심 을 둔 감정적인 이야기를 특징으로 하는 한국 드라마가, 처음에는 일본 드 라마의 저렴한 대체물로 여겨졌던 것이다. 2000년 글로벌 텔레비전 시장에 서 일본 드라마의 단위 가격은 5000~8000달러 정도였던 반면 한국 드라마는 2001년 1326달러 정도였다(S. H. Kim, 2003). 2000년 대만의 갈라Gala TV는 시 간당 1000달러 수준에서 한국 드라마를 구매했는데 그에 비해 일본 드라마의 경우에는 1만 5000달러에서 2만 달러 수준이었다. 2005년에 이르면 K드라마 의 인기가 증대하면서 한국산 드라마는 시간당 7000달러에서 1만 5000달러의 수준에 이르러 6000달러에서 1만 2000달러 정도인 일본을 능가하기 시작한다

(Onishi, 2005).

KBS에서 20년 이상 재직해온 한 텔레비전 프로듀서는 2012년 11월 서울에서 이루어진 인터뷰에서 "한국 텔레비전 프로그램의 가격 경쟁력이 방송 부문의 한류가 성장하는 데 결정적인 요소였다"고 밝혔다. "한국 텔레비전 프로그램의 품질은 일본을 포함한 다른 서구권 국가보다 상대적으로 낮은 편이었지만 일부 아시아 국가들이 한국 프로그램을 수입했던 주요 이유는 – 아시아 국가 간 문화적 근접성 등의 여러 요인도 있었지만 – 가격 요인이었다"는 것이다.

한국 드라마는 또한 많은 아시아인들에게 감정적으로 강렬한 호소력을 지니는 것으로 인정받고 있으며, 출연 배우들 또한 적극적으로 방문 홍보 활동에 참여한다(Onishi, 2005). 많은 아시아인이 서구적 가치를 수용할 준비가 되어 있음에도 미국과 일본의 문화가 자신들의 현실과 연결성이 없으며 폭력성과 성적인 측면을 강조한 것에 대해 불편함을 느껴왔다는 점도 덧붙일 필요가 있다(Jin, 2011b). 이처럼 아시아 문화 시장의 한국 드라마 인기는 문화적 근접성이나 프로그램의 품질만으로는 설명될 수 없다. 한류 개념이 함의하듯, 그것은 아시아 권역 내 한국 드라마의 갑작스러운 확산을 뒷받침했던 다양한 요인에 의해 예상치 못하게 형성된 것이다.

그러한 배경에서, 2000년 즈음 KBS가 아시아 권역에서 한국 드라마 열풍을 일으킨다. 동아시아와 동남아시아 국가에서 〈가을동화〉가 방영된 것이다. 뒤이어 SBS는 사랑에 빠진 젊은 연인이 결국에 결혼에 이르게 되는 내용의 또 다른 유명 드라마 〈천국의 계단〉을 일본 아사히 TV에 2004년 100만 달러에 판매한다(H. I. Shin, 2004). 2004~2006년에는 기억상실증에 걸린 건축가가 서울에 돌아와서 어린 시절의 기억을 되찾는 내용의 인기 드라마 〈겨울연가〉와 MBC 유명 드라마 시리즈인 〈대장금〉 또한 아시아 시청자들 사이에서 크게 성공한다.

국가별로 보면 처음에는 중국이 한국 드라마를 수입하는 주요 시장이었으나 이후 2003년경부터 한류 현상은 일본에서 강화되는데, 이는 20편으로 구성된 총 20시간 분량의 드라마 〈겨울연가〉가 일본에서 방영되면서였다. 〈겨울연가〉는 일본 국영방송인 NHK가 최초로 위성 채널을 통해 방영한 이후(이 드라마는 이후 여러 번 전국에 방영되었다) 일본 시청자들 사이에서 많은 인기를 모았는데 특히 중년 여성들 사이에서 큰 인기를 얻는다. 〈겨울연가〉의 예상치 못한 인기는 일본에 한국 대중문화 붐이 이는 계기가 된다(Hanaki et al., 2007). 한국 드라마는 궁극적으로 아시아 여러 국가와 서구 일부 국가로 진출했고 나아가 러시아와 라틴아메리카 국가까지 확산되기에 이른다.

이들 프로그램의 인기가 빠르게 증가하면서 한국 텔레비전 프로그램 수출 총액은 1995년에서 2007년 사이에 무려 27.4배가 급증한다. 이는 수치상 1995년 550만 달러 수준이었던 것이 2007년 1억 5100만 달러로 증가한 것을 의미한다(Ministry of Culture, Sports and Tourism, 2009a). 2007년에 한국 문화 상품의 다수는 아시아에서 소비되었는데, 특히 일본(57.4%), 대만(18.4%), 중국과 홍콩(8.9%)이 주요 소비국이었다. 변동이 없었던 것은 아니지만 일본은 지속적으로 한국 텔레비전 프로그램의 가장 큰 시장이었는데 2012년 일본 시장의 비중은 62.3%에 이르는 수준이었다(Ministry of Culture, Sports and Tourism, 2013c: 199; 〈표 3.1〉 참조).

배용준(〈겨울연가〉), 최지우(〈겨울연가〉), 이영애(〈대장금〉), 안재욱(〈별은 내 가슴에〉), 이병헌(〈올인〉) 등의 배우들은 한류 1.0 시대를 대표하고, 이민호(〈상속자들〉), 전지현(〈별에서 온 그대〉), 김수현(〈별에서 온 그대〉)은 한류 2.0 시대의 대표적인 배우로 꼽힌다. 이들은 모두 아시아의 스타로 떠오르면서 수많은 아시아 관객을 매료시켰는데 이러한 한류 스타들의 인기는 한류 드라마의 광대한 영역에 걸친 인기가 부분적으로 연기자들의 초국가적 가시성이라 부를 수 있는 것에 기인하고 있음을 보여준다(S. Park, 2010).

수출되는 텔레비전 프로그램들 가운데 드라마는 계속해서 가장 큰 비중을

표 3.1 한국 TV 프로그램의 주요 수출 현황
(단위: 1000달러)

국가	2004	2005	2006	2007	2008	2009	2010	2011	2012	2013
일본	42,740	65,511	47,632	53,494	65,621	65,271	49,712	102,058	112,087	111,0776
중국	8,041	9,313	7,978	5,294	4,512	6,339	15,568	17,241	10,999	21,875
홍콩	1,787	3,505	4,463	3,033	3,585	4,483	5,386	4,027	2,162	5,318
대만	11,392	11,942	20,473	17,130	7,003	11,565	28,438	21,051	14,587	17,038
싱가포르	-	1,150	2,066	2,227	1,978	2,548	2,001	3,259	3,188	1,448
미국	-	2,281	732	791	747	1,909	2,814	3,522	12,565	8,374
기타	10,501	12,183	15,500	11,295	10,474	12,130	23,155	17,782	24,130	26,574
합계	74,461	105,885	98,844	93,264	93,920	104,245	127,074	168,940	179,718	191,403

자료: Ministry of Culture, Sports and Tourism(2013c: 199, 2012a: 210, 327); Korea Creative Content Agency (2012a: 12); Ministry of Science, ICT and Future Planning(2014a, 133). 이 표에는 일부 지역(DVD 판매 및 외국 방송국 판매)을 제외한 네트워크 방송사만 포함됨.

점해왔다. 2002년 76.8%, 2008년 91.9%를 기록했고, 그 뒤를 다큐멘터리와 오락 프로그램이 차지했다(Ministry of Culture, Sports and Tourism, 2013c; S. H. Kim, 2003). 2008년에 정점을 찍은 드라마의 비중은 이후 조금씩 떨어지는데, 2009년 90.7%, 2010년 87.4%, 그리고 2011년에는 81.9%까지 떨어진다. 이후 2012년에 다시 약간 증가하긴 하지만, 이와 같은 드라마 비중의 감소는 한류 2.0의 텔레비전 분야가 지닌 또 다른 특징이다(Korea Creative Content Agency, 2012a; Ministry of Culture, Sports and Tourism, 2009a). 2011년 다큐멘터리(11.5%)와 오락예능(5.1%)은 각각 2위와 3위를 차지했다.

그러나 공중파와 케이블 채널로 텔레비전 프로그램의 수출을 분류하면 상황이 달라진다. 같은 해 공중파에서 가장 큰 비중을 차지한 것은 드라마로 83.6%였고 그 뒤를 잇는 다큐멘터리는 12.3%, 오락예능은 3.3%였다. 케이블 채널의 경우, 드라마가 여전히 가장 큰 비중을 차지하긴 하지만 그 비율은 59.4%에 머물렀고, 오락예능 프로그램이 29.6%에 달했다. 비록 한국 방송 부문에서 케이블 채널의 시장점유율은 여전히 낮은 편이지만 그 영향력은 지속

적으로 증대하고 있는데, 따라서 비非드라마 부문은 국내 시청자뿐 아니라 해외 시청자를 위한 프로그램으로서 점차 중요성을 더해가고 있다. 예를 들어 SBS의 버라이어티쇼 〈런닝맨〉은 2011년 이후 여러 아시아 국가에서 인기를 모으고 있다. "연예인들이 재치와 체력으로 게임을 벌이는 〈런닝맨〉의 다채로운 포맷은 계속해서 놀라운 성공을 지속하는 중이다. 〈런닝맨〉은 태국과 베트남, 홍콩 그리고 가장 최근에는 마카오에서 로케이션 촬영을 진행했고, 2013년 3월에는 성룡 같은 유명한 현지 게스트가 출연해 현지 팬들을 즐겁게 해주었다"(*Hollywood Reporter*, 2013.3.19: 17). 연구를 위한 인터뷰에 응했던 캐나다 밴쿠버의 많은 대학생과 직장 초년생도 한국의 버라이어티쇼를 즐겨본다고 답했다. 25세 남성 직장인은 "한국 텔레비전 프로그램을 즐겨보는데, 특히 버라이어티쇼를 거의 매일 봐요. 지금 제가 좋아하는 프로그램은 〈런닝맨〉(SBS), 〈무한도전〉(MBC), 〈노 오븐 디저트〉(TvN에서 2013~2014년에 방영된 요리쇼), 〈응급남녀〉(TvN 드라마)입니다"라고 밝혔다. 또 다른 29세 직장인 또한 "제 일이 바빠서 TV를 자주 보지 못합니다. 그렇지만 〈런닝맨〉 같은 한국의 버라이어티쇼를 좋아해요. 이유는 매주 에피소드가 다르다는 점에서 흥미진진하기 때문입니다. 또한 이들 프로그램은 많은 게스트를 초대하면서 여러 다양한 장소를 방문하는데, 덕분에 저는 한국의 여러 연예인과 장소를 알 수 있었고 때로는 다른 나라까지도 볼 수 있었습니다"라고 답했다.

앞으로 자세히 살펴보겠지만, 한류 2.0 시대에 들어와 한국 드라마의 평판이 떨어짐에 따라 여러 비非드라마 장르가 드라마를 대체하기 시작한다. 이러한 경향은 특히 전 세계의 젊은 세대에서 나타난다. 비록 그들 가운데 일부는 여전히 드라마를 좋아하지만 버라이어티쇼는 미니시리즈처럼 줄거리를 따라갈 필요가 없다는 점에서 전 세계의 젊은 세대에게 호소력을 지닌다. 물론 이러한 경향이 반드시 K드라마 인기의 하락을 의미한다고는 할 수 없다. 그러한 경향은 드라마의 일시적인 후퇴setback라 볼 수 있는데, 왜냐하면 사람들 ─ 특히 아시아 지역 — 의 취향이 쉽게 변하는 것은 아니기 때문이다. 그러나 서구인들이 전통적으로 시트콤과 퀴즈쇼, 버라이어티쇼를 선호해왔다는 점에서, 이러한 변화에 따른 KBS의 프로그램 장르 확장은 서구 권역 또한 한국 방송사들이 겨냥하는 시장인 한, 시기적절하고 필요한 실천이라 할 수 있을 것이다.

서구에서 온 포맷,
국경을 넘다

아시아 국가에서 한국 드라마가 주요 텔레비전 장르로 위치를 고수해온 최근 몇 년간 한국 방송 산업에 흥미로운 변화가 벌어진다. 즉, 방송사들이 텔레비전 포맷에 상당한 관심을 쏟기 시작한 것이다. 케이블 채널은 특히 리얼리티 오디션쇼와 같은 일부 포맷에 초점을 맞췄고, 2008년 즈음부터 그중 일부를 포맷 프로그램으로 수출하기 시작한다. 케이블 채널이 비드라마를 강조하는 이유는 드라마의 경우 비용과 전문성에서 공중파 방송과 경쟁하기 어렵기 때문이다. 케이블 채널은 오락예능 프로그램으로 틈새시장을 공략했는데, 이는 공중파와 케이블 채널 간 큰 차이로 이어진다. 그러나 일단 케이블 채널이 리얼리티쇼로 성공하면 공중파도 그러한 트렌드를 차용한다. 지역 방송 산업은 포맷팅에 능동적으로 임하기 시작하는데 그 가운데 일부 포맷은 서구의 것을 원본으로 하는 것이었다.

우선 한국 방송사들은 고유한 포맷을 직접 만들어내기에 앞서 서구 프로그램 포맷의 수입을 증대했다. 다른 여러 국가가 그렇듯, 한국 방송사들 또한 게임쇼나 리얼리티쇼를 주요 포맷으로서 선호한다. 1990년대 후반 리얼리티 텔레비전의 인기는 프로그램 포맷 각색의 초국가화 과정을 가속화한다. 공동 제작과 마찬가지로, "포맷 각색은 성공한 포맷을 통해 기업이 위험성과 불확실

표 3.2 주요 수입 포맷 현황

방송사	프로그램 제목	장르	원본 제작국
KBS	1 대 100	퀴즈	네덜란드
	꽃보다 남자	드라마	일본
MBC	사소한 도전 60초	퀴즈	미국
	댄싱 위드 더 스타	버라이어티	영국
	브레인 배틀	퀴즈	일본
	브레인 서바이버	게임쇼	일본
OnStyle	도전 슈퍼모델 코리아	리얼리티쇼	미국
	프로젝트 런웨이 코리아	리얼리티쇼	미국
QTV	러브택시	리얼리티쇼	영국
	맘vs맘 엄마를 바꿔라	리얼리티쇼	영국
SBS	슈퍼바이킹	버라이어티	일본
TvN	코리아 갓 탤런트	탤런트쇼	영국
	만장일치 퀴즈쇼 트라이앵글	퀴즈	네덜란드
	오페라스타 2011	탤런트쇼	영국

자료: Korea Creative Content Agency(2011b: 8); H. R. Kang(2011).

성을 줄일 수 있도록 돕는다"(Kraidy, 2005: 104). 예를 들어 뉴질랜드의 메인 네트워크 채널에서 2009년 4월 19일에 방송된 〈Ugly Betty〉나 〈Who Dares Wins〉 같은 프로그램은 한때 별 차이 없는 반복이라고 여겨지곤 했던 하이브리드 미디어 텍스트가 인기를 얻고 있는 현 상황을 보여준다. 한국의 공중파와 케이블 방송사 또한 몇 가지 포맷을 수입했는데, 〈1 대 100〉〈One vs. 100〉, 〈사소한 도전 60초〉〈Minute to Win It〉, 〈댄싱 위드 더 스타〉〈Dancing with the Stars〉, 〈슈퍼바이킹〉〈Super Viking〉, 〈브레인 배틀〉〈Brain Battle〉 등이 그것이다(〈표 3.2〉 참조).

한국 방송사들이 아무런 망설임 없이 이러한 포맷을 수입했다는 사실은 놀라운 데가 있다. 마완 크레이디는 "쿠웨이트 등 일부 아랍권 국가들은 리얼리티쇼에 깔려 있는 제의ritual를 접한 이슬람권 청소년들이 전통을 버리고 서구의 근대성을 완전히 수용하게 될 것을 우려했기 때문에 리얼리티 TV쇼에 반대했

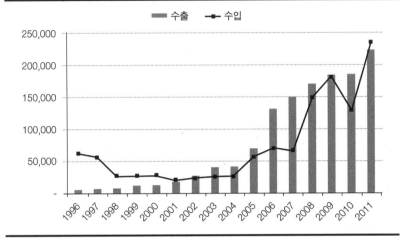

자료: Ministry of Culture, Sports and Tourism(2012a: 4, 2011b, 2007, 2006a: 30, 2004: 255, 2014a: 53).

다"고 언급한 바 있다(Kraidy, 2010: 138). 한국의 경우 서구 리얼리티쇼에 대한 그와 같은 저항은 감지된 바 없다. 리얼리티쇼, 또는 좀 더 보편적인 차원에서 해외 프로그램을 전부 반대할 이유는 없을 것이다. 하지만 이들 프로그램을 지역 문화에 기반을 두고 선별적으로 받아들이고 수정하는 것은 매우 중요하다. 혼종화에서 가장 중요한 특성은 바로 이에 해당한다. 그러나 한국의 방송사들은 비용과 순위를 강조하면서 텔레비전 포맷의 역할을 숙고할 수 있는 기회를 근본적으로 도외시하고 있다.

지역 방송 산업은 케이블 채널의 성장으로 인해 해외 프로그램의 수입을 늘리기 시작한다. 2008년 한국의 해외 프로그램과 포맷의 수입은 2007년 6490만 달러에서 1억 4930만 달러로 130%라는 가파른 증가세를 기록한다. 한국은 계속해서 수입 물량을 늘려간다. 2011년에는 수입액(2억 3390만 달러)이 수출액(2억 2024만 달러)을 능가하는데, 이처럼 수입이 수출을 능가한 것은 2002년 이후 처음이었다(〈그림 3.1〉 참조). 한국의 텔레비전 프로그램 수출은 특히 아시아 중심적이었던 반면, 포맷을 포함한 수입은 주로 미국에 의존(87.8%)하고 있다 (Ministry of Culture, Sports and Tourism, 2011b: 2012b). 이는 한국이 서구의 프로그램과 포맷에 크게 의존하고 있음을 의미하며 따라서 프로그램과 TV 포맷의 글로벌라이제이션이 한국에서는 문화적 균질화를 야기할 가능성이 있다는 주장은 타당해 보인다. 한국인이 자신의 문화적 또는 지역적인 것이 반영된 프로그램을 좋아한다고 할지라도 지역에서 생산된 것이 때로는 단순히 서구 대중문화가 지역화된 버전에 지나지 않을 수도 있다는 것이다. 이는 닉케시아 고든 Nickesia S. Gordon이 자메이카의 TV 네트워크 사례 연구를 통해 논의했던 것과 일맥상통한다(Gordon, 2009).

최근 해외 프로그램과 서구권의 포맷이 이룬 성장은 한류 방송 부문의 주요 특성을 바꾸어 놓고 있다. 이와 관련해서 무엇보다도, 동일 문화권 내 지역 텔레비전 프로그램의 성장을 설명할 수 있는 주요 원인으로 여겨졌던 문화적 근접성cultural proximity을 이해하는 것은 중요하다. 미디어 연구자인 조셉 스트라우바의 지적대로 "시청자가 선호하는 것은 자신의 문화와 좀 더 근접한 프로그램으로, 만약 지역 경제가 뒷받침될 경우 자국 프로그램을 선호하는 경향"을 지닌다(Straubhaar, 2000). 이는 시청자의 언어적·문화적 맥락에 대한 친근감을 기반으로 지역의 프로그램 제작자들이 해외 프로그램에 대한 경쟁력을 지니게 됨을 의미한다. 존 싱클레어John Sinclair, 엘리자베스 자카 Elizabeth Jacka, 스튜어트 커닝햄Stuart Cunningham 또한 텔레비전 프로그램의 국제적인 흐름이 갈수록 복잡해지고 있는 상황을 설명하고자 그와 같은 지리 언어적 권역의 개념이 지닌 중요성을 설명한 바 있다(Sinclair, Jacka and Cunningham, 1996). 멕시코의 '텔레노바Telenova'가 일부 라틴아메리카 국가에서 많은 인기를 모을 수 있었던 바탕에는 이들 국가가 모국어로 사용하는 스페인어가 놓여 있었다는 것이다. 동아시아를 가로지르는 미디어 생산물의 흐름은 라틴아메리카나 아시아 등 권역별로 규정되는 지리문화적 시장의 부상에 대한 논의를 가속화한다(Hesmondhalgh, 2013). 따라서 할리우드 영화와 미국의 팝 음악이 비서구권 국가에서 갈수록 영향력이 증대하는 상황과는 무관하게, 방송 부문은 지역 사람들이 해외 프로그램보다 국내 프로그램을 선호하는 문화적 영역이 되어왔다. 텔레비전 프로그램에 대한 기존 한류 연구들 또한 텔레비전 프로그램 - 특히 아시아에서 한국 드라마 - 의 주요 인기 원인을 아시아 시청자들이 선호하는 한국 드라마의 문화적 근접성에서 찾는다(Hanaki et al., 2007; Leung, 2008). 민속기술지 현장조사를 수행한 이들 연구는 한국 드라마가 전통적인 가치를 강조하기 때문에 아시아 시청자가 선호하는 것이라고 주장한다.

하지만 글로벌 포맷의 빠른 성장과 함께 문화적 근접성의 개념은 한국적 맥락을 설명하는 데 더 이상 중요한 역할을 수행하지 못하게 되었다. 왜냐하면 지역 방송사들이 서구 국가에서 들어온 프로그램과 글로벌 포맷을 광범위하게 차용하고 있기 때문이다. 비록 한국을 포함한 지역 방송사들이 포맷을 살짝 바꾼다 할지라도, 원본의 주제와 스타일이 근본적으로 바뀌는 것은 아니기 때문에 서구 문화의 지배dominance라는 결과로 이어지게 된다. 물론 원본 프로그램의 재방영을 대체하는 포맷은 부분적으로 문화적 근접성을 반영할 수 있다. 제작자들은 지역 시청자가 TV 화면의 인물이 자신처럼 보이고 말하는 것, 등장하는 상황과 장소, 그리고 이야기가 자신의 세계와 유관하기를 바란다는 것을 알기 때문이다(Moran, 2008). 텔레비전 포맷은 바로 그러한 생각에서 진화해온 것이다. "간단히 말해, 사람들이 선호하는 것은 자신들의 정체성에 맞춰진 프로그램이다. 완결된 프로그램의 재방영권을 라이선싱하는 것은 특정한 시장에 한해 매우 한정적인 문화적 각색을 허용하는 데 그친다. 그러나 텔레비전 포맷의 경우 교역을 통해 수출되는 것은 프로그램 내에 담긴 성공적인 상업적 지식과 노하우로서 타 지역의 프로그램 각색과 리메이크에서 도움"을 받을 수 있다(Moran, 2008: 461). 문제는 방송사들이 등장인물과 내러티브, 복장 등을 바꿀 수 있다 하더라도 문화적 차이는 피할 수 없다는 점이다. 또한 문화적 근접성 이론으로는 서구의 시청자가 한국 드라마를 좋아하는 이유를 설명할 수 없는데, 마찬가지로 한국 시청자가 완결된 것이든 포맷 프로그램이든 간에 서구의 프로그램들을 좋아하는 이유도 설명하지 못한다.

주요 텔레비전 프로그램과 관련해서, 네트워크 방송사와 케이블 채널이 각기 상이한 방향으로 가고 있다는 점 또한 이해할 필요가 있다. 네트워크 방송사들은 지속적으로 드라마를 제작하고 해외로 수출하는 반면, 케이블 채널들은 갈수록 더 많은 서구의 프로그램과 포맷에 의존하고 있다. 한국에서는 현재 ESPN이나 HBO, CNN 같은 미국의 다양한 채널의 시청이 가능하다. 여러 지역 채널들은 21세기 초에 들어와 포맷에 크게 의존하고 있다. 이와부치는 "글로벌라이제이션 과정이 비서구권 행위자들의 미디어 문화 제작 능력을 향상시키고 있다"며 "이는 미국 미디어 문화의 우세가 상대적으로 약화되고 있다는 증거로서 서구의 문화 제국주의 이론의 신빙성에 대한 의구심을 제기하는 것"이라고 주장한 바 있다(Iwabuchi, 2010b: 199). 하지만 최소한 케이블 채널들이 서구의 프로그램과 포맷을 대거 수입하고 있는 한국 방송 부문의 글로벌라이제이션 양상을 고려하면, 그와 같은 대안적 해석은 불가능해진다.

지역 TV 포맷의
글로벌라이제이션

글로벌 포맷의 빠른 증가 속에서, 한국 방송사들도 그 나름의 포맷 개발과 수출을 늘려가고 있다. 텔레비전 포맷에는 다양한 장르가 있지만, 한국 방송사들은 드라마, 리얼리티 오디션쇼, 퀴즈쇼의 세 가지 포맷에 집중하고 있다. 그 가운데 다수가 드라마이고, 그 뒤를 각각 예능 쇼프로그램과 퀴즈쇼가 따른다. 앞서 살펴본 대로 게임과 리얼리티쇼는 세계적으로 주요 포맷 장르에 해당하지만, 한국의 경우 가장 중요한 포맷 장르는 드라마다. 예전에는 완성된 드라마를 수출했던 한국 방송사들이 이제는 포맷 드라마를 개발하고 있다. 그 결과 중국, 일본, 베트남, 필리핀 등 아시아의 여러 국가들은 한국 드라마를 수입할 뿐 아니라 포맷 및 라이선스 계약을 통해 자신들 버전의 한국 드라마를 제작한다. 〈마이걸〉(2007), 〈호텔리어〉(2007), 〈풀하우스〉(2008), 〈커피프린스〉(2008), 〈명랑소녀 성공기〉(2010)는 모두 한국에서 성공을 거둔 후 이들 국가에 포맷 수출된 작품들이다. 〈미남이시네요〉(2009)나 〈드림하이〉(2011) 같은 드라마가 일본을 포함한 일부 아시아 국가에서 인기를 모았던 것은 K팝의 영향이 있었는데, 이들 드라마는 주로 30~40대였던 기존 팬층을 어린 10대에서 20대 초반까지 확장시키기도 했다. 가장 최근 들어서는 미국의 ABC가 2014년 9월에 〈별에서 온 그대〉의 포맷으로 리메이크 제작을 추진하겠다고 밝힌 바 있다.

이 가운데 〈미남이시네요〉는 허구의 보이밴드 A.N.Jell에 쌍둥이 남동생을 대신한 여성이 가입하면서 벌어지는 상황을 그린 드라마다. 이 드라마의 일본 리메이크 버전은 2011년 7월에 공개되었다. 일본의 아사히 TV는 이미 2007년 4월에 MBC에서 포맷을 가져온 〈호텔리어〉를 방송한 바 있었다. KBS는 또 다른 인기 드라마인 〈풀하우스〉를 필리핀과 베트남에 수출하기도 했다. MBC는 〈우리 결혼했어요〉라는 예능 프로그램을 터키에 수출하는 한편, 드라마 〈커피프린스〉는 대만과 필리핀에 수출했다. SBS 또한 인도네시아와 중국에 〈대결! 반전 드라마〉를, 〈아내의 유혹〉을 중국에 라이선스 판매한 바 있다(〈표 3.3〉 참조).

한국은 최근 몇 년간 포맷 드라마의 강세 속에서 완결 드라마로는 별다른 성공을 이루지 못했다. 〈선덕여왕〉(2009), 〈동이〉(2010), 〈별에서 온 그대〉(2014) 등으로 아시아 내 한국 드라마 신화가 유지되긴 했으나,[2] 그 시청률은 이전과

표 3.3 포맷과 라이선스의 수출 현황

카테고리	판매 연도	프로그램 제목	수출국가
드라마	2006	쾌걸춘향	중국
	2007	호텔리어	일본
	2007	마이걸	인도네시아
	2008	이브의 모든 것	베트남
	2008	커피프린스	필리핀
	2008	풀하우스	베트남, 필리핀
	2008	내 이름은 김삼순	필리핀
	2008	게임의 여왕	중국
	2008	천국의 계단	필리핀
	2009	쾌걸 춘향	베트남
	2009	소문난 칠공주	중국, 베트남
	2009	그대 웃어요	중국
	2010	가을동화	필리핀
	2010	커피프린스	대만
	2010	명랑소녀성공기	대만
	2010	아내의 유혹	중국
	2014	별에서 온 그대	중국, 미국
오락/예능	2006	천생연분	중국
	2007	반전드라마	인도네시아
	2011	나는 가수다	중국
	2011	우리 결혼했어요	터키
	2013	슈퍼스타K	중국
퀴즈쇼	2006	도전 골든벨	베트남
	2008	도전 골든벨	중국

자료: Korea Creative Content Agency(2011a: 50~54); Ko(2013); Goldberg(2014).

비교할 수 없는 수준이었다. 아시아의 방송사들은 차세대 〈겨울연가〉나 〈대장금〉을 찾고 있지만 한국 텔레비전 제작사들은 한동안 새로운 성공작을 만들지 못했다. 이러한 상황에서 볼 때 한국 방송사들이 방송 부문의 새로운 동력으로서 포맷 드라마를 만들어낸 것이라 할 수 있다.

다른 한편으로, 한국 방송사들은 리얼리티쇼 같은 여러 가지 비드라마 포맷 또한 제작하고 있는데, 이는 이전까지와 상이한 측면이다. 해외에서 이러한 프로그램의 인기가 드라마에 이르지는 못하지만, 한국 방송사들은 이들 프로그램을 새롭게 부상하는 장르로서 주목하고 있다. 한국의 방송국들은 오락쇼 몇 편을 제작해 수출하고 있다. 예컨대 한국에서 크게 성공했던 〈슈퍼스타K〉 이후 한국은 인도네시아에서 유사한 리얼리티 오디션 프로그램의 개발에 착수한다. 2012년 3월 인도네시아의 방송사 인도시아르INDOSIAR와 인도네시아 한국 TV 그리고 삼성이 인도네시아 버전의 〈슈퍼스타K〉인 〈갤럭시 슈퍼스타Galaxy Superstar〉를 제작했는데, 이는 한국과 인도네시아 간 협업 프로젝트였다. 도시 다섯 곳에서 온 1만 명이 넘는 지원자가 예선을 거쳤고, 이 가운데 단 열 명만이 결선에 진출했다. 최상위 경쟁자 11명은 레인보우 브릿지 에이전시Rainbow Bridge Agency의 "한국 아티스트 인큐베이팅 트레이닝" 시스템에서 오늘날 세계적인 현상으로 떠오른 K팝을 만들어냈던 바로 그 엄격한 트레이닝을 받았다. 이후 인도네시아에서 데뷔에 이르기까지 모든 과정이 〈갤럭시 슈퍼스타〉를 통해 방영되었다(J. Han, 2012).

이처럼 포맷 프로그램은 일단 한 시장에서 개발되어 방영되면 다른 국가에서 프로그램을 리메이크할 수 있는 라이선싱을 할 수 있는 기회가 생긴다. 〈갤럭시 슈퍼스타〉의 경우 인도네시아 방송사는 한국의 방송사가 개발한 포맷 모델을 그대로 가져와서 제작했던 것이라 할 수 있다. 이러한 관점에서 볼 때 방송 부문의 초국가성이 두 개의 상이한 단계에 거쳐 발생함을 알 수 있는데, 첫 단계는 미국 프로그램들이 한국 프로그램으로 전환되는 과정이고, 다음 단계는 한국의 프로그램이 다른 국가에서 포맷 교역을 통해 전환되는 단계다. 한국 방송사에서 만든 퀴즈쇼 또한 일부 국가에서 인기를 얻었는데, 고등학생을 대상으로 하는 KBS의 퀴즈쇼 〈도전 골든벨〉의 포맷은 베트남 방송사와 중국 CCTV에 수출되었다. 마찬가지로 KBS 또한 드라마 〈소문난 칠공주〉를 베트남과 중국에 수출한 바 있다(〈표 3.3〉 참조).

이처럼 글로벌 방송콘텐츠 시장에서 텔레비전 프로그램 포맷 라이선스의 매출이 증가하면서 레디-메이드 프로그램의 수출에 치중했던 한국 방송사들은 이제 포맷 판매로 전환하고 있다. 포맷 수출은 단순한 아이디어의 전달을 넘어서는 것으로, 수출 업체들은 전체 프로그램의 제작에 관한 조언을 위해 스크립트 작가와 프로듀서를 보내기도 한다(HanCinema, 2007). 2008년 이래 한국은 주로 드라마 시나리오나 리메이크 라이선스의 형식으로 포맷의 수출을 증대해 왔다. 드라마 라이선스 판매의 경우 2006년 이전까지는 단 세 건만 있었다. 하지만 이 수치는 2007년 15편으로 증가하고, 2008년에는 18편, 2009년에는 20편, 2010년에는 20편으로 증가한다(Korea Creative Content Agency, 2011b: 50). 포맷 패키지로 불리는 이 상품에는 "라이선스 동의서뿐 아니라 기존의 제작 노트, 역사 — 때로는 그래픽 디자인 요소와 주제 음악, 큐까지도 — 등 다양한 자료가 포함되며 어떤 경우에는 시청각 자료와 현장 컨설팅까지 포함"되기도 한다(Oren and Shahaf, 2012: 2~3).

텔레비전 포맷이 지닌 이점은 결과적으로 한국 텔레비전 프로그램의 해외에서의 인기 하락을 낳을 수 있다. 우선 여러 국가에서 리얼리티 포맷이 성공했던 데에는 재정적인 원인을 꼽을 수 있다. 〈슈퍼스타K〉 같은 리얼리티쇼 프로그램들이 탄력을 받을 수 있었던 것은 21세기 초반의 상대적인 재정 부족 상황에서 비롯된 것이었다. 2011년 JTBC, TV조선, 채널A 등 종편 채널의 등장으로 텔레비전 채널 간 경쟁이 심화되면서 지역 방송사들은 실패를 피하면서도 비용을 감축할 수 있는 포맷에 의존하기 시작했다. 경제적으로 "리얼리티 TV 쇼는 좀 더 저렴한 프로그램을 필요로 하는 프로듀서와 배급사 모두에게 적합한데 비싼 스타 대신 스타가 되고 싶은 평범한 사람들을 활용"하기 때문이다(Raphael, 2004: 124). 그러나 미국 시장과 달리, 한국의 방송 환경은 상대적으로 작기 때문에 재능을 가진 새로운 스타를 찾아내는 것이 쉽지 않다. 유사한 리얼리티쇼가 빠르게 증가하면서 이러한 탤런트쇼는 갈수록 그 질적 수준 유지가 어려워지고 있다.

다른 한편, 서구 포맷과 국내 포맷 간 상당한 차이가 나면서 프로그램이 더 악화되고 있다. 많은 미국의 리얼리티 TV쇼는 하나의 동일한 경쟁적 속성을 공유한다. "지원자들이 현금 보상을 놓고 서로 겨루면서 연합을 만들거나 연합을 배신한다"는 것이다(Reiss and Wiltz, 2010). 그 주요 특성으로서 "이들 포맷은 복잡한 내러티브와 빠른 스토리 전개, 그리고 선과 악 중에서 자신의 편을 선택하는 참여자들을 강조"한다(S. K. Hong, 2013: 39). 예를 들어 〈서바이버 Survivor〉는 게임의 승리를 위해 원래의 친구를 배반하고 이전의 적과 연합하는 등 주로 참여자 간 잔혹한 방식의 경쟁에 초점을 맞춘다. 한국인이 이러한 유형의 공격성을 선호하지 않기 때문에 〈슈퍼스타K〉를 포함한 경쟁식 쇼 프로그램은 시청자 확보에 어려움을 겪게 된다.

2013년 여름에 진행된 인터뷰에서 한국의 미디어 학자 박지훈은 방송 부문의 현 상황을 다음과 같이 설명했다. "한국 드라마의 주요 타깃은 일본 시장으로, 주요 소비자인 일본 시청자가 K팝 뮤지션이 없는 한국 드라마를 원치 않기 때문에 방송사는 반드시 K팝 아이돌 멤버를 캐스팅해야 합니다. 한국 방송사들은 그들을 캐스팅함으로써 포맷이든 비포맷이든 간에 프로그램을 만들어낼 수 있는 것입니다. 문제는 방송사들이 재능 있는 K팝 스타들을 찾아내기 어렵다는 것으로, 몇몇 저품질의 드라마는 그로 인해 발생한 결과였던 겁니다."

방송 부문의 신한류는 리얼리티쇼를 포함한 오락예능 영역의 성장, 그리고 전통적인 드라마와 대중음악쇼 등의 예능 간 다채로운 융합을 보여준다. 그러나 이러한 새로운 경향이 프로그램 품질의 향상을 보증하는 것은 아닌데, 왜냐하면 방송사들이 이러한 새로운 형식을 통해 추구하는 것이 주로 수익 창출이기 때문이다. 리얼리티 포맷은 앞으로도 존속할 것이므로 글로벌 시장에서 신한류의 현 페이스를 유지하려면 방송사들이 제작 비용뿐 아니라 프로그램의 품질 또한 주의 깊게 관리해야 할 것이다.

리얼리티쇼의 초국가성을
어떻게 이해할 것인가

텔레비전 포맷, 특히 리얼리티쇼의 인기가 빠르게 확산됨에 따라 대중문화의 초국가성 개념이 근본적으로 변화하기 시작한다. 초국가화transnationalization란 "사람과 상품 그리고 아이디어가 국가의 경계를 넘나드는 상태로서 그 원본을 단일한 것으로 식별할 수 없는 것"을 의미하는 용어다(Watson, 1997: 11).[3] 국적 없는 문화 상품의 상징인 텔레비전 포맷은 초국가성의 그와 같은 개념을 대표한다. 한국의 맥락에서 중요한 부분은 지역 대중문화의 초국가적 흐름을 한국에서 아시아 국가들로 이어지는 문화 흐름으로 설명해서는 안 된다는 점이다. 왜냐하면 리얼리티쇼 등 한국이 만들어내는 다양한 문화 상품은 서구 문화를 전유한 결과물이기 때문이다.

좀 더 자세히 말해 리얼리티 TV는 게임쇼나 데이트 프로그램(예를 들어 〈블라인드 데이트Blind Date〉나 〈더 바첼러The Bachelor〉 등)과 같이 특화된 포맷/서브 장르를 모두 아우른다. 21세기 들어와 리얼리티 TV는 또 하나의 뛰어난 포맷을 추가하게 되는데, 탤런트 경연(예를 들어 〈아메리칸 아이돌American Idol〉이나 〈더 보이스The Voice〉 등)이 그것이다(Ouellette and Murray, 2004: 3~4; JiHoon Park and Baruh, 2010: 1). 리얼리티 TV 프로그램의 특징은 그것이 혼성화된 장르라는 점이다. 예컨대 아이돌 프로그램과 같은 프로그램 프랜차이즈는 포맷 프랜차이징의 제작 맥락 속에서 하나의 방송 콘셉트가 어떤 식으로 국제시장에서 라이선스화되어 지역 시청자의 선호에 맞춰 각색되는지 보여준다. 다른 한편으로, 글로컬라이제이션 전략 자체가 혼종화의 한 형태이기도 하다.

롤런드 로버트슨Roland Robertson은 혼종성에 대한 설명을 전개하면서 다음과 같은 글로컬라이제이션의 개념을 소개한 바 있다(Robertson, 1995). 문화나 언어, 젠더, 민족성 등을 고려해 수정·변형함으로써 다른 지역으로 상품이 성공적으로 전 지구적인 이동을 하는 것. 그러한 수정·변형의 과정에서는 글로벌-지역 간 상호작용이 강조되는데, 이는 지역이 보편적인 것을 특화함으로써 글로벌과 전략적으로 통합하는 것으로 설명된다(J. Cho and Lee, 2009). 이에 따른 글로컬라이제이션 과정은 "원본 프로그램을 원제작자의 감독하에 지역 시장에 맞춰 수정·제작customize하는 프로그램 소유자, 라이선스 계약자, 계약된 제작 크루들 간의 협업"에 따라 이루어진다(Baltruschat, 2009: 54).

전 세계적으로 리얼리티 TV쇼는 새로울 것이 없지만 한국의 경우 오디션 프로그램 붐은 최근 몇 년 전부터 시작된 것이었다. 한국은 텔레비전 포맷 분야에서 후발 주자지만, 지난 몇 년간 지역 텔레비전을 점유해온 리얼리티쇼 열풍은 지금까지 지속되고 있다. 이와 같은 열풍은 〈아메리칸 아이돌American Idol〉의 한국 버전으로서 케이블 음악 채널인 엠넷에서 방영된 〈슈퍼스타K〉의 성공과 함께 시작된 것이었다(Jang, 2011). 〈슈퍼스타K〉는 〈아메리칸 아이돌〉의 발전과 연계되어 있는데 이와 같은 아이돌 포맷은 전국 오디션을 통해 팝 아이돌과 아티스트를 찾는 목적의 리얼리티 TV 경연 프로그램이다 (Baltruschat, 2009). 〈슈퍼스타K〉의 경우 라이선스를 구매한 것은 아니었으나 〈아메리칸 아이돌〉의 원본 구조를 어느 정도 복제한 것으로 볼 수 있다.

2009년 7월 24일 첫 시즌이 방영된 〈슈퍼스타K〉는 시청률 8%라는 큰 성공을 거둔다(케이블 채널의 경우, 시청률 1%가 성공의 기준이다). 두 번째 시즌은 이보다 더 성공하면서 18%의 시청률을 기록했는데 이는 전체 케이블 채널에서 가장 높은 수준이었다. 리얼리티 TV쇼의 가장 중요한 목표가 제작 비용의 감축이자 높은 시청률이라는 점을 감안하면 〈슈퍼스타K〉는 성공적으로 그 목표를 달성한 것으로, 다른 방송사와 케이블 채널의 본보기가 된다(Jihoon Park and Baruh, 2010: 3). 〈슈퍼스타K〉는 네 번째 시즌까지 K팝 스타로 떠오르게 되는 많은 신인을 발굴해내는데 시즌 1 우승자인 서인국, 시즌 2의 준우승자인 미국 태생의 존 박, 미스에이의 수지, 주얼리의 박세미, 인피니트의 호야, 시즌 2 우승자인 허각, 시즌 4 우승자인 로이킴 등을 들 수 있다.

이처럼 리얼리티 프로그램이 갑작스럽게 인기를 얻게 된 데에는 여러 가지 요인을 생각할 수 있다. 젠더와 나이, 인종, 외모와 무관한 공정한 경쟁을 비롯해서 누가 스타가 될 것인지 결정하는 것이 시청자의 투표라는 점에서 시청자의 참여가 최대화되는 오디션 과정 등이 그것이다.[4] 이러한 프로그램의 언어와 경쟁 포맷에 익숙해진 시청자들은 현실에서는 경험하기 힘든 전능한 권위를 맛보게 된다(Woo, 2012). 시청자 참여 경쟁 프로그램은 표현의 자유와 개인주의를 강화하는 것으로 그러한 부분은 이들 프로그램의 주요 성공 원인이 된다. 서구식 탤런트쇼 포맷으로서 〈슈퍼스타K〉는 연예인이 되고자 하는 개인들에게 꿈을 실현할 수 있는 기회를 제공했다. 그뿐 아니라 참가자들이 춤과 노래를 통해 표현의 자유를 만끽하는 동안 시청하는 개인들 또한 그와 같은 표현의 자유를 향유할 수 있었다. 왜냐하면 시청자 또한 자신이 좋아하는 가수와 댄서에 투표하는 동시에 발전된 소셜 미디어망을 통해 "팬카페"에 자신의 지지 의견을 담은 게시물을 올릴 수 있었기 때문이다. 이는 소니아 리빙스턴Sonia Livingstone이 언급한 대로 블로그, 웹페이지, 팬카페를 통해 인터넷이 하나의 채널로서 기능하게 된 것으로, 개인이 이러한 채널에서 제공받는 정보와 공론장을 통해 사회적인 대화를 듣고 또 자신의 의사도 표현할 수 있게 되었음을 보여준다(Livingstone, 2007).

그러나 〈슈퍼스타K〉의 가장 독특한 점은 K팝과 K드라마의 성공에 기반을 둔 글로벌 규모의 오디션이 지니는 권위에서 찾을 수 있다. 왜냐하면 그와 같은 리얼리티쇼들의 해외 로케이션 제작이 상당 부분 신한류 전반의 인기를 기반으로 가능했기 때문이다. 미국과 영국의 아이돌 프로그램이 국내 경쟁에 치중한 반면 한국 버전은 초국가적인 경쟁을 강조했는데 그러한 부분이 주요 성공 요인으로 꼽힌다. 〈슈퍼스타K〉는 한류의 이미지를 적극적으로 오디션에 활용했다. 시즌 2에서 LA를 시작으로 다른 나라에서도 오디션을 열었고, 시즌 3에서는 뉴욕, 베이징, 도쿄, 센다이, 오사카 등 다른 도시로 글로벌 오디션을 확대했으며, 시즌 4에서는 호주의 시드니도 편성했다.[5] 이러한 해외 오디션 경연자들은 탈락을 면하면 다음 단계의 경쟁을 위한 한국행 왕복 비행기 티켓을 얻게 된다. 또한 〈슈퍼스타K〉는 한국 내 외국인 거주자의 참여도 장려했다.

〈슈퍼스타K〉의 해외 경쟁은 해외 도시에 거주하는 한국인에서 외국인에 이르는 많은 참가자를 매료시켰다. 〈슈퍼스타K 3〉가 2011년 베이징에서 열렸을 때는 3200명의 참가자들이 몰려들기도 했다. K팝 센세이션을 반영하듯, 다수의 참가자가 박봄, 빅뱅, 슈퍼주니어, 소녀시대 등의 유명 K팝 노래를 불렀다. 대다수의 참가자가 외국인으로 중국인 45%, 중국에서 유학하거나 근무 중인 한국인 30%, 한국계 중국인 15%, 그 밖의 소수가 10%였다. 〈슈퍼스타K 4〉가 2012년 호주 시드니에서 열렸을 때는 1000여 명의 참가자가 오디션장에 모여들었다. 프로듀서는 한인 학생이 대다수일 것으로 예상했지만 예측과 달리 현지의 외국인 참가자가 많았다. 예선이 대개 K팝 노래와 댄스와 관련되기 때문에 참가자 대부분은 2NE1의 〈Lonely〉와 같은 K팝을 불렀다.

이는 K팝의 인기가 경연 프로그램의 주된 성장 요인이라는 것을 의미한다. 왜냐하면 K팝을 사랑해 한국에서 성공하는 것에 관심 있는 외국인과 한국인 디아스포라diaspora가 주된 참가자였기 때문이다. 해당 프로그램의 프로듀서 김태은도 다음과 같이 언급했다. "많은 외국인이 한국 아이돌 노래로 지원했던 것은 아마도 K팝의 인기가 전 세계적으로 확산되었기 때문이겠지요. 노래만 듣고 있자면 우리가 한국에 있는지 호주에 있는지 헷갈릴 정도였어요. 〈슈퍼스타K〉가 갈수록 글로벌하게 확장되면서 우리는 더 독특한 퍼포먼스를 고대하게 되었습니다"(M.Net, 2012.7.20).

〈슈퍼스타K〉는 또한 해외의 주요 도시에 거주하지 않는 지원자를 대상으로 유튜브와 페이스북으로도 오디션을 열었다. 이는 올드미디어인 텔레비전과 뉴미디어인 소셜 미디어 간의 융합을 상징적으로 보여주는데, 바로 한류 2.0 텔레비전의 주요 특성이라 할 수 있다. 한국 오디션 프로그램은 외국 지원자들과 전 세계에 거주하는 한국인들을 초대해 글로벌 오디션의 권위를 강화했다(Y. K. Choi, 2011; Paek, 2012).

〈슈퍼스타K〉의 주목할 만한 성공은 공중파와 케이블 채널의 다른 방송사도 리얼리티 오디션 프로그램 제작에 합류하게 만들었다. 즉, 한국 방송사들이 포맷 프로그램에 투자하게 된 것인데, 이는 비용 면에서 경제적이면서 무언가 새로운 것을 만들어낼 때 따르는 위험성을 피할 수 있을 뿐 아니라 포맷이면서도 라이선스화되지 않은 〈슈퍼스타K〉의 성공을 확인했기 때문이었다. 〈슈퍼스타K〉는 오랫동안 공중파 방송국 세 곳 주변에서만 맴돌던 한국의 방송 환경을 바꾸어 놓았다. 〈슈퍼스타K〉의 인기는 광고주들의 관심을 끌었고, 이는 공중파 방송국이 오디션 포맷 프로그램에 크게 투자하도록 만들었다(Yoon-mi Kim, 2010).[6] 2012년 여름에는 열 개의 서바이벌 오디션 프로그램이 제작되었는데, MBC의 〈댄싱 위드 더 스타〉, 〈나는 가수다〉와 SBS의 〈김연아의 키스 & 크라이〉, TvN의 〈코리아 갓 탤런트〉 등이 있다. 이들 프로그램 대부분은 주말 프라임 타임 시간대에 경쟁했다. 방송사들은 이들 프로그램을 위해 재능 있는 가수와 연기자들을 발굴하는 것을 넘어 심지어는 구직자들을 지원해주는 고귀한 목표까지 내세우기에 이르렀다(H. S. Shin, 2011). 〈슈퍼스타K〉와 〈스타오디션: 위대한 탄생〉에서 볼 수 있듯, 이들 리얼리티 프로그램은 부분적으로 한국인 디아스포라와 외국인을 활용하면서 초국가성을 강조해왔다. 리얼리티 경쟁 프로그램은 인기가 있었지만 비슷한 프로그램이 우후죽순 등장하면서 참가자들의 수준이 제대로 발휘되지 못하거나 오디션 심사위원들의 기준에 의해 유사한 보컬 스타일이 양산되는 문제점도 발생했다(Jang, 2011).

3대 방송사 가운데 하나인 MBC의 경우 2010년 11월 즉각적으로 경쟁 오디션 프로그램인 〈스타오디션: 위대한 탄생〉을 제작·방영한다. 이 프로그램은 기본적으로 동일한 골격의 노래 경연 프로그램이었다. 그러나 거기에서 한발 더 나아가 지원자가 온라인으로 비디오 지원서를 제출하도록 하고 미국과 일본 그리고 중국을 포함한 다른 국가에서 오디션을 열었다(Jang, 2011). 〈스타오디션: 위대한 탄생〉은 처음부터 외국인 지원자가 상당한 비중을 차지하도록 기획한 것이었다. 예선을 통해 결정된 약 120명의 준결승 진출자 가운데 약 20%가 외국인 또는 해외에 살고 있는 한국인 디아스포라였다. 이처럼 한국의 창의 산업은 명백하게 핵심적인 부분을 한류의 변화무쌍한 구조 안에 남겨두고 있다. 그럼에도 한류는 초국가적 문화 현상으로서 제대로 인정되지 못한 "장인" 부대 ─ 즉, 해외 팬들과 다양한 이벤트 참여자들 ─ 에 의해 수행되는 문화적 기반/참여에 매우 의존적이며, 이것은 이제 제작 과정에서 빠질 수 없는 부분이 되었다. 그러므로 한류의 기원과 소유권이 한국과 한국인에게 주어져 있다는 믿음은 매우 잘못된 가정이라 할 것이다(J. B. Choi, 2015).

〈슈퍼스타K〉, 〈스타오디션: 위대한 탄생〉과 같은 프로그램들은 분명히 〈아메리칸 아이돌〉이나 〈더 보이스〉 등 서구 노래 경연 프로그램의 포맷을 원본으로 하여, 이를 지역의 관점에 맞춰 조정하고 맥락화한 것이다. 지역 프로그램이 원본 포맷을 바꾼다는 것 그리고 그러한 프로그램에서 한국인 디아스포라를 다루는 방식은 주목할 만한 부분이다. 우효경은 "〈스타오디션: 위대한 탄생〉은 서구의 오디션 프로그램과 차별화를 두기 위해 멘토 시스템을 도입했다. 결승 진출자를 가려낸 후 심사위원 다섯 명은 멘토로 역할이 바뀌면서 자신이 트레이닝할 제자를 선택한다. 오디션에서 그와 같은 스승/제자 관계는, 한국의 하향식Top/down 교육 시스템과 연장자의 권위를 존중하는 문화적인 측면을 반영한다. 멘토 시스템은 준비되지 않은 참가자를 가르쳐 프로페셔널이 되는 것을 목표로 한다. 서구의 프로그램이 참가자의 현재 퍼포먼스에 초점을 맞춘 것이라면, 한국 오디션 프로그램은 가능성에 초점을 맞추고 그것을 발전시키는 방향에 초점을 맞추는 경향"이 있다고 언급한 바 있다(Woo, 2012: 12). 이러한 부분은 원본 포맷이 변화한 것에 따른 결과로서, 그러한 변화가 크지 않았음에도 지역성이 분명하게 반영된 것이라 할 수 있다. 이는 조셉 스트라우바가 텔레노벨라의 사례를 논하면서 언급했던 "수입된 텔레비전 포맷의 지역화와 각색은 초국가적 텔레비전 혼종성의 일부"라는 지점과 상통한다(Straubhaar 2012: 173). 즉, 글로벌 요소와 지역적 요소를 혼합하는 변형modification의 과정을 통해, 한국 방송사들이 국내 시청자와 글로벌 시청자 모두에게 호소력을 지닐 수 있도록 혼종성을 활용한 것이다. 드라마에서 (비록 그에 이르지는 못하지만) 리얼리티 프로그램에 이르기까지 현재 한국 텔레비전 제작 구조 내에서 다양한 장르의 요소가 혼합되고 있다는 점에서, 한국 방송사들의 지역적 각색은 혼종적 포맷의 특성을 보여주는 것이라 할 수 있다.

한류 2.0
초국가성과 한국성

한국인 디아스포라는 해외 참여를 증대하는 데 주요한 역할을 수행한다. 생산지의 외부에서 소비되는 한류를 비롯한 (아시아 지역을 포함한 여러 지역의) 미디어 생산물의 독특한 부분은 디아스포라적인 소비를 규정하는 데 있어 존재하는 인식론적 경계의 불안정함이다. "오늘날 한국 바깥 지역의 한국 대중문화에 대한 흥미는 한인 커뮤니티와 비非한국인 모두를 아우르는 소비자의 유연한 시민성citizenry에 의해 지속되고 있다. 그들은 한국인과 마찬가지로 미디어 네트워크와 테크놀로지의 속도 및 이용 가능성에 의존하면서 한국의 문화 상품을 텔레비전이나 인터넷으로 접촉"한다(Yin and Liew, 2005: 208). 최근 몇 년간 주요 한국 방송사들은 한국인 후손의 초국가적 입양자adoptee가 모국으로 귀환하는 리얼리티 프로그램들을 풍성하게 제작해왔다. 이러한 텔레비전 쇼는 국내외 시청자에게 문화 전체가 초국가적 입양자에게 관심이 있다는 신호를 보낸다. 나아가"문화적으로는 서구인인 이 한국인들에 대한 환영이 방영되는 것은 초국가적 양자들의 매력적인 인물상, 그리고 헤어짐과 입양에 대한 흥미로운 개인(적이지만 정치적인 연계성도 있는) 이야기를 살펴볼 수 있는 공간을 제공"하는 것이다(S. Park, 2010: 151~152).

존박이나 배수정, 백청강 등 오디션 경쟁에 출연했던 한국인 디아스포라는 한국 사회가 한국적 민족주의의 맥락 속에서 다름otherness을 소비하고 길들이는 방식을 보여준다. 한국인처럼 보이지만 한국의 민족성을 지니지 않은 이들 디아스포라는 지역과 세계를 연결하는 중재기관으로 기능한다(Woo, 2012). 카치그 톨로얀Khachig Tölölyan은 "민족적 디아스포라는 초국가적 순간을 보여주는 커뮤니티로서, 이는 그와 같은 초국가성을 이해하는 하나의 패러다임이 되고 있다"고 언급한 바 있다(Tölölyan, 1991: 5, cited in Vertovec, 1999). 이전까지 한국의 방송사들은 한국계 중국인이나 한국계 일본인에게 기반을 두고 아시아 권역으로 진출할 수 있었다. 이와 같은 오래된 초국가성의 개념은 리얼리티쇼와 함께 바뀌어가고 있다. 이제는 국내에 거주하는 한국인이 텔레비전 쇼를 통해 한국의 민족성을 향유하기 때문이다. 초국가성과 접합된 신한류는 한국에서 다른 국가로, 그리고 다른 국가에서 한국으로 문화 흐름을 — 비록 아직은 주변적인 수준에 머무르지만 — 변화시키고 있다.

초국가적 현상으로서 한류는 종종 아시아의 지리 정치와 글로벌 영역에서 성장한 한국의 경제적 지위와 힘에 따른 논리적 귀결로서 논의되기도 한다(Yin and Liew, 2005). 정은영은 "한류는 사람들이 상상하듯 '한국의 것' 또는 '한국 정통의 것'이 아닐지도 모른다"고 지적한 바 있다. 한국 문화가 해외에서 인기 있는 이유는 부분적으로 그것이 "초국가적이고 혼종적"이면서 다양한 차원에서 지역적인 것과 해외의 것이 혼합되어 있기 때문"이라는 것이다(Jung, Eun Young, 2009). 최근 오디션 경쟁 프로그램 붐은 실제로 한국인이 한류를 새로운 초국가적 운동으로서 이해하고 싶어 하는 것을 암시한다.

〈슈퍼스타K〉와 〈스타오디션: 위대한 탄생〉은 한국의 긍정적인 이미지와 국가적 자긍심을 구축하기 위해 한류를 매개로 해외 사람들을 적극적으로 활용했다. 이러한 맥락에서 이들 리얼리티쇼가 모든 글로벌 영역 간의 상호 연결성과 상호 의존성을 강조함으로써 글로벌라이제이션의 규범들을 실현해왔음을 이해할 필요가 있다. 초국가적 문화 실천의 의미와 결과는 지역 시청자의 이해와 초국가적 대중문화에 대한 경험에 의존해왔다(Sujeong Kim, 2009). 〈슈퍼스타K〉와 〈스타오디션: 위대한 탄생〉은 한국 방송사들이 프로그램을 제작하면서 전례 없이 초국가성을 전유하는 것을 보여준다. 이러한 견지에서 이미 제임스 럴James Lull은 "현재의 문화적 혼종화는 새로운 물리적 장소에서 만들어진 탈영토화된 문화적 스타일의 생산 그리고 그렇게 만들어지는 새로운 문화적 합성의 재도입에 의해 매개된다. 대만 문화의 중국 진출이나 멕시코-아메리칸 문화의 멕시코 귀환 등을 예로 들 수 있다"고 논한 바 있다(Lull, 2000: 157).

제임스 왓슨James Watson의 주장대로 초국가화는 사람, 상품 그리고 아이디어가 국경을 넘나드는 상태를 설명하는 데 활용되어왔다(Watson, 1997). 그리고 지금까지 살펴본 바와 같이 한국의 방송사들은 외국인을 리얼리티쇼에 널리 활용해왔다. 만약 한류가 전 세계 사람들이 한국성Koreanness과 접촉할 수 있도록 해주는 초국가적 움직임이라면, 그것은 또한 한국인이 다름과 직면하게 만들면서 현재의 글로벌라이제이션 맥락 속에서 "한국성Koreanness" 또는 "한국인이라는 것being Korean"이 의미하는 바를 재고하고 재규정하도록 하는 것이기도 하다(Woo, 2012).[7] 뉴욕, LA, 시드니 등지의 디아스포라 커뮤니티와 동아시아 및 동남아시아의 "비한국인"들까지 한국 대중문화의 일반적인 소비층으로 포섭하면서, 한국의 텔레비전 문화 상품은 가장 성공적인 지역 문화 상품으로 수용되어왔다(Yin and Liew, 2005). 그러나 이제는 한국 내에 거주하는 한국인이, 외국이 아닌 한국의 텔레비전 기업이 해외에서 만들어낸 초국가적 문화를 소비하고 있는 것이다.

여기서 흥미로운 점은 현시점에 나타나는 지역 문화의 형식 그 자체가 혼종화 과정을 통해 초국가화된 것이라는 점으로, 이는 해당 지역 문화의 기원을 특정해내는 것이 쉽지 않음을 의미한다. 따라서 지역 대중문화의 성장이 지역과 글로벌 간 상호 영향력에 따른 결과라는 점은 분명할지라도 대중문화 영역 내 혼종화된 현재의 초국가성 양상을 해석할 때 매우 주의 깊게 접근할 필요가 있다.

한국 문화 산업의 콘텐츠 공급이 없었다면 한류는 발생할 수 없었을 것이다. 하지만 그렇다고 해서 한국 외부의 한류 팬들이 한류 현상의 진실된 "생산자"들이라는 점이 부정되는 것은 아니다. 아이러니하게도 "외부성elsewhereness, exteriority"은 한류 거버넌스의 중심적인 축을 차지하는데 이 중심축은 콘텐츠 생산content production이 문화적 생산cultural production과 합쳐질 때 형성된다. 다시 말해, 한류 현상을 형성하는 거버넌스망은 한국의 창의 산업에 의한 콘텐츠 생산과 해외의 한국 문화 상품 팬들이 만들어내는 문화적 생산 간 상호작용에 따라 직조된다는 것이다(J. B. Choi, 2015). 여기서 팬이 단순한 소비자나 생산자에 그치지 않고 재능을 통한 참여로 한류의 주요 부분이 되고 있다는 사실을 이해하는 것 또한 매우 중요하다.

한편 이들 리얼리티쇼가 새로운 초국가적 청소년 문화를 발전시켰다는 것은 사실일지라도 이들 프로그램이 경연, 심사위원의 가혹한 평가, 시청자 투표, 패배자의 탈락 등의 동질성을 지닌다는 점은 우려의 여지가 있다. 이 동질성이 리얼리티 프로그램의 포맷에 내재된 것이라는 점에서 이를 피할 수 없다는 것이 방송사 입장이지만, 이는 방송사가 자신이 성공시킨 프로그램을 경쟁자가 직접적으로 표절하는 것을 감내하는 법을 배웠다고 보는 편이 더 정확하다(H. S. Shin, 2011). 또한 청소년 중심의 제한된 시청자층을 두고 방송사 간 경쟁이 과열되는 양상도 나타나고 있다. 일각에서는 한국 방송사들이 한국 대중문화 발전을 촉진할 수 있는 창의적인 아이디어를 위해 함께 머리를 맞대고 고심해야 할 때, 10여 년 전 미국의 쇼 프로그램을 표절하고 있다는 비판이 일기도 한다. 그러한 점에서 볼 때, 글로벌 텔레비전 포맷에 기반을 둔 한국적 맥락의 여러 혼종적 리얼리티쇼가 새로운 프로그램 형식에 대한 영감을 주면서 다양성을 찾고자 하는 것이라면, 대중적인 포맷에 기반을 둔 지역의 혼종적 리얼리티쇼는 창의적인 프로그램을 활성화하기 위한 모방과 망설임을 보여주는 것이라 할 수 있을 것이다.

결론

방송 부문의 한류는 지난 18년간 눈에 띄는 발전을 거듭해왔다. 한국 방송사들은 전통적으로 주변국에 드라마를 수출해왔다. 2008년 이후 신한류 시대에 들어와 한국 방송 산업의 강조점이 바뀐다. 리얼리티쇼가 전 세계적으로 인기를 얻으면서 한국 방송사들도 텔레비전 포맷, 특히 리얼리티쇼에 관심을 갖게 된 것이다. 한국 방송사들이 변화무쌍한 미디어 환경에 맞춰 변화하면서 텔레비전 프로그램의 초국가적 흐름도 바뀌기 시작한다. 방송업체들은 한국에서 가장 중요한 TV 장르인 드라마의 생산을 지속하면서 다른 한편으로는 글로벌 텔레비전 포맷을 활용해 새로운 영역에 대한 투자도 확대하고 있다.

서구의 텔레비전 포맷은 부분적인 각색을 통해 지역화되는데 텔레비전 포맷의 빠른 성장은 문화 생산과 문화 흐름에 초국가성이 증대함을 의미한다. 진 샬라비Jean K. Chalaby는 텔레비전이 역사적으로 오랫동안 국경에 폐쇄적으로 묶여 있었다고 언급한 바 있다(Chalaby, 2005). 외국 방송사가 국경 내로 전파를 보내는 것은 금지되었는데 그러한 일은 자주권을 위반하는 것으로 여겨졌기 때문이다. 그러나 이제는 미디어 공간의 재구축 및 새로운 미디어 실천과 흐름, 그리고 생산에 관여하는 초국가적인 미디어 질서가 확립되고 있다. 한국 방송 사례에서 볼 수 있듯 이제 국제적인 영향력은 서구 기반 기업들의 전유물이 아니며, 개발도상국의 보다 많은 소규모 미디어 기업들이 해외로 영역을 확장하고 있다. 한국의 텔레비전 채널은 지역, 특히 아시아 권역 미디어 문화의 변화상 한가운데에 놓여 있다.

텔레비전 포맷 또한 초국가성의 오랜 개념을 근본적으로 변화시키고 있다. 텔레비전 포맷이 붐을 이루기 전까지 서구와 비서구 방송사 모두 완결된 텔레비전 프로그램에만 초점을 맞춰왔다. 이제 한국의 방송사들은 포맷에 새롭게 주목하는데, 그와 같은 포맷 프로그램은 초국가성을 대표한다. 미국인에게 초점을 맞췄던 〈더 보이스〉나 〈아메리카 갓 탤런트America's Got Talent〉 등의 경연 프로그램과 달리, 한국의 〈슈퍼스타K〉 같은 프로그램은 한국인 디아스포라와 외국인에게 더 주목했다. 한국 방송사들이 "한국성" 대신에 "이질성otherness"을 인정하기 시작한 것이다. 따라서 한국 텔레비전 프로그램의 부상은 한류 내 포맷이 초국가성과 엮이면서 이루어진 것이라 할 수 있다.

마지막으로, 한국의 부분적으로 지역화된 글로벌 포맷이 포맷 전체에 대한 성공적인 혼종화를 보증하는 것은 아님을 이해할 필요가 있다. 왜냐하면 그 스타일과 장르는 서구에서 온 것이고, 그러한 부분이 지역화된 텔레비전 프로그램에 여전히 내재하고 있기 때문이다. 이는 한국의 방송 부문이 다시 서구에 의해 점유되었다는 뜻은 아니다. 그것은 한국의 텔레비전 포맷의 혼종화를 추동한 것이 - 생산자의 창의성 보다는 - 경제적 필요성이었다는 것을 가리키는 것이다. 따라서 한국 방송사들이 서구의 지나친 영향력을 피하려면 글로벌 방송 부문에서 주요한 역할을 수행하는 동시에, 지역 권력의 주도로 혼종화된 프로그램과 포맷을 잘 개발해야 할 것이다.

제 4 장

한국 영화와
문화적 글로벌라이제이션

영화는 한류에서 가장 중요한 문화 장르의 자리를 유지해왔다. 텔레비전 프로그램이 한국 문화 산업의 갑작스러운 성장을 촉발하면서 아시아 권역 내 한국 대중문화 붐이 개시되었다면, 영화는 한류를 좀 더 심화시켰다고 할 수 있다. 특히 해외 수출이 빠르게 증가하면서, 한국 영화 산업은 1990년 이후 비非할리우드 영화로는 눈에 띄는 활력을 보여왔다. 할리우드의 장악력이 전 지구적으로 확장되었던 21세기 초반에도 한국 영화는 상당한 성장세를 유지했다.

그러나 한국 영화의 상황이 늘 희망적이었던 것은 아니다. 한국 영화가 북미와 유럽에서 새로운 관객층을 발굴함에 따라 성공을 지속할 수 있을 것으로 여겨졌으나 2006년부터 축소된 스크린쿼터로 인해 어려움을 겪기 때문이다. 한국 영화는 한때 한류의 가장 중요한 요소였지만 현재는 해외 수출 실적 면에서 텔레비전이나 대중음악, 애니메이션, 온라인 게임 등 다른 문화 부문에 밀리고 있으며, 그에 따라 그 중요성 또한 약화되고 있다. 문화의 전 지구적 흐름상 한국 영화의 부상과 침체는 자본 투자, 정부 정책의 변화, 영화 텍스트의 혼종화, 국내 시장 내 할리우드 주류 영화제작사의 역할 증대 등 여러 가지 요인과 관련이 있다.

이 장은 한류 현상과 더불어 한국 영화 산업의 역동적인 변화상을 다룬다. 여기서는 한국 영화 산업 내 롤러코스터 같은 격동의 주요 원인들에 대해 탐구할 것인데, 신자유주의 글로벌라이제이션이 진행되는 가운데서도 중요성을 더해간 정부의 역할에 따라 추진되었던 문화 정책들도 포함된다. 다음으로 1989~2012년 사이에 제작된 영화 240편의 장르와 주제에 대한 텍스트 분석을 통해 한류 1.0 시대와 2.0 시대의 혼종적 영화들을 비교함으로써 한국 영화의 문화적 혼종성의 특징을 살펴볼 것이다. 이를 통해 한국 영화가 어떤 식으로 혼종성을 발전시켰는지, 그리고 그렇게 형성된 혼종성이 서구의 영향에서 벗어난 새로운 문화적 가능성을 만들어낸 것인지에 대해 논의한다. 이는 궁극적으로 한류 2.0 시대 한국 영화의 주요 혼종적 속성을 파악할 수 있도록 해줄 것이며 글로벌 시장에서 한국 영화가 취해야 할 방향성을 제시해 줄 것이다.

한류 내
한국 영화

한국 영화 산업은 지난 20여 년간 커다란 변화를 겪어왔다. 정부가 1988년 외국 영화 수입을 자유화한 이래, 한국 영화 산업은 미국 정부와 할리우드 메이저 스튜디오의 막강한 영향력으로 인해 고사 직전까지 몰렸다(J. Shin, 2005). 할리우드 영화의 홍수 속에서 1993년 한국 영화의 국내 시장 점유율은 15.9%를 기록했는데, 이것은 수입 자유화 조치 직전인 1985년의 34.2%에서 크게 떨어진 것이었다(Joo, 2011: 419; Korean Film Council, 2009). 그러한 가운데 1994년 이후 민주 정부가 글로벌라이제이션을 추진하면서 새로운 문화 정책에 의해 영화 산업이 구조적으로 변화하기 때문에 영화 부문 또한 상당한 영향을 받는다. 김영삼 정부(1993~1998)는 글로벌라이제이션의 원리를 받아들이면서 영화 산업의 소생 작업 또한 개시한다. 다시 말해, 김영삼 정부는 작은 정부를 지향하는 신자유주의 글로벌라이제이션 전략을 추진하면서도 영화 부문을 매우 주의 깊게 지원한 것이다. 이와 같은 모순적인 접근법은 한국의 독특한 맥락이라 할 수 있는데 왜냐하면 그러한 부분이 한국 영화가 겪어온 상이한 변화들을 주도하는 주요한 힘으로서 작동했기 때문이다(Jin, 2006; Shim, 2006).

우선 이들 정부가 취한 신자유주의 문화 정책은 국내 영화 산업의 제작과 상영 부문 모두에 걸쳐 해외 투자 촉진을 추진했다는 점에서 배급 부문에 한정되었던 이전 정부의 시장 자유화와 달랐다. 1988년 이래 해외 주류 영화사들은 권위주의 정권하의 한국에서 지사를 통해 직접 배급을 맡았지만, 1990년대 중반부터는 초국가적 주요 문화 기업이 제작과 배급 부문 모두에 걸쳐 한국 영화 산업에 투자하기 시작한다(Jin, 2011c). 이들 초국가적 문화 기업은 한국에서 영화를 제작하기 위해 국내 자본과 전략적으로 제휴한다. 할리우드 메이저 스튜디오들은 독립 제작사, 하청 업체, 배급업체들과의 관계를 구축할 수 있는 정교한 권력 구조를 발전시켜왔는데, 자신들의 국제적인 배급망을 통해 한국의 영화 산업을 지배하고자 했던 것이다(Aksoy and Robins, 1992: 8~9). 한국 영화 부문 내에서 이처럼 새롭게 해외 투자가 가능할 수 있었던 이유는 한국 정부가 재벌을 비롯한 국내 기업에게 한국 문화 산업이 글로벌 문화 체제 속으로 통합될 수 있도록 글로벌 시장에 관여할 것을 요구했기 때문이었다. 이와 같은 정부 문화 정책의 변화는 한국 영화의 붐이라는 결과로 이어진다(Jin, 2006).

한국 정부는 그와 같은 구체적인 목표 달성을 위해 1995년 '영화산업진흥법'을 제정한다. 한국 정부는 이 새로운 법을 통해 영화제작업에 세금 혜택을 제공하는 한편 영화 산업에 삼성이나 현대 같은 대기업의 자금 또한 끌어들인다. 이는 정부가 거대 자본을 보유한 주류 대기업이야말로 한국 영화 산업을 재활성화할 수 있는 주요 요소가 될 수 있을 것으로 생각했기 때문이다(Shim, 2008). 이후 한국 영화 산업은 국내 시장 점유율과 좌석 점유율 그리고 개봉관

수에서 상당한 상승세를 보이면서 눈에 띄게 발전하는데, 한국에서 제작된 국산 영화의 시장 점유율은 2001년 49.7%에서 2006년 63.8%로 크게 증가한다 (Korean Film Council, 2009). 국내에서 해외 영화를 대체하기 시작한 한국 영화는 이내 초국가적 시장에서도 가시화되기 시작한다(Joo, 2011). 아시아에서 한국 영화의 수출이 확대되면서 국제 영화제에서 몇몇 작품이 수상하기도 한다.

드라마 몇 편으로 방송 부문의 한류 현상이 촉발되었듯이, 〈쉬리〉(1999), 〈JSA 공동경비구역〉(2000)과 같은 블록버스터 영화 몇 편이 아시아권에서 거둔 성공으로 한류가 영화 부문으로 확대되었다. 일본에서 〈쉬리〉는 1200만 관객을 기록했는데, 일본과 한국 간의 격동적 관계를 생각할 때 이와 같은 〈쉬리〉의 성공은 놀라운 일이라 할 수 있다. 일본이 1910~1945년에 한국을 식민화하면서 강제로 동일화 정책을 실시했던 과거로 인해 두 나라는 상대적으로 적대적인 관계를 유지해왔다. 대중문화 영역에서 일본은 한국의 대중문화에 대해 별다른 금지 조치를 취하지 않으면서 거의 무관심했는데 민족적으로나 경제적으로 열등하다고 여겼기 때문이다. 이러한 상황에서 2000년 〈쉬리〉가 한국 영화 최초로 일본에서 전국 개봉하면서 1500만 달러 이상의 수익을 올렸던 것이다(Joo, 2011). 1년 뒤에는 〈JSA 공동경비구역〉이 개봉되는데, 이 또한 흥행 수익 1000만 달러 이상의 좋은 성적을 거둔다. 2002년에 일본은 한국 영화 총 수출액의 43.8%(또는 658만 달러)를 차지했고, 그 뒤를 중국(13.6%)이 이었다(Korean Film Council, 2003: 15). 제6장에서 논의할 가수 보아(유명 K팝 가수)와 함께 이와 같은 성공적인 한국 영화들은 2003년부터 일본에서 인기를 얻기 시작하는 한국 텔레비전 프로그램의 기반을 형성한다.

〈쉬리〉에 이어 〈조폭 마누라〉(2001)와 〈엽기적인 그녀〉• 또한 홍콩과 싱

• 　원서에는〈My Sassy Girl in Hollywood〉라고 되어 있는데, 〈My Sassy Girl〉의 오기인 것으로 보인다 ― 옮긴이 주.

그림 4.1 한국 영화의 수출입 현황(1993~2013)　　　　　　　　　　　　(단위: 1000달러)

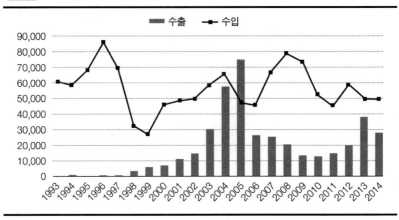

자료: Ministry of Culture, Sports and Tourism(2013c: 174, 2014b); Ministry of Culture and Tourism(2008: 46, 2004: 285, 293).

가포르를 포함한 여러 아시아 국가에서 박스오피스 1위를 차지한다. 김지운 감독*의 〈장화홍련〉(2003)과 박찬욱 감독의 〈올드보이〉(2004) 등의 한국 영화 몇 편은 일부 서구 시장에서 상업적인 성공을 거두기도 한다. 그에 따라 한국의 영화 산업은 해외 수출 부문에서 상당한 변화를 경험하게 된다. 1985년 2만 달러에 불과했던 수출액은 2001년 102편을 수출하면서 1120만 달러에 이른다. 한국 영화 수출은 계속해서 가속화되면서 증대된다. 2003년 3100만 달러 수준이었던 것이 2005년 7600만 달러까지 증대되는데, 이는 2001~2005년 사이에 6.8배 불어난 것이었다. 한국 영화 산업이 7600만 달러 수출을 달성한 2005년은 한국의 영화 수출이 수입을 능가한 유일한 해였다. 2005년 외화 수입 총액은 4680만 달러였다(〈그림 4.1〉 참조).

•　　원서에는 〈장화홍련〉이 박찬욱 감독의 작품으로 오기되어 있어, 김지운 감독으로 바로잡았다 ─ 옮긴이 주.

하지만 한국 영화의 이와 같은 이례적인 성공은 오래가지 못한다. 한국 영화의 세계적인 인기가 정점에 달하면서 한국의 영화감독과 제작자는 비서구권 영화 산업의 세계적인 아이콘의 입지를 고수할 수 있을 것이라는 희망을 가졌다. 그러나 단 1년 뒤, 한국 영화 열풍은 글로벌 영화 시장에서 가라앉기 시작하고, 한국 영화는 글로벌 영화계와 소비자의 인식에서 멀어지기 시작한다.

2006년 이후 한국 영화가 하향세를 그리게 된 것은 미국과의 자유무역협정 논의에 따라 한국 정부가 스크린쿼터 시스템을 수정했기 때문이다. 따라서 그동안 스크린쿼터 시스템이 한국 영화 산업의 발전에 기여해왔음은 거의 명백해 보인다. 한국 정부가 예상치 못하게 이 중요한 문화 정책을 수정했던 것은 한미 자유무역협정의 최종 체결에 앞서 미국의 압박을 받았기 때문이다. 2003년 이래 미국은 한국의 스크린쿼터 시스템을 없애거나 무력화하기 위해 다각도로 노력해왔고, 2006년 7월 마침내 연간 146일에서 73일로 축소하는 것에 성공한 것이다. 그에 따라 할리우드는 1990년대 초반 한때 그랬듯이 한국의 박스오피스에서 그 존재감을 확장하면서 수익을 벌어들이게 된다(Jin, 2011a).

결국 한국 영화의 국내 시장 점유율은 2006년의 63.8%에서 2007년 50%, 2008년에는 42.1%로 줄어든다(Korean Film Council, 2009). 한국 영화제작자들은 최근 수년간 자금원을 찾는 데 어려움을 겪으면서 해외 영화와 경쟁해야 했다. 다시 말해 "한국 영화 산업에서 주요 재앙은 2007~2008년 즈음에 야기되었고 이후 최근까지 이어지고 있다. 해외 수출이 몰락하면서 박스오피스상 손실이 확산되었고 영화 자금 거품까지 끼면서 산업적으로 위기상황에 몰리게 된" 것이다(Paquet, 2011: 18). 한국 영화의 수출 또한 2006년 2450만 달러에서 2010년 1350만 달러로 줄어든다.

한국 영화는 글로벌 문화 시장에서 잉여 수익을 누리지 못하는 유일한 문화 장르다. 한국의 방송과 게임, 음악, 애니메이션, 캐릭터 산업 등이 글로벌 문화 시장에서 순수 잉여 수익을 향유한 것과 달리, 한국 영화 산업은 2005년을 제외하고 그와 같은 수준의 수익을 누리지 못했다. 예를 들어 2010년 한국 애니메이션은 수출 부문에서 9680만 달러의 수익을 기록한 반면 수입은 670만 달러에 불과했다. 마찬가지로 게임 산업 또한 10억 2640만 달러의 순수익을 창출한 바 있다. 하지만 한국 영화는 수출의 경우 1350만 달러를 기록한 반면 해외 영화 수입은 5340만 달러에 달했는데, 이는 한국 영화 산업 부문상 3990만 달러의 순손실로 이어졌다. 2014년 들어 한국 영화의 수출은 2630만 달러까지 증가하긴 했지만(Korean Film Council, 2013; 2014: 46), 이는 2005년의 최고 정점과는 비교할 수 없는 수준이다.

한국 영화 산업에서 아시아는 언제나 주요 시장이었는데, 2012년 한국 영화 수출 부문 중 아시아 비중은 기존의 60%에서 71.6%로 증대된다. 북미는 전체 수출의 14.2%를 차지했고 그 뒤로 유럽이 12.2%를 기록했다. 베니스 황금사자상 수상작인 〈피에타〉, 3D 애니메이션 〈점박이: 한반도의 공룡〉과 공상 과학Sci-fi 옴니버스 〈인류멸망보고서〉가 유럽에서 선전했기 때문이다. 국가별로는 일본이 967만 달러로 전년 대비 164% 증대되면서 2012년 한국 영화의 최대 구매자가 되었으나, 2014년에 들어 최대 시장으로 중국이 부상한다(Korean Film Council, 2015).[1] 〈내 아내의 모든 것〉, 〈건축 101〉, 〈범죄와의 전쟁: 나쁜 놈들 전성시대〉 등 국내에서 성공한 작품은 수출 또한 호조세를 보였는데, 이는 CJ E&M의 일본 지사가 직배를 통해 기여한 결과였다(Korean Film Council, 2013; J. Noh, 2013). 이후 상세히 논의하겠지만, 한국과 일본에서는 블록버스터 스타일의 액션과 코미디 영화가 좌석 점유율에서 최상위를 기록하는 반면, 서구에서 이들 장르의 영화는 거의 관객의 호응을 얻지 못한다. 왜냐하면 비서구권에서 제작된 할리우드 스타일의 영화를 서구의 관객들이 선호하지 않기 때문인데, 따라서 서구 관객은 할리우드 메이저를 따라 하는 영화가 아닌 지역 정서와 문화가 담긴 작품을 선호함을 알 수 있다.

2010년 초반 국내에서 성공을 거둔 몇몇 작품이 다시 한 번 해외 수출을 촉진시킨 것은 명백해 보인다. ≪코리아타임스Korea Times≫를 비롯한 일부 미디어는 한국 영화 산업이 새로운 르네상스를 맞이했다고까지 표현할 정도였다 (Yun, 2013). 한국 영화는 아마도 다시 한 번 모멘텀momentum을 수립한 듯하다. 하지만 한국은 소수의 성공작에 지나치게 의존하고 있다. 〈괴물〉(2006), 〈광해, 왕이 된 남자〉(2012), 〈도둑들〉(2012) 등 소수의 블록버스터 영화들은 각각 1000만 명이 넘는 흥행을 달성했다. 2014년 영화 〈명량〉이 개봉되자 한국인이 극장으로 몰려가면서 1760만 명에 달하는 사상 최대 관객 수를 기록하는데, 이는 전체 인구의 35.1%에 달하는 수치였다(Korean Film Council, 2014). 하지만 이와 같은 한국 영화의 성취에는 근본적으로 우려할 만한 몇 가지 지점이 있는데, 무엇보다도 소수 블록버스터의 성공이 영화 산업의 독과점 구조의 기반 위에서 거둔 것이라는 점에서 그렇다. 따라서 한국 영화 기업이 스크린쿼터 시스템 변화로 인해 촉발된 지난 수년간의 침체에서 회복할 수 있을 만큼 충분히 강해졌는지를 확인하려면 더 많은 발전 내용을 확인해볼 필요가 있다. 문화 흐름에는 분명 부침이 있는 법이지만, 좀 더 장기적인 경향에 대한 분석을 통해 글로벌 문화 시장 내 한국 영화의 역할을 구체적으로 확인할 수 있을 것이다.

혼종적 한국 영화
(1989~2012)

한국이 할리우드와의 관계로 인해 국내 영화 시장과 국산 영화 수출에 부침을 겪어왔기 때문에 한국 영화 - 특히 혼종적 한국 영화 - 가 할리우드로부터 어떠한 영향을 받아왔는지 이해하는 것은 매우 중요하다. 한국산 영화의 수출이 그와 같은 작품의 품질에 의존적이기 때문에 혼종적 한국 영화가 지닌 주요 특성을 이해할 필요가 있는 것이다. 그리고 그와 같은 특성은 자본의 개입, 감독,

각본, 특수 효과 등 몇 가지 주요 요인을 통해 이해할 수 있는데, 여기서 핵심은 한국 영화 산업이 혼종화 과정을 통해 새로운 형식의 영화를 창조해냈는지 여부다.

이러한 사항을 염두하고, 이 장에서는 영화 장르(영화에 대한 일반적인 분류)와 주제(선정된 한국 영화의 특정한 작품에 깔려 있는 기본 콘셉트나 지적 전제)에 따른 분석을 시도했다. 이 분석 작업을 위해 1989년에서 2012년 사이에 한국에서 제작된 작품 240편을 선정했다. 한국영화진흥원의 연간 보고서를 기반으로 매년 흥행 최상위를 기록했던 열 편을 선정했는데, 이는 국내 영화 시장이 소수의 작품들에 의해 점유되어왔기 때문이다. 1989년에서 1990년대 중반까지의 한류 이전 시기를 대상에 포함한 이유는, 이 시기가 한국 영화 성장에 역사적 배경을 제공하기 때문이다. 이 시기 전반에 걸쳐 신자유주의 글로벌라이제이션이 진행되었으며, 그 가운데 문화 정책이 변화하면서 한국의 문화 산업 ─ 여기서는 영화 산업 ─ 의 재구축에 결정적인 영향을 끼쳤기 때문이다. 이 시기 한류의 전조 속에서 한국 영화 산업에 직접적으로 영향을 끼친 여러 가지 역사적 사건이 발생한 바 있다.

우선 한국 정부가 글로벌 메이저 영화 스튜디오, 특히 할리우드 제작사에 영화 시장을 개방한 것이 1988년으로, 그 이듬해부터 즉각적으로 영화 부문 시장 자유화가 개시되었기 때문에 분석의 시작점을 1989년으로 선정했다. 둘째, 한국 정부는 1995년부터 법적·재정적 정책을 통해 한국 영화 산업의 부활을 개시한다. 20세기 초반 또한 한국의 영화 부문에서 중요한 시기였는데, 왜냐하면 국내 자본, 특히 대기업이 영화 시장에서 철수하면서 영화제작사들이 재정적 어려움을 겪게 되기 때문이다. 마지막으로 한국이 스크린쿼터 시스템을 수정하는 2006년부터 한국 영화 산업이 마침내 모멘텀을 회복하고 시장 점유율과 해외 수출이 증대되는 2012년까지의 기간에 걸쳐 관련 정책 변화에 따른 결과를 분석할 필요가 있다. 이 마지막 시기는 ─ 특히 1990년대 후반과 2000

년대 초반 시기와 비교해서 – 신한류 시기로서 분류되는데, 그 이유는 부분적으로 한국 영화가 이 시기에 해외 수출과 관련해 커다란 변화를 겪기 때문이다.

따라서 분석 대상이 되는 전체 기간은 네 구간으로 나눌 수 있다. 첫 시기는 1989~1994년의 시기(전前 한류 시기, 60편)로서 한국 영화 산업이 시장 자유화 직후 최악의 침체를 겪었던 시기다. 1989년부터 할리우드 메이저 스튜디오가 한국 영화 시장에 파고들었고 그에 따라 한국 영화 산업은 암흑기를 겪었다. 두 번째는 1995년부터 2000년에 이르는 시기(한류 1.0 시대 초반, 60편)로서 글로벌라이제이션과 혼종화가 진행되었던 시기다. 한국 정부가 글로벌 경쟁에서 생존하기 위해 능동적으로 글로벌라이제이션을 수용했던 시기이기도 하다. 세 번째는 2001~2006년의 시기로(한류 1.0 시대 후반, 60편) 혼종화 시대의 지속이라는 속성은 유지하면서도 두 번째 시기와 차이를 보인다. 두 번째 시기와 세 번째 시기는 한국 영화제작자들이 할리우드 스타일과 기술, 자본, 효과 등을 취함으로써 한국 영화의 혼종화라는 결과로 이어졌다는 점에서 중첩되는 부분이 있다. 하지만 세 번째 시기에는 거대 자본이 아닌 독립 제작자들이 한국의 초국가적 기업(예컨대 삼성과 현대) 이후 주요한 행위자가 되었다는 점에서 두 번째 시기와 차이가 있다.[2] 마지막 시기인 2007~2012년(신한류 시기, 60편)은 더욱 중요한데, 왜냐하면 영화 콘텐츠에서 10년간 이뤄온 혼종화의 결과를 평가할 수 있기 때문이다. 다시 말해, 한국 영화제작자들이 할리우드 영화에 도전하면서 고유의 지역적 정체성 – 한국의 경우 지역적 정체성은 남북 간의 분단이라든가, 민주화, 사회계층 문제 등 한국 사회의 독특한 속성을 보여주는 인간적 정서와 사회정치적 어젠다를 의미한다 – 을 발전시키는 독특한 지역 문화적 공간을 창출해내는 데 성공했는지 여부를 볼 수 있다는 것이다. 이는 글로벌 권력에 저항하면서 그 나름의 권력을 지닌 지역 영화 산업의 역할이 무엇인지에 대한 생각을 제공할 것이다.

한국 영화의 혼종화

장르

영화 초창기에 제작 편수가 증가해간 영화들은 서로 닮아가면서 특정한 유형 또는 장르로서 분류되기 시작한다. 여러 영화 학자들은 소재나 주제, 테크닉 등으로 구분되는 일종의 카테고리나 종류 또는 형식으로서 영화 장르의 개념을 발전시켰다. 토머스 소벅 Thomas Sobchack 은 영화 학자들이 픽션과 논픽션 영화를 75개 이상의 장르로 구분해왔다고 설명한다(Sobchack, 1975: 196). 여기에는 카테고리 내에 위치하는 카테고리라든가 중첩되면서 완전히 상호 배타적이지 않은 카테고리가 포함되어 있는데, 이는 개별적인 장르를 정확하게 규정하는 작업의 난해함을 보여준다.

이처럼 영화 장르는 카테고리화하는 것이 쉽지 않은데, 특히 한국 현대 영화의 경우 종종 다른 장르의 특성을 조합하곤 한다는 점에서 더욱 어렵다. 한국에서는 영화 장르에 대한 학문적 연구가 부족한 상황이기 때문에 한국 영화가 지닌 다양한 특성을 확인해서 장르화하는 작업은 그에 대한 진지한 논의를 위한 전제 조건이라 할 수 있다(Min, Sook and Kwak, 2003). 한국 영화 산업은 국내와 해외에서 자신의 의미와 지위를 두고 고군분투하는 상황으로 따라서 장르 문제는 매우 중요한 역할을 지닌다(Stringer, 2005: 95). 혼종적 한국 영화의 특성을 확인해서 웨스턴, 액션, 코미디, 호러, 뮤지컬, 로맨스 등의 할리우드 영화 장르와 비교하고자, 다음과 같이 분석 대상의 한국 영화를 주요 특성에 따라 분류했다.

우선 선정된 한국 영화 총 240편 가운데 드라마 장르가 절반에 약간 못 미치는 49.6%, 그 뒤를 각각 코미디(22.5%), 액션(14.5%), 호러·스릴러(9.26%)가 잇는 것으로 나타났다. 기타 장르로는 성인물, 공상 과학, 전쟁, 웨스턴, 다큐멘터리가 있었다. 이는 한국에서는 단 아홉 개 장르만이 매년 흥행 10위 안에

표 4.1 영화 장르 현황(1989~2012)

시기/장르	드라마	코미디	액션	호러/스릴러	기타	전체
1989~1994	45	3	8	2	2	60
1995-2000	26	11	15	6	2	60
2001-2006	21	25	5	6	3	60
2007-2012	27	15	7	8	3	60
전체	119	54	35	22	10	240

자료: 영화진흥위원회가 발간한 연간 보고서(1989~2012)에서 발췌해 종합한 것임.

오른다는 것을 의미하는데, 그 가운데 드라마, 액션, 코미디 세 장르가 1989~
2012년 사이의 최고 흥행작 가운데 89.6%를 차지하는 것으로 나타난다(〈표
4.1〉).[3]

이처럼 한국에서 소수의 장르만이 성공해왔음을 확인할 수 있는데, 이는 한
국의 영화제작자들이 모방 가능한 유사한 영화들을 주로 제작해왔기 때문이
다. 위 데이터들은 한국 관객이 드라마와 코미디를 선호하며 영화제작자들이
소수의 성공적인 장르에만 초점을 맞춰왔음을 보여준다. 앞서 살펴보았듯, 영
화를 둘러싼 상황이 지난 네 기간을 거치면서 극적으로 달라졌음에도 한국인
이 드라마, 특히 멜로드라마를 가장 선호해왔음을 알 수 있는데, 이는 멜로드
라마에 한국의 사회상이 반영되어 있기 때문이다. 정혜승은 초기 한국의 멜로
드라마가 부분적으로 할리우드의 영향을 받긴 했으나, 중상층 부르주아 여성
이나 미망인을 다루는 할리우드 영화와 달리, 중하층 노동자 계층에 초점을 맞
춘다는 점을 지적하면서 한국적 특수성을 반영하는 한국 멜로드라마 장르에
대해 언급한 바 있다. "1950~1960년대의 한국 사회는 전후 가난과 혼돈에 찌
들어 있었고, 당시 멜로드라마는 근대화와 경제 발전의 그늘진 변방에서 사회
적 배제와 가족 간 소외로 인해 고통받는 하층민 대중을 다루었다. 미학적 속
성과 의미론적 요소들로 볼 때 한국의 멜로드라마는 그 사회적·사실적 인식의
핵심을 빼놓은 적이 거의 없었다"(Chung, 2005: 119). 초기 한국 드라마는 한국

적 기표와 할리우드 기표(의상, 언어, 사운드트랙) 간 혼종이었을 뿐 아니라, 할리우드식 멜로드라마 수사법과 한국식 사실주의 미학과 이슈가 혼합되었던 것이다.

　좀 더 구체적인 분석 내용을 보면, 첫 시기에 해당하는 총 60편 가운데 멜로드라마가 지배적인 것(45편, 75%)으로 나타났고 그 뒤를 액션(8편), 코미디(3편), 호러·스릴러(2편), 기타(2편)가 이었다. 이 기간에 매년 멜로드라마를 포함한 드라마 장르가 가장 많은 비중을 차지한다. 1989년의 경우에는 흥행 10위권 내에 단 두 장르, 드라마(9편)와 성인영화(1편)만이 포함되기도 했다. 1970년대부터 1980년대까지 드라마 장르에 대한 관객의 선호가 이어지는 경향이 나타났다. 〈서울무지개〉(1989), 〈결혼 이야기〉(1992), 〈서편제〉(1993), 〈너에게 나를 보낸다〉(1994)는 각각 해당 연도에 가장 흥행한 작품들이었다. 1980년대 중반 이후 드라마는 다시 학생운동, 계층 문제, 민주주의와 같은 사회적 메시지를 전달하는 비판적 사실주의 또는 소셜 드라마로 전환되는 경향을 보인다. 소프트코어 포르노의 요소를 지닌 멜로드라마와 역사 영화가 주류를 형성한 가운데, 1980년대와 1990년대 초반은 새로운 영화 미학을 찾아 다양성을 모색했던 시기였다(Min, Sook and Kwak, 2003: 65). 그러나 1989년의 시장 자유화 이후 할리우드 메이저 스튜디오의 직배가 증가하면서 한국 영화 산업은 큰 타격을 받는다.

　한류가 처음 개시된 1995~2000년의 시기에 들어와 할리우드 스타일의 액션과 코미디 장르가 빠른 증가세를 보인 반면, 드라마는 상당한 감소세를 보인다. 관객이 여전히 전통적 가치를 선호했기 때문에 당시 영화제작자 대부분은 여전히 드라마에 초점을 맞추었지만, 일부 감독은 코미디를 제작하기도 했다. 분석 대상 60편 가운데 드라마가 여전히 가장 큰 비중을 차지하긴 했으나 비중은 45편(75%)이었던 첫 시기에 비해 26편(43.3%)으로 축소된 반면, 코미디와 액션 장르가 크게 증가한다. 첫 시기에는 액션 장르가 8편, 코미디 장르가

3편에 지나지 않았으나, 한류 시기의 초기 수년간 액션 장르는 25%(15편), 그 뒤로 코미디 장르가 18.4%(11편)를 차지했다. 액션과 코미디 장르를 합쳐 흥행 10위 내 43.4%를 차지했는데, 이는 한국 영화사에서 새로운 현상이었다. 두 번째 시기에 영화 장르와 관련해서 몇 가지 중요한 변화가 나타났던 것인데, 1996년 최고 흥행을 기록한 〈투캅스 2〉를 포함해서 〈인정사정 볼 것 없다〉(1999)와 같은 작품들이 제작되었기 때문이다. 물론 그렇다고 해서 한국의 영화제작자들이 멜로드라마를 포기했다고 규정하는 것은 섣부른 일인데, 왜냐하면 〈쉬리〉(1999)나 〈해운대〉(2008) 같은 대작 블록버스터 작품에도 멜로드라마 요소가 적용되어 있기 때문이다(Pacquet, 2011: 19). 그러나 이들 작품은 순수 멜로드라마라기보다는 그 초점이 상업적이고 오락적인 것에 놓인 것이라 할 수 있다.

한편, 분석 대상 가운데 대다수의 코미디 영화가 러브 스토리와 결합된 것으로 나타났다. 〈닥터봉〉(1995), 〈미스터 콘돔〉(1997), 〈찜〉(1998)과 같은 이른바 로맨틱 코미디 장르는 성적인 내용을 담은 것이었음에도 1990년대 후반 많은 인기를 얻었다. 코미디 장르와 더불어 범죄/경찰 영화에서 볼 수 있듯 한국 영화 산업은 상업적인 할리우드 콘텐츠와 혼종화된 작품을 만들어내기 시작한다. 한국 영화는 고유의 독특한 드라마 장르를 유지하는 대신 산업적 수익성 유지를 위해 오락성에 초점을 맞춘 영화에 주력했던 것이다.

세 번째 시기(2001~2006년)에 이와 같은 경향이 지속된 가운데 코미디 장르가 더 많은 인기를 얻는다. 분석 대상 60편 가운데, 코미디 장르는 25편(41.6%), 드라마는 21편(35%)으로 나타났다. 2기와 달리, 이 시기에 액션 장르는 5편으로 급감했는데, 왜냐하면 블록버스터 스타일의 액션 장르를 제작하는 대기업이 영화 시장을 떠난 가운데 호러·스릴러 장르가 인기를 얻었기 때문이다. 1기 때 호러·스릴러 장르는 단 2편에 불과했으나 2기에 들어와 6편으로 늘어났고, 3기에 6편, 4기에는 8편으로 늘어난다.

코미디 장르는 로맨틱 코미디에서 액션 코미디로 그 속성이 변화한다. 1990년대 후반부터 조직폭력배를 소재로 하는 코미디 작품이 새롭게 인기를 모으는데, 이는 부분적으로 저예산 영화제작사가 액션에서 액션 코미디로 초점을 전환했기 때문이다. 1995~2000년 사이에 〈주유소 습격사건〉(1999) 등의 조직폭력배 코미디 작품 몇 편이 성공을 거둔 바 있긴 하지만 액션 코미디 장르가 주류 장르로 부상하는 것은 〈신라의 달밤〉(2001) 등이 흥행하는 2000년대 초반에 들어서였다. 2002년에는 갱gang 액션 코미디 〈가문의 영광〉이 흥행 1위에 올랐고, 〈오! 브라더스〉(2003), 〈가문의 영광 2〉(2005), 〈투사부일체〉(2006) 또한 흥행에 성공했다.

한편 4기(2007~2012년)에 들어와 이와 같은 경향이 조금씩 변화하기 시작하는데 드라마 장르가 다시 한 번 주류 장르로 부상(27편, 45%)한 것이다. 그 뒤를 이어 코미디 장르가 15편(25%), 이전 시기의 연장선상에서 액션 장르가 11.6%에 머물렀고, 호러·스릴러 장르는 증가한 것으로 나타났다. 흥미로운 부분은 지난 수십 년간 변화해온 드라마의 속성이다. 1995~2012년 사이에 제작된 드라마들은 1970~1980년대와 달리, 초기 한국 영화에서 가장 중요한 위치를 차지했던 멜로드라마와 상이한 것이었는데, 즉 1990년대 중반부터 2012년까지 제작된 드라마는 초기에 초점을 맞췄던 가족이나 사회 문제보다는 대개 범죄나 조직폭력배, 부패 경찰 등과 연계되는 할리우드 영화와 유사한 양상으로 나타났다.

최근 몇 년간 제작되었던 한국 전쟁과 관련된 주제의 〈고지전〉(2011), 〈포화 속으로〉(2010), 〈웰컴 투 동막골〉(2005), 〈태극기〉(2004), 〈실미도〉(2003)나 한국에서 사회적으로 이슈가 되었던 사건을 다룬 〈도가니〉(2011), 〈맨발의 기봉이〉(2006), 〈말아톤〉(2005) 등의 드라마들이 한국 사회에 내재된 사회문화적 가치를 반영한 반면, 〈범죄와의 전쟁: 나쁜 놈들 전성시대〉(2012), 〈부당거래〉〈부당거래〉(2010), 〈거북이 달린다〉(2009), 〈공공의 적 2〉(2005), 〈친구〉

(2001) 등의 드라마들은 범죄액션 장르로 제작되었다. 일부 영화제작자들은 1990년대 이후 범죄·경찰 스토리에 초점을 맞추기도 했다.

이처럼 다수의 한국 영화에서 장르 혼합을 통한 혼종화를 확인할 수 있는데, 그 양상은 서구의 지배적인 오락 장르와 국내적 주제가 혼합되는 방식인 것으로 나타났다. 이러한 경향에 따라 멜로드라마 또는 멜로 로맨스 장르는 현시점에서 매우 드물게 나타난다. 〈건축학 개론〉(2012), 〈내 사랑 내 곁에〉(2009), 〈아내가 결혼했다〉(2008), 〈너는 내 운명〉(2005), 〈내 생애 가장 아름다운 일주일〉(2005) 등이 박스오피스에서 의미 있는 수준의 흥행을 거둔 소수의 멜로 장르이다. 1990년대 중반부터는 SF 장르가 한국 영화 산업에 등장하기 시작한다. 앞서 10년 동안과 달리, 할리우드 주류 장르에 해당하는 SF/판타지(〈디워〉(2007)), 호러·스릴러(〈연가시〉(2012), 〈의뢰인〉(2011), 〈이끼〉(2010), 〈박쥐〉(2009), 〈태풍〉(2005), 〈범죄의 재구성〉(2004), 〈살인의 추억〉(2003), 2009 로스트 메모리즈(2002)) 등의 작품이 ― 비록 다른 장르로 분류되긴 했지만 ― 국내 박스오피스에서 흥행 수위에 오른다(Jin, 2013).

달시 파켓Darcy Paquet은 "멜로드라마가 한국 텔레비전 드라마의 초석이었기 때문에 많은 시청자가 멜로드라마적 스토리텔링 양식을 토종적인native 것으로서 내재적으로 인식한다"고 주장한 바 있다(Paquet, 2011: 19). 강제규, 윤제균, 허진호 등의 영화감독은 좀 더 섬세한 표현 수단과 일상에 맞춘 초점을 통해 멜로드라마를 정제하고자 했다. 따라서 이 장르는 최소한 1990년대 초반까지 잘 발전되어왔다고 할 수 있는데 한국 문화에서 두드러지는 국토 분단, 민주주의, 사회적 가치(예를 들어 계급 문제, 소득 격차, 유교적 정서 등) 같은 한국 고유의 독특한 가치를 풍부하게 담고 있기 때문이다. 한국이 특별히 멜로드라마적 감수성을 포용하는 경향이 있다는 점에서 멜로드라마는 여전히 중요하다(Abelmann, 2003).[4] 경이로울 만큼 빠른 속도로 근대화와 민주화가 진행되어온 한국 사회에서 멜로드라마는 재정적·사회적 조건의 빠른 변화가 개인에게 어떠한 영향을 미치는지를 묘사할 수 있는 장르였기 때문이다(Paquet, 2011). 그러나 현재 상황은 이전과 다른데, 왜냐하면 한국 영화가 글로벌라이제이션의 진행 속에서 할리우드 영화와 마찬가지로 상업화되면서, 진지한 사회적 이슈나 국가적 가치보다는 경제성을 강조하는 방향을 추구해왔기 때문이다. 한국 영화는 과거를 돌아보는 것에 그치지 않고 미래 또한 계획해왔는데, 그에 따라 많은 감독이 새로운 상업적 장르를 발전시키고 있다. 물론 이것이 멜로드라마와 로맨스 영화가 사라졌다는 의미는 아니다. 코미디와 로맨스, 또는 코미디와 드라마가 혼종된 영화가 등장하면서 로맨틱 코미디 또는 코미디 드라마가 한국 영화계에서 주류 장르로 부상하고 있다.

혼종적 한국 영화
주제

혼종화의 과정에서 장르상 변화가 발생하는 것 자체는 놀라운 일이 아니다. 여기서 주의를 기울여야 할 부분은, 그와 같은 상업적 영화가 이데올로기 분쟁(한국전쟁과 남북한의 분단)이나 정치적 이슈(민주주의), 그리고 전통문화(민족 예술) 등의 중요한 한국적 주제를 다루는지의 여부다. 영화의 장르 구분 요소로서 주제theme는 특정 작품 내용의 기저에 깔리는 개념적 또는 지적 전제로서 규정된다(Kaminsky, 1985). 영화의 주제는 그 내용이 국가 정체성을 담고 있는지 여부를 확인할 수 있도록 해주는 것으로, 한국의 경우 이데올로기 분쟁, 정치적·사회적 이슈(군사정권, 학생운동, 실업, 해외 이주 등)와 남아선호나 여성에 대한 가혹한 사회적 억압 등 유교적 전통문화에 따른 여러 이슈가 그에 해당한다(S. Oh, 1999).

지역의 영화에서 주제는 특히 중요한데, 왜냐하면 제3영화 the Third Cinema의 주요 특성이 주제를 통해 표현되기 때문이다. 헤더 타이렐Heather Tyrrell은 발리우드Ballywood와 할리우드 간 경쟁을 분석하면서 "스타일(내러티브의 연관성과 연기 스타일)과 내용(영화 내에서 표현되는 가치와 사유)상에서 동양과 서양 간 지속적인 타협의 과정이 발리우드 영화에서 나타난다"고 언급한 바 있다(Tyrrell, 1999: 261). 민족영화national cinema는 국가 내에서 고군분투하는 사람들의 삶을 주로 다루는 반면 액션, 호러, 웨스턴, 코미디 등 할리우드의 상업적인 주제에서는 오락이 지배적으로 나타난다. 영화와 글로벌라이제이션을 둘러싼 이론화는 기본적으로 서구의 상업적인, 그러면서 문화적으로는 제국주의적인 영화 대 제3세계의 비상업적이면서 토착적이고 정치적인 영화로 양분되고 있다(Tyrell, 1999).

따라서 새롭게 혼종화된 한국 영화가 일반인들의 삶과 투쟁을 다루는지, 또는 할리우드에 비견될 만한 특수 효과의 노하우를 얻은 것을 한국 영화의 주요 성과로 여기는지를 이해하는 것은 매우 핵심적인 부분이다. 한국 영화에서 지배적으로 나타나는 주제들을 영화의 특성을 규정하는 기준으로 활용하는 것은 복잡한 작업이다. 왜냐하면 장르의 경우에서 보았듯 영화 주제가 빠른 속도로 변화하기 때문이다. 그래서 한국 영화의 주제들은 때로는 할리우드의 상업적 공식에 부합하는 것처럼 보이면서도 다른 때에는 그러한 것에 반反하는 것처럼 보이곤 한다.

분석의 첫 시기에 드라마 장르가 박스오피스를 지배적으로 점유함에 따라 30% 이상의 작품이 한국 사회가 지닌 사회적 이슈와 국가 정체성을 주제로 다룬 것으로 나타났다. 〈남부군〉(1990), 〈은마는 오지 않는다〉(1991), 〈태백산맥〉(1994) 등은 남북 분단과 베트남전의 주제를 다루었고, 〈아제 아제 바라아제〉(1989), 〈서편제〉(1993), 〈화엄경〉(1993) 등은 유교와 같은 민족적 가치를 보여주면서 불교와 관련된 휴먼 스토리를 다루었다. 1993년 이전 군사정권하 민주화운동이 반영된 〈젊은 날의 초상〉(1990), 〈인간시장 오! 하나님〉(1989)

등은 민주주의나 학생운동 그리고 계급문제와 같은 사회문제를 다루었다. 이 기간에 주요 장르는 드라마였고 할리우드의 상업적 영화는 아직 큰 인기를 끌지 못했다. 다수의 한국 영화는 말 그대로 한국에 사는 사람들의 인생과 투쟁을 다루었다.

그러나 2기에 들어 사회적인 이슈나 국가적 이슈를 다루는 주제가 빠르게 쇠퇴하면서 범죄 액션과 코미디 장르에 그 자리를 내주게 된다. 남북 분단 문제를 다룬 것은 단 두 편 – 〈쉬리〉(1999)와 〈JSA 공동경비구역〉(2000) – 이었고, 1980년 광주 민주항쟁을 진압하고 정치권력을 쥔 군사정권의 잔혹함을 다룬 것은 〈꽃잎〉(1996) 한 편이었다. 한편 〈개 같은 날의 오후〉(1995)는 페미니스트 이슈를, 〈아름다운 청년 전태일〉(1995)은 노동운동을 다루었다. 이처럼 국가적이고 사회적인 이슈를 다룰 수 있었던 것은 이 시기 한국 영화제작자들이 군사정권의 강력한 검열과 규제로부터 자유로웠기 때문이다. "한국 영화의 개념은 국내 시장에서 지배적인 영화 – 즉, 상업적인 미국 영화 – 에 대한 반反실천counter practice이자 정부의 강력한 검열 억압에 대한 반항이었다. 한국 영화제작자들은 검열에 의해 금지되었던 주제를 다루면서 민족영화의 개념과 임무를 실현"했던 것이다(Min, Sook and Kwak, 2003: 11).

그러한 영화 가운데 〈쉬리〉는 한국 역사와 할리우드의 테크닉과 기술이라는 두 개의 상이한 문화적 경향을 성공적으로 반영함으로써 새로운 스타일의 한국 영화를 제시한다. 비밀리에 남파된 북한 군인과 남한의 반테러 요원 간 갈등을 다룬 이 영화는 완전히 창의적인 작품이라 할 수는 없다. 왜냐하면 익숙한 할리우드 스타일의 내러티브와 액션은 전통적이지만 참신한 한국적인 이야기가 혼합되어 있기 때문이다. 하지만 1980년대 할리우드에서 대중화되었던 "역동적인high-octane" 액션 영화 스타일을 따라 만들어진 드라마를 더욱 고양시키기 위해 한국의 민족적 정서를 강력하게 이끌어내는 스토리(Kyung Hyun Kim, 2004)를 담고 있다는 점에서 이 영화의 특징을 찾을 수 있다.

이 스파이 액션 스릴러는 검열의 완화 속에서 남북한 간 지속되고 있는 냉전에 따른 긴장에 초점을 맞춘 스토리로 한국 관객을 사로잡았는데, 그 성공은 한국 영화사상 최초로 서울 시내를 헬리콥터로 촬영한 것 등 할리우드 스타일 액션과 블록버스터급 제작 규모에 의해 가능한 것이었다. 그러나 이 시기에 제작된 한국 영화 대부분은 코미디와 액션 같은, 좀 더 상업적인 장르에 초점을 맞추면서 한국 사회가 맞닥뜨린 사회적 이슈를 무시했다.

3기는 이전 시기와 크게 다르지 않았다. 진지하게 사회적 이슈나 국가적 가치관을 다루는 작품들의 부재에 대한 영화 비평가나 학생 등 여러 사회집단의 비판에도, 영화제작자들은 이미 상업적 가치에 깊숙이 배치된 여정을 지속했기 때문이다. 그에 따라 전체 분석 대상의 10%에 그치는 매우 소수의 작품만이 사회적 이슈를 다룬 것으로 나타났다. 예를 들어 〈실미도〉(2003), 〈태극기〉(2004), 〈한반도〉(2006)는 한국 전쟁과 남북한 분단 이슈를 다룬 성공작이었고, 〈달마야 놀자〉(2001)는 민족적 가치(불교)를 다룬 작품이었다. 〈화려한 휴가〉(2007) 또한 1980년에 정치권력을 탈취한 전두환 정권의 가혹함을 묘사한 작품이었다. 이와 같은 예외를 제외하고 민족적 가치나 사회 이슈 또는 정치적 이데올로기를 다룬 영화들은 없었다.

마지막 시기였던 2007~2012년에는 열 편의 작품(16.7%)이 사회문화적인 주제를 다룬 것으로 분류되었다. 이는 전통적인 주제를 다루는 한국 영화가 소수 증가했음을 의미한다. 특히 2008년에 만들어진 〈워낭소리Old Partner〉는 그해 흥행 10위 안에 든 첫 다큐멘터리가 되었다. 이 영화는 한 시골 마을의 40살 된 늙은 소와 여든의 늙은 농부의 관계를 다룬 작품이다. 이 작품의 성공은 예상치 못한 것이었고, 2009년 3월 1일 자로 관객을 200만 명 이상 동원함으로써 한국 영화사상 가장 많은 수익을 거둔 독립영화로 기록된다. 한국 전쟁에 참전했던 사람들을 기념하며 만든 〈포화 속으로〉(2010)는 한국전쟁 기간 학생 군인의 존재와 의의를 인식시켰다. 〈최종병기 활〉(2011)은 한국의 두 번째 만주

침략을 다룬 역사 액션 장르였다. 한편 몇몇 작품은 현대의 사회적 이슈를 다루었는데, 예를 들어 〈도가니〉(2011)는 2000년 초반 광주에서 5년 넘도록 어린 농아 학생들이 교사진에 의해 반복적인 성적 학대를 받았던 실제 사건에 기반을 둔 것이었다.

한국 영화가 할리우드식 주제를 빠르게 받아들이면서 그 초점이 국민의 삶과 투쟁보다는 오락으로 이동해왔다. 그에 따라 최근 수년간 블록버스터 스타일의 액션과 코미디 장르가 흥행 상위를 점유해왔으나 1990년대 초반까지만 해도 한국 영화는 사회적·문화적·정치적 실천으로서 제작되는 경향을 고수했다. 한국 영화는 초창기부터 멜로드라마와 사회적 리얼리즘의 전통을 발전시켰는데 이는 일본 제국주의, 남북한 분단, 군사정권과 강력한 검열 등의 한국의 고유한 사회적 맥락에 따른 것이었다. 그러나 1993년의 민주화 이후 한국 영화 산업은 상업화 속에서 그와 같은 이슈로부터 관심을 돌렸다.

한국은 국가의 분단이나 제국주의 잔재 그리고 사회경제적인 격차 등이 지속되는 가운데서도 민주화를 달성했다. 하지만 한국의 영화제작자들은 영화 부문에서 새로운 문화 형식을 만들어내지 못했다. 글로벌 표준으로서 할리우드 영화는 우월한 위치를 점한 반면, 지역의 영화는 대부분 할리우드 방식을 모방하거나 따르는 데 그치고 있다. 글로벌라이제이션의 주요 궤적은 자본이나 구조에만 놓인 것이 아니라 콘텐츠에도 놓여 있으며, 그 흐름은 여전히 서구에서 아시아를 향하고 있는 것이다. 스크린쿼터 축소 등의 구조적인 문제가 영향을 끼쳐온 가운데 혼종화된 영화 콘텐츠는 한국 영화 산업에서 중요한 역할을 수행해왔다. 몇 편의 웰메이드 한국 영화가 글로벌 시장에 진출했음에도 국내에서 성공했던 많은 작품이 해외 시장에 성공적으로 진출하지 못했던 주된 이유는 할리우드의 또 다른 버전에 그쳤기 때문이다. 신한류 시대에 들어와 한국 영화에 닥친 최근의 위기는 경제적 가치를 우선시하는 신자유주의적 정부 정책, 그리고 할리우드에 저항하지 않고 그 양식을 그대로 받아들인 혼종적 한국 영화가 서로 엮인 결과인 것이다.

신한류 시대
한국 영화의 혼종성
영화 텍스트

〈도둑들〉(2012)과 〈광해, 왕이 된 남자〉(2012) 등 여러 혼종적 영화들은 한류 2.0 시기에 국내에서 큰 성공을 거두었다. 그러나 북미와 서부 유럽 지역에서 잠시 상영되긴 했어도 아직 서구 시장 진출은 미진한 상황이다.

사실 〈디워〉(2009)는 한국에서 크게 흥행한 혼종적 영화였지만 서구 시장 진출에는 실패했다. 심형래가 감독한 〈디워〉는 컴퓨터 그래픽을 적극 활용한 판타지 영화로서 할리우드에서는 공상 과학으로 알려진 장르에 해당한다. 〈디워〉는 한국에서 관객 840만 명을 동원(영화진흥위원회, 2009)했는데, 한국적 줄거리와 서구 지역 로케이션 촬영LA, 언어(영어), 컴퓨터그래픽, 서양인 중심의 캐스팅(미국인) 등 여러 가지 면에서 혼종성을 보여준다. 우선 〈디워〉의 줄거리는 한국의 이무기 전설을 기반으로 한다.[5] 메인 캐릭터와 서브 캐릭터는 미국에서 온 배우들이 맡았다. 한국인 배우가 등장하는 유일한 장면은 이무기 전설을 소개하는 16세기 장면이었다. 결과적으로 영화 장면의 거의 대부분은 영어로 촬영되었는데 이러한 선택은 세계시장에 호소력을 지니기 위해 세심하게 고려한 것이었다(J. Cho and Lee, 2009).

그러나 〈디워〉의 이와 같은 글로벌라이제이션 시도는 성공하지 못했다. 미국 관객이 또 다른 할리우드 스타일의 SF 영화를 보고 싶어 한 것이 아니었기 때문에 이 영화에 매력을 느끼지 못했던 것이다. 미국에서 〈디워〉의 수익은 410만 달러에 머물렀다(*Chosun Ilbo*, 2009.5.22). 미학적·경제적으로나 〈디워〉

는 글로벌 영화 시장에서 별 성공을 거두지 못했는데, 왜냐하면 이 영화가 할리우드의 지배력에 대해 문화적으로 대항하는 새로운 형식을 만들어냄으로써 할리우드를 극복하려는 시도가 아닌, 한국인 감독이 만든 할리우드 영화에 그쳤기 때문이다. 일각에서는 고도로 예술적인 작품이나 웰메이드 블록버스터로 미국 시장에 성공적으로 진출하기를 바라기도 하지만, 현실적으로 이는 불가능하다(Jeong Il Oh, 2007).

한편 신한류 시대에 들어와 가장 성공적인 영화였던 〈도둑들〉과 〈광해, 왕이 된 남자〉는 서구 시장에서 그다지 성공하지 못했던 혼종성 영화의 사례에 해당한다. 우선 최동훈 감독의 네 번째 작품인 〈도둑들〉은 혼종적 한국 영화의 좋은 사례이다. 우선 이 영화는 한국 영화제작 환경상 유례없는 유명 배우 캐스팅을 통해 화려하고 복잡한 영화가 되었다. 영화제작자들은 부인하지만 이 영화는 2001년 스티븐 소더버그Steven Soderbergh 감독이 연출한 〈오션스 일레븐Ocean's Eleven〉의 영향을 받았으며, 이는 영화진흥위원회가 그 관계를 확인한 부분이다. 이 영화는 한국 영화사상 가장 성공적인 액션 영화인데, 많은 액션 신에서 홍콩 영화의 영향을 확인할 수 있다. 로케이션 촬영지라든가 기용된 배우들은 그러한 부분을 분명히 보여준다. 그뿐 아니라 이러한 요소가 내러티브에 잘 녹아들어 한국 영화의 새로운 시대를 보여준다고 할 수 있는데, 국제적인 공동 제작이 상업적 성공을 만들어내는 메커니즘이 될 수 있음을 보여준다(Conran, 2012). 한국과 중국의 도둑들이 마카오의 다이아몬드를 훔치는 근사한 범죄 행위를 다루는 〈도둑들〉은 스티븐 소더버그의 〈오션스 일레븐〉 시리즈에서 보았던 흥미진진한 승부와 화려한 캐스팅에서 많은 영향을 받았을 뿐 아니라 오우삼의 〈종횡사해Once a thief〉(1991) 같은 1990년대 홍콩 액션 영화의 물리적인 활력과 수수한 엉뚱함에서도 영향을 받았다(Maggie Lee, 2012).

일부 영화 평론가가 〈오션스 일레븐〉과 지나치게 유사하다는 비판을 했음에도 〈도둑들〉은 갱 범죄 장르를 강조해온 홍콩 영화와 많은 유사성을 보여준다. 이는 〈도둑들〉이 흥미진진한 상업 영화를 만들어내기 위해 다국적인 특성을 활용했음을 함의한다. 일부 비평가들은 이 작품을 한국 스타일의 범죄/액션 영화라 규정하지만 이 작품이 혼종화 전략을 통해 만들어졌음은 명백하다. 그리고 그 안에 한국 사회에 깔린 사회문화적 가치가 담겨 있지 않다는 점에서 이 작품을 한국식 액션 영화로 규정하기는 부족한 측면이 있다. 이처럼 혼종적 영화로서 〈디워〉와 〈도둑들〉은 상이한 두 문화 간 혼합의 유형을 보여준다.

마지막으로 추창민 감독의 〈광해, 왕이 된 남자〉는 혼종적 한국 영화의 또 다른 사례를 보여준다. 이 작품은 1600년대 초반 조선왕조 시대에 벌어진 일을 다룬다. 작품 속에서 광해는 궁내에서 목숨을 위협받게 되자 도승지 허균에게 자신과 닮은 인물을 내세워 일시적으로 왕 노릇을 수행하도록 할 것을 명한다. 하선은 허균에 의해 은밀하게 왕 노릇을 대신하게 된다. 이병헌이 광해와 하선의 역할을 맡았다. 하선이 정치적 상황에 점차 몰입해가면서 광해와는 다른 방식으로 정책을 집행하기 시작하는데, 이는 궁내 광해의 정적들 사이에서 동요를 일으킨다. 이 작품은 1200만 명 이상의 관객을 동원하면서 8800만 달러의 수익을 올림으로써 크게 성공했는데, 이는 2012년의 〈도둑들〉에 이어 두 번째로 높은 흥행 수익이었다(Korean Film Council, 2013: 20).

이 작품은 1993년에 제작되었던 할리우드 영화 〈데이브Dave〉와의 유사성으로 인해 구설수에 올랐다. 한편 일부 미디어, 특히 ≪동아일보≫는 이 작품과 〈데이브〉간 최소 18개의 유사성이 발견되었다고 보도하면서 강렬한 헤드라인("광해는 표절왕?")을 달기도 했다(B. Min, 2012). 사실 〈광해, 왕이 된 남자〉에서 국정을 운영하는 도승지와 〈데이브〉의 비서실장은 유사한 역할을 수행하며, 광해와 멀어진 중전과 〈데이브〉에서 대통령의 지속적인 거짓말에 이력이 난 영부인 또한 유사한 인물이다. 또한 두 영화 모두 가짜 왕과 대통령에게 애착을 지니게 되어 자신의 목숨까지 아끼지 않는 보디가드가 등장한다. 대개 기존 영화 스토리가 영감의 원천이 될 경우 판권 구매를 통해 리메이크를 한다.

〈광해, 왕이 된 남자〉에 투자한 CJ E&M은 〈데이브〉의 판권을 구매하지 않았고 어떤 방식으로도 이 영화에 대한 언급은 하지 않았다. CJ E&M은 두 영화의 전반적인 주제가 비슷해 보일지라도 이 둘은 완전히 다른 영화라 생각한다고 언급했다(*Maeil Kyungjae Shinmun*, 2012.9.28). 그러나 〈광해, 왕이 된 남자〉의 많은 장면이 〈데이브〉의 장면들을 각색한 것이라는 점에서 〈데이브〉의 영향력은 명백해 보인다. ≪워싱턴포스트≫의 한 영화 비평에서 언급된 바와 같이, 이 영화는 또한 마크 트웨인Mark Twain의 『왕자와 거지The Prince and the Pauper』 그리고 아키라 구로사와Akira Kurosawa의 1980년작 〈카게무샤Kagemusha〉에서 사용된 플롯을 재활용했다. 〈광해, 왕이 된 남자〉는 스타일 면에서 〈카게무샤〉와 더 많은 유사성이 있다(M. Jenkins, 2012).

중요한 지점은 〈광해, 왕이 된 남자〉가 〈데이브〉를 단순하게 복제한 것인지 아니면 할리우드 스타일과 한국 영화의 전통을 혼합함으로써 새로운 문화 형식을 창출해낸 혼종적 영화인 것인지의 부분이다. 이 작품은 한국의 옛 정치를 포함하는 지역 정서를 표현한 독특한 새로운 문화로 간주할 만한 흥미로운 장면들을 보여준다. 예를 들어 하선은 자신의 본능에 따라 부자에 대한 세금을 증대하고 빈자의 착취를 금지한다. 이와 같은 행동은, 궁내 세력이 하선이 흉내 내는 본래의 왕보다 그를 더욱 싫어하도록 만든다. 위기는 피할 수 없는 상황이 되는데 위기가 닥쳤을 때 하선은 자신이 예상치 못하게 궁내에 지지자들과 동지들이 생겼음을 깨닫게 된다(M. Jenkins, 2012). 이러한 점에서 이 작품은 한국의 전통 정치를 보여주며 감독이 상이한 두 문화 간 혼합을 창출해낸 것이라 볼 수도 있다. 그러나 그것이 제3의 공간을 창출해냈다고 하기에는 충분하지 못하다. 비록 이 영화가 혼종화 전략을 통해 만들어졌음에도, 한국 사회에 깔려 있는 역사적 또는 문화적 가치들을 다수 발전시켰다고 보기는 어렵기 때문이다.

이상의 작품들이 증명하듯, 한국 영화 산업은 스타일과 특수 효과 등과 같은 구조적인 측면을 통해 한국 영화의 혼종화를 시도했으나 글로벌라이제이션과 맞물려 여전히 내용 면에서 서구화되어 있음을 알 수 있다. 이들 사례가 보여주듯 한류 2.0 시기에 들어와서도 할리우드의 영향력은 부인할 수 없는데, 왜냐하면 한국의 영화감독들이 고유한 것보다는 균질적인 또 다른 할리우드 영화를 만들고 있기 때문이다. 마완 크레이디의 말대로 "혼종성은 단순히 문화적으로 뒤섞인 하나의 총체를 형성하기 위해 상이한 요소들을 통합하거나 글로벌과 지역 권력 간의 관계가 모호한 혼합 속에서 중성화되는 사이 공간 in-between zone으로서 구축되는 것이 아니다. 혼종화는 의미화의 시공간적 공간 spatio-temporal zone 내에 존재하는 다양한 코드와 담론이 상호 대화하면서 새롭게 작성되어가는 것"이기 때문이다(Kraidy, 1999: 472).

한국의 많은 영화제작자 그리고 감독들은 할리우드 스타일의 액션 영화를 따라 하거나 심지어는 복제하고자 했다. 한 영화 비평가가 지적하듯 "한국 영화는 마치 한국 영화의 글로벌화가 할리우드의 복제에 놓여 있다는 듯이 할리우드 스타일의 블록버스터만 추구"하고 있는 것이다(K. Choi, 2005). 한국 영화는 일부 상업적으로 성공한 소수의 작품이 있기는 하지만, 여전히 콘텐츠 문제로 인해 그 영광을 되찾지 못하고 있다. 서구의 영화 관객은 할리우드 장르의 복제품을 좋아하지 않으며, 〈태극기를 휘날리며〉(2004)나 〈웰컴투 동막골〉(2005)과 같이 한국의 민족적 가치와 사회문제를 담은 드라마를 선호한다. 몇 편의 웰메이드 한국 영화가 국내 문화 산업을 고양시키기는 했지만, 많은 한국 영화가 글로벌 시장에서 별 매력을 발휘하지 못하는 이유는 글로벌 관객이 보고 싶어 하는 것이 한국인이 만든 할리우드 스타일의 영화가 아니기 때문이다. 이러한 점에서 볼 때 한국의 상업용 혼종 영화들은 아직 글로벌라이제이션에 대한 충분한 준비가 되어 있지 않다고 할 수 있다.

혼종적 한국 영화에 대한
비판적 해석

문화적 혼종성에 대한 이해는 타자가 진입해서 또 다른 문화와 섞여가는 과정 그리고 그것이 지역 문화와 통합되어가는 과정을 드러낸다는 점에서 매우 중요하다. 문화적 혼종성은 문화적 변이 과정 또는 현대의 문화적 삶 내의, 이른바 문화적 글로벌라이제이션을 보여준다(W. Wang, 2008). 한국 영화의 혼종성 이론은 혼종화 과정 내 지역의 문화적 권력 강화 또는 그것에 대한 낙관적인 구호를 외친다. 일부는 혼종성이 지역의 주도적 역할을 함의하는 것이라 주장하면서 혼종화 과정에서 한국 영화제작자들의 역할이 강화될 것이라고 믿는다. 혼종성 이론가들은 혼종적 문화가 문화적 균질화를 극복한다고 주장하는데, 왜냐하면 지역의 요구가 문화 상품을 결정한다고 보기 때문이다. 그에 따라 비록 할리우드가 여전히 글로벌 강자의 입지를 유지하고 있긴 하지만, 다른 문화 산업 부문에서 미국의 영향이 점차 줄어들고 있다고 본다(Consalvo, 2006). 정선Sun Jung을 포함한 일부 학자들은 "문화 제국주의적 관점은 한국 영화의 혼종화 현상을 설명하는 데 적합하지 않은데, 왜냐하면 후기 식민주의적 모방post-colonial mimicry을 통한 차이의 절합으로 혼종화된 한국 영화의 양상을 무시하기 때문"이라고 강하게 주장한다(Jung, 2011: 12).

그러나 문화적 혼종성에 대한 이와 같은 낙천적 이론과 달리, 지역 문화는 서구적 사고 기반의 의미화와 가치 표준에 길을 내주고 있는 양상으로, 따라서 문화적 혼종성은 불평등한 권력 균형과 연계된다(W. Wang, 2008). 혼종화 개념은 특히 구조적 불평등을 드러내기에 부족한데, 따라서 초국가적 자본주의와 함께 신식민주의 담론으로 연계된다(T. Friedman, 2000). 이미지의 전 지구적인 흐름은, 비록 전 세계의 관객이 능동적으로 수용하고 있다 해도 여전히 매우 불균등하며 세계시장은 명백하게 일방적인 힘에 의해 점유되고 있다

(Shome and Hedge, 2002). 이는 혼종화 이론이 의도적 또는 비의도적으로 전
지구적 확장 과정의 상업적·자본주의적 속성을 무시하고 있음을 의미한다
(Mosco, 2009). 혼종성에 대한 현재의 이론들은 실제로 혼종적 영화의 속성과
더불어, 특히 권력관계적인 측면과 같은 중요한 요소를 종종 무시해왔는데, 정
치경제적인 관계뿐 아니라 상이한 두 문화 간 영향력과 관련된 측면이 그에 해
당한다. 자본주의적 생산 논리하에서 혼종화는 필연적으로 내재적인 한계를
지닐 수밖에 없다. 따라서 혼종 문화가 민주적이고 저항적이며 다양하고 좀 더
목적의식을 지닐 것이라고 무조건 낙관할 수는 없다. 혼종성의 개념이 권력에
무관심하며 탈정치적이라는 비판을 받는 것은 이 때문이다(W. Wang, 2008).

아준 아파두라이Arjun Appadurai나 바바 같은 후기 식민주의 이론가들은 글로
벌 권력에 대한 저항 전략으로서 혼종화에 대한 강한 의지를 통해 제국주의적
지배력을 반격한다(Appadurai, 1996; Bhabha, 1994). 그러나 한국 영화의 사례에
서 보았듯이 많은 경우 지역 제작자들은 문화적 다양성을 보장하지 못하는데,
그 이유는 지역의 영화 산업이 한정된 수의 장르 ― 특히 할리우드가 상업적으로
주도하는 장르 ― 만을 제작할 수 있기 때문이다. 한국 영화가 여전히 혼종화의
역동적 과정에서 주체가 되기에 부족한 이유는, 많은 영화제작자들이 할리우
드를 극복할 수 있는 새로운 문화적 형식을 창출해내는 대신 할리우드가 해온
것을 모방해왔기 때문이다.

혼종성은 차이를 중성화하기 위해 권력을 가진 편이 활용해온 협력coopera-
tion의 전략인 것으로 보인다. 그러나 혼종성은 서구의 지배력에 의한 부정적인
영향력을 희석하는 글로벌라이제이션의 또 다른 표현이기도 하다(G. Wang
and Yeh, 2005). 제3의 공간의 탄생은 사유와 가치, 계급이 협상되고 재생산되
는 변증법적 담론의 과정 그리고 반성적인 상호작용의 과정 그 이상을 필요로
한다(G. Wang and Yeh, 2005: 188). 혼종성은 제국주의적 권력에 저항하는 영역
이 되어야 하는 것이다. 하지만 한국 영화는 콘텐츠 측면에서 할리우드의 지배

력에 저항하지 못했다.

한국 영화의 장르와 주제가 보여주듯, 많은 영화제작자는 코미디나 호러, 그리고 특히 성적인 갱스터 코미디 영화와 같은 상업적인 장르를 복제해왔다. 일부 감독들은 토착적인 문화 요소를 아시아와 서구의 것과 혼합한 스타일을 활용하면서, 〈쉬리〉(1999)와 〈JSA 공동경비구역〉(2000)에서 볼 수 있듯, 현대 한국에서 벌어지고 있는 일과 정치적 문제도 반영했다(J. Shin, 2005: 56~57). 그러나 영화의 미학적 측면과 사회반영적인 측면을 더욱 발전시키는 대신, 혼종적 영화 대부분은 상업성 위주의 오락 영화가 되고 있다. 비록 일부 작품이 상업적으로 성공하긴 했지만 많은 혼종성 영화는 글로벌 시장 진출에 실패했다. 2015년에 진행한 인터뷰 중 영화 비평가 달시 파켓은 "혼종화 전략을 구사한 일부 블록버스터 영화는 국내외에서 성공하지 못했는데, 그 이유는 그 작품들이 한국적인 정서나 고유의 정체성을 반영하지 않았기 때문이다. 한국 영화는 혼종화 과정에서 가장 중요한 부분이 궁극적으로 한국 영화 팬을 매료하는 한국성Koreanness의 개발임을 이해할 필요"가 있다고 언급했다. 그는 또한 "여러 사회문제를 다룬 많은 독립영화가 극장이나 영화제에서 환영받지 못하는 이유는 현재 한국 영화를 둘러싼 기류가 그와 같은 논쟁에 대한 금지를 선호하기 때문이다. 따라서 거대 예산 영화든 저예산 영화든지 간에 한국 영화는 다양성을 발전시키기 어려운 측면이 있다"고 언급했다. 사실 한국 영화의 상업화가 한창인 가운데서 영화제작자들이 정치적으로나 미학적으로 제3의 공간을 창출해내는 것은 어려운 일이다. 만약 혼종성이 단순히 두 개의 상이한 문화 간 혼합을 의미하는 것이라면, 한국 영화는 그러한 경향을 잘 보여주는 사례에 해당할 것이다. 그러나 혼종성이 두 상이한 문화의 단순한 혼합을 넘어서는 새로운 문화적 공간의 창출에 관한 것인 이상, 한국 영화 산업은 일부 예외적인 사례를 제외하고 아직 성공적으로 혼종화에 이르지 못한 것이라 할 수 있다.

결론

한국 영화는 두 개의 상이한 문화, 특히 할리우드와의 혼합을 통해 부분적으로 혼종화되었다. 한국 영화에서 문화적 혼종화는 지역의 제작자들이 글로벌 권력과 상호작용하고 타협하면서 발생했다. 한국 영화의 내용은 진지한 사회적 문제를 강조해온 드라마에서 상업적인 오락 형식을 활용하는 것으로 전환되었다. 그러나 최근 몇 년간 보아왔듯 한국 영화 산업은 현재 불안정한 상황인데, 그 주된 원인으로 한국 영화 산업이 새로운 문화 형식을 창출해내지 못한 점을 들 수 있다. 혼종화 그 자체가 한국 영화에 나쁘다고 할 수는 없다. 혼종화는 피할 수 없는 것이긴 하지만, 동시에 상이한 두 문화 간 혼합을 통해 새로운 문화적 공간을 만들어낼 수 있기 때문이다. 문제는 대다수의 영화가 제3의 공간 창출에 실패했다는 것인데, 그 이유는 혼종적 한국 영화의 문화적 요소들이 서구 취향에 맞추기 위해 서구를 중심으로 하고 한국의 사회문화적 가치는 소홀히 했기 때문이다. 물론 글로벌라이제이션이 한창 진행되고 있는 문화 영역에서 순수성을 고집하는 것은 지나친 일일 것이다. 그러나 상이한 두 문화 간 단순한 혼합에 해당하는 뿌리 없는 혼종적 문화 상품으로는 글로벌 권력에 대항할 수 없다는 점은 명심해야 한다. 데니스 갤번Dennis Galvan은 "혼종성은 이전에는 별개로 구분되어 있던 원본에서 새롭게 혼합되어 발생하는 종, 다양성, 형식 또는 본체들을 제안하는 것이다. 그러나 혼종성 담론 내에서 그 원본 형식들이 변함없이 순수한 것으로 남아 있다는 점에 주목할 필요가 있다. 혼종화가 특정한 위치에 있는 누군가에 의해 진행되는 작업이기 때문에 글로벌 권력과 지역 권력 가운데 원본을 본래의 국가·민족적 맥락에서 떼어내어 주의 깊게 통제된 방식으로 혼합할 수 있는 능력이 어디에 놓여 있는 것인지 확인하는 것은 매우 중요한 일인데, 많은 경우 해외의 권력이 여전히 주류 행위자"라고 설명한다(Galvan, 2010: 203~204).

결론적으로 한국 대중문화가, 상이한 두 스타일과 형식 또는 내용 간의 단순한 혼합이 아닌, 서구의 지배적인 문화 장르와 한국의 문화적 특정성을 잘 아우르는 새로운 공간을 창출해낼 수 있는 고유한 문화적 공간을 구축했다고 보기엔 시기상조라 할 수 있다. 한국 영화는 신한류 시기에 들어와 K팝, 온라인 게임, 애니메이션 등 다른 문화 장르가 지역 문화의 혼종적 형식을 발전시켜 서구 시장으로 진출을 증대해가는 가운데, 점진적으로 그 우위supremacy를 회복해가는 국면에 접어들었다. 따라서 혼종적 영화를 어떻게 발전시킬 것인가의 문제 ─ 한국적 스토리에 할리우드 스타일을 뒤섞는 단순한 방식이 아닌 혼종성에 기반을 둔 새로운 지역 문화 형식의 창출 ─ 는 한류 2.0 시기 한국 영화에서 가장 중요한 문제라 할 것이다.

제5장

한국산 혼종 애니메이션의
전 지구적 호소력

전 세계 애니메이션 시장은 일부 서구 국가들의 웰메이드 애니메이션 프로그램에 의해 점유되어왔다. 프라임타임 애니메이션 시리즈 〈심슨 가족The Simpsons〉(1989~현재)은 미국을 대표하는 작품이자, 아마도 텔레비전 애니메이션 사상 최고의 수작 중 하나일 것이다. 〈심슨 가족〉은 21세기에 들어와 글로벌 문화 아이콘으로 부상하는데, "최장기 프라임타임 방영 애니메이션 시리즈이자 가장 많은 유명인이 출연한 애니메이션 시리즈로 기네스북에 등재되었고, 비평적으로 많은 칭찬을 받아왔을 뿐 아니라 국내외 수많은 상을 수상"하기도 했다(Lustyik and Smith, 2010: 341).

한편 일본 애니메이션도 전 세계적으로 많은 인기를 구가해왔다. "일본에서 애니메이션의 시작은 19세기로 거슬러 올라가는데, 일본과 유럽 그리고 미국 문화 간 예술적 상호작용이 인쇄·미디어 기술과 결합된 산물로서 시작"되었다 (Otmazgin, 2013: 69). "30분짜리 〈철완 아톰〉 시리즈가 시작된 1963년 이후, 일본에서는 21세기 초반까지 1000편이 넘는 TV용 아니메가 제작되었다. 〈세일러문〉이나 〈포켓몬〉과 같은 작품들이 1990년대 중반에서 21세기 초에 걸쳐 전 세계적으로 크게 흥행함에 따라, 일본 아니메는 전 세계 애니메이션 시리즈의 60%를 차지"하기에 이르렀다(Chen, 2012: 44). 1995년 가을 미국에 방영을 시작했던 〈세일러문〉은 이미 일본과 프랑스, 이탈리아, 홍콩에서 아동용 액션 어드벤처 텔레비전 프로그램으로서 최고의 자리를 차지했다(Grigsby, 1998). 일본의 만화·비디오게임 프랜차이즈인 〈포켓몬〉 또한 2002년 이전에 이미 65개 국에서 방영되었고 30개가 넘는 언어로 번역되었다(Douglas, 2002).

그러나 이와 같은 일본 애니메이션의 이례적인 수준의 성공은 오래가지 못한다. 〈포켓몬〉의 인기가 최절정이었을 때, 닌텐도 경영진은 자신들이 미키마우스나 도날드 덕 같은 전 세계적인 아이콘이 될 수 있는 상품을 만들어냈다는 낙관을 가지고 있었다. 그러나 "2000년 말에 이르러 〈포켓몬〉 열풍은 미국과 일본에서 진정되기 시작했고, 불과 1년 후 〈포켓몬〉에 대한 소비자 인식은 전 세계적으로 옅어지기 시작"한다(Tobin, 2004: 3). 일본 애니메이션은 2003년 미국에서만 48억 4000만 달러를 넘어서는 매출을 기록하면서 상당한 경제적 가치를 창출해냈다. 그러나 이듬해 들어 이 수치가 급락하면서 2009년에는 27억 4000만 달러에 그쳤는데, 이는 시장이 저품질의 아니메 시리즈로 인해 포화 상태에 이르렀기 때문이다(Kelts, 2006; Japan External Trade Organization, 2011: 39; Otmazgin, 2014).

흥미롭게도, 이러한 가운데 21세기 초반 한국이 몇 가지 독특한 캐릭터를 가지고 세계 애니메이션 시장에 뛰어든다. 이전까지 텔레비전 프로그램, 영화, 대중음악 같은 여타의 문화 상품과 달리, 한국의 애니메이션은 문화 산업 부문과 한류 현상에서 약자였다. 그러나 한국 애니메이션 산업은 점차 고유의 캐릭터를 발전시키며 인근 국가뿐 아니라 서구 국가로 수출을 확대해간다. 아직은 인기가 〈뽀로로〉, 〈뿌까〉, 〈로보카폴리〉 등 소수의 작품에 한정되어 있어 성장 단계이긴 하지만 한국 애니메이션은 빠르게 부상하면서 신한류를 대표하는 새로운 문화 형식으로 자리 잡아 가고 있다. 이에 대해 오츠카Ōtsuka와 오사와 Ōsawa는 한국 시장의 역동성과 창의성으로 인해 당장은 아닐지라도 장래에는 한국이 일본을 넘어설 것이라 주장하기도(Ôtsuka and Ôsawa, 2005: 278, cited in Otmazgin, 2014) 했다.

이 장에서는 지금까지 한류 연구의 대상으로 포함되지 않았던 한국의 애니메이션 산업을 살펴본다. 이 장은 혼종성의 프레임을 활용해서 글로벌라이제이션에 대한 논쟁의 맥락과 함께 한국 애니메이션 캐릭터의 형성 과정에 영향을 미쳐온 역사적·문화적·경제적 요인에 접근할 것이다. 또한 한국 애니메이션 산업의 갑작스러운 성장을 이끈 주요 원인을 이해하기 위해 뽀로로를 포함한 몇몇 애니메이션 캐릭터에 대한 텍스트 분석도 수행한다. 특히 한국 애니메이션의 혼종적 속성에 대해 상세하게 분석할 것인데, 이는 지역 대중문화의 정치화와 관련된 것이다. 일본의 맥락에서 무취의 문화 상품odorless cultural product이라는 개념은 대중문화의 탈정치화된 국제화를 의미하는데, 이는 일부 지역문화의 글로벌 시장에서의 주요 성공 요인으로 언급되었다(Lu, 2008). 그러나 여기서는 한국 애니메이션의 사례를 통해 대중문화의 탈정치화라는 개념에 도전할 것이다. 마지막으로는, 미국과 일본의 애니메이션 캐릭터가 한국 애니메이션의 초기 발달 단계부터 커다란 영향을 끼쳐온 사실, 그리고 제작 과정에서 포함되는 혼종화 요소를 고려하면서 한국 애니메이션 산업이 글로벌 시장에서 인기를 얻게 된 과정에 대해 논의할 것이다.

하청 업체에서
창작 애니메이션 산업까지

한국 애니메이션은 2000년대 초반까지 글로벌 문화 시장에 적합한 고유의 작품을 창작하는 데 있어 별다른 성공을 경험하지 못했다. 한국이 1936년 이래 고유의 애니메이션을 제작해왔고 〈홍길동〉(1967)이나 〈로보트 태권브이〉(1976),

〈아기공룡 둘리〉(1987) 같은 몇몇 대중적인 애니메이션 캐릭터를 만들어내긴 했으나, 이러한 작품은 세계적으로 존재감이 거의 없었다. 거의 모든 연령층을 대상으로 삼는 영화나 텔레비전 프로그램과 달리, 애니메이션은 유아와 청소년층에 초점을 맞춘다. 그러나 한국의 경우 이들 연령층의 경제적 의미가 매우 약소했기 때문에 애니메이션은 거대 문화 기업이나 텔레비전 방송국으로부터 거의 관심을 받지 못했다. 애니메이션 산업은 또한 한류의 주요 부문으로서도 별다른 주목을 받지 못했는데, 왜냐하면 1980년대 후반에서 1990년대 초반에 만들어졌던 〈아기공룡 둘리〉 등 극히 소수의 작품을 제외하고는 웰메이드 애니메이션 캐릭터를 만들어내지 못했기 때문이다. 한편 일본을 포함한 서구의 경우, 문화 생산자들과 정책 결정자들이 애니메이션과 관련 산업의 중요성을 강조해왔다. 예를 들어 일본의 포켓몬은 게임에서 애니메이션 시리즈로, 영화에서 상품으로 다양한 문화 형식으로 생산되고 있다(Allison, 2006). 이처럼 다른 문화 산업에 미치는 영향력이 엄청났으므로, 애니메이션은 매우 중요한 산업으로서 간주되어왔다. 하지만 한국 정부와 미디어 기업들은 21세기 초반까지도 애니메이션에 주목하지 않았다.

그 결과, 한국 애니메이션은 2007년까지 주로 미국이나 일본과의 하청 계약을 통한 OEMthe Original Equipment Manufacturing 방식으로 만들어졌고, 아주 소수의 업체만이 고유한 애니메이션 캐릭터를 창작하는 데 그친다. 1960년대의 일부 한국 방송사와 애니메이션 제작사, 예컨대 동양방송과 대원 같은 업체들은 하청 계약을 통해 일본의 애니메이션 캐릭터를 생산하기 시작했고, 이는 2000년대 초반까지 한국 애니메이션 산업의 주요 영업 방식으로 지속되었다(Y. Shin, 2008; A. Yoon, 2009). 한국의 여러 애니메이션 스튜디오는 "일본의 고임금 애니메이터 대신 아시아 다른 국가의 저임금 노동자를 고용하려는 일본의 애니메이션 업체들과 하청 계약을 통한 생산에 참여"했던 것이다(J.-Y. Kim, 2006: 69).

그러한 가운데 최근 몇 년에 걸쳐 한국 애니메이션 산업이 꾸준한 성장세를 보인다. 일부 애니메이션 업체들이 OEM 생산을 통해 축적한 노하우를 기반으로 생산기술을 발전시켜 고유의 애니메이션 캐릭터를 만들기 시작했던 것이 국내 애니메이션 산업의 발전으로 이어진 것이다. 2002년 애니메이션 업체는 163군데에 그쳤으나 2005년에는 제작과 배급 분야를 합쳐 200개 업체가 생겨났고 2012년 이 숫자는 341개로 늘어난다(Ministry of Culture, Sports and Tourism, 2013c). 이들 애니메이션 업체가 전 세계적으로 전례 없는 수준의 성공을 거둔 인기 애니메이션 캐릭터를 만들어내면서, 한국 애니메이션은 국내 문화 상품 가운데 주류로 성장한다.

그 가운데 2003년 11월 EBS를 통해 첫 방영되는 한국의 CG 애니메이션 캐릭터 뽀로로는 국내외적으로 커다란 성공을 거둔 사례로 꼽힌다. 뽀로로는 아이코닉스 엔터테인먼트, 오콘, SK브로드밴드, EBS 그리고 하청 계약을 맺은 북한의 애니메이션 업체 삼천리 등 다양한 업체 간 협업으로 만들어진 것이었다(*Pororo the Little Penguin*, 2003). 뽀로로가 많은 국가로 수출되면서 그 인기는 머천다이징merchandising, 아이튠즈, 패션, 그리고 삼성의 유아용 노트북 컴퓨터로 확장된다. 기저귀에서 젓가락, 휴대전화, 노트북에 이르기까지 거의 모든 유아용 상품에 뽀로로 마크가 달렸다고 할 수 있을 정도였다(Y. Kang, 2012). 1년 이상 인기가 유지되기 어려운 아동 시장에서 뽀로로는 일본의 포켓몬이 21세기 초반에 그랬듯이, 10년 이상의 인기를 유지하면서 2013년까지도 새로운 상품과 수익을 창출해냈다. 한국 애니메이션 산업은 하청 수준의 주변부에서 — 뽀로로의 사례가 보여주듯 — 창의성 부문의 가장 발전된 산업으로 부상하는 근본적인 전환을 이룬 것이다.

뽀로로는 동아시아와 남아시아, 호주, 서부 유럽 등 말 그대로 전 세계 시장에 판매되었으며 그 인기는 아주 먼 외지에까지 파고들었다. 뽀로로는 2005년 5월 대만의 인기 아동용 채널인 요요 채널the Yoyo channel에서 방영되기 시작했고, 같은 해 9월 인도의 헝가마Hungama TV에서도 월요일부터 금요일까지 정오에 20분씩 방영되었다. 헝가마 TV는 2005년 UTV 소프트웨어 커뮤니케이션즈 UTV Software Communications가 런칭하여 운영하는 인도의 방송사로서, 미취학 아동과 10대 청소년층을 타깃으로 실사 영화와 애니메이션을 방영하는 아동 대상 방송사다(*Pororo the Little Penguin*, 2005). 또한 2005년 프랑스에서는 가장 큰 지역 방송사인 TF1에서 방영했는데 47%의 최고 시청률을 기록하기도 했다(Ministry of Culture, Sports and Tourism, 2012a). 2006년에 들어서는 중국 CCTV와 일본의 후지Fuji TV에서, 2011년 후반에는 호주와 프랑스, 이탈리아, 싱가포르, 인도의 방송 채널을 통해 방영되었다. 그뿐 아니라 노르웨이와 영국에서도 방영되었고 디즈니 주니어 채널(아시아 지역)을 통해서도 방영되었는데, 2011년까지 뽀로로가 수출된 국가는 150개국이 넘는 것으로 나타난다(Ministry of Culture, Sports and Tourism, 2012a). 그러나 아직 미국의 방송 채널을 통해서는 방영된 바가 없다.

뽀로로가 미국을 제외한 전 세계 국가에서 수용되면서 다른 한국 애니메이션도 다양한 국가로 대거 진출하게 된다. 예를 들어 뿌까는 170개국에서 많은 사랑을 받았는데 현재 디즈니가 인수한 부즈Vooz Co., Ltd.의 미디어 프랜차이즈가 되었다. 메인 캐릭터인 뿌까는 열 살 된 중국 식당 주인의 조카라는 설정이다.[1] 한편 〈아이언키드Iron kid〉는 미국 전역에서 방영되었으며 네트워크 채널에서 높은 순위를 기록했다. 〈카드왕 믹스마스터Kings of Card Mix Master〉는 25개국으로 수출되었고 〈장금이의 꿈〉은 2006년까지 26개국으로 수출되었다. 이와 같은 아동용 애니메이션은 신한류의 중심으로 새롭게 부상하고 있다(*Chosun Ilbo*, 2008.5.27).

그에 따라 한류는 21세기 초반에 들어와 아동용 문화 상품 시장으로 확산된다. 2006년 한국 애니메이션 산업은 6680만 달러 수출액을 기록했는데 이 수치는 2011년 1억 1590만 달러까지 상승한다(〈표 5.1〉). 캐릭터를 포함한 애니

표 5.1 한국 애니메이션 수출 현황 　　　　　　　　　　　　　　　　　　　　　(단위: 1000달러)

수출 방식	2006	2007	2008	2009	2010	2011	2012	2013
애니메이션(창작)	26,801	36,894	43,837	50,602	60,575	81,485	72,815	71,070
애니메이션(OEM)	40,033	35,876	36,746	39,049	36,252	34,456	39,727	38,775
전체	66,834	72,770	80,583	89,651	96,827	115,941	112,542	109,845

자료: Ministry of Culture, Sports and Tourism(2013c: 182, 2010a: 261, 2014d: 224).

메이션 부문의 매출 또한 2005년의 2억 3380만 달러에서 2011년 5억 1430만 달러로 120%가량 증대된다(Ministry of Culture, Sports and Tourism, 2013c: 182; 2012d: 269; Ministry of Culture and Tourism, 2006a: 318). 이는 다시 말해, 한국 애니메이션이 최근 몇 년간 많은 인기를 모으면서 국내뿐 아니라 해외 장난감 회사, 출판사, 영화사가 한국 애니메이션 제작사들과 협업하는 데 관심을 갖게 되었음을 뜻한다. 그리고 그에 따라 캐릭터를 포함해 애니메이션 부문이 한국 문화 산업에서 가장 중요한 산업으로서 부상하게 된다. 한국 대중문화를 향유하는 어린이들은 성장 과정에서도 지속적으로 한국 문화 상품을 소비할 가능성이 높기 때문에 아동용 상품에 초점을 맞춰 사업을 발전시키는 것은 중요한 일이다. 실제로 "디즈니는 아동을 겨냥함으로써 소비자가 어릴 때 사로잡는 전략을 시행"해왔는데, 이는 "소비자가 어릴 때 디즈니적 가치가 내면화될 수 있기" 때문이다(Fung and Lee, 2009: 198~199). 신한류는 아직 글로벌 브랜드의 이와 같은 전략을 기획하고 있지는 않다. 하지만 글로벌 시장에서 나타난 국산 애니메이션 산업의 성장을 통해 한국은 자동으로 지역 문화 산업을 위한 고속도로를 구축하게 된 셈이다.[2]

이러한 배경하에서 애니메이션은 신한류의 가장 성공적인 문화 형식으로 자리 잡고 있다. 언급한 대로 2006년까지 애니메이션 수출의 주류는 OEM 방식을 통한 것이었으며, 이는 애니메이션 수출의 60%에 달했다. 예를 들어 2002년 하청 제작품은 애니메이션 캐릭터 부문 총 수출의 89.4%에 달했다.

표 5.2 권역별 애니메이션 수출 현황   (단위: 1000달러)

국가	2008	2009	2010	2011	2012	2013
중국	1,136	1,356	1,577	1,659	1,712	1,603
일본	16,851	17,361	18,810	21,688	21,421	19,969
기타 아시아국가	469	967	1,151	1,183	1,235	1,185
북미	47,568	50,358	52,463	59,397	59,167	60,335
유럽	12,387	16,496	19,527	28,556	25,433	25,144
기타 지역	2,172	3,105	3,299	3,485	3,574	1,589
전체	80,583	89,651	96,827	115,941	112,542	109,845

자료: Ministry of Culture, Sports and Tourism(2013b: 181, 2012a: 287, 2014d: 222).

한국 애니메이션 기업에 자국의 캐릭터 생산을 주문한 두 주요 국가인 미국과 일본이 전체 수출 대상의 92.5%를 차지했다(Ministry of Culture and Tourism, 2006a: 318). 이후 OEM의 비중이 빠르게 줄어들면서 2006년에는 수출 수익의 40%를 한국 제작사가 만든 새로운 애니메이션 프로그램이 차지한다. 2007년에는 한국 역사상 처음으로 창작 애니메이션이 OEM 생산을 넘어섰고, 2013년에는 전체 수출의 65%가 한국에서 창작된 오리지널 작품들이 차지했다(〈표 5.1〉 참조).

　텔레비전 프로그램이나 영화 같은 다른 문화 형식과 달리, 한국산 애니메이션의 주요 타깃은 미국과 서부 유럽의 국가를 포함하는 서구 시장이며 아시아 시장은 훨씬 적은 비중을 차지한다. 즉, 텔레비전 프로그램과 영화의 경우 가장 큰 해외 시장이 중국, 일본, 대만 같은 동아시아였던 것에 반해 애니메이션 산업은 서구 시장에 초점을 맞추고 있는 것이다. 예를 들어 한국 애니메이션의 총 수출액이 1억 1250만 달러를 기록했던 2012년의 경우, 북미가 52.6%로 가장 큰 비중을 차지했고, 다음으로 유럽이 22.6%를 차지했으며, 일본이 19%로 그 뒤를 이었다. 북미와 유럽을 합쳐 한국 애니메이션 수출의 75.2%를 차지했던 것인데, 이는 다른 문화 형식에서는 볼 수 없는 현상이다(〈표 5.2〉 참조;

Ministry of Culture, Sports and Tourism, 2013c).

한국의 텔레비전 프로그램과 영화는 서구 시장에서 아직 가시적인 성공을 거두지 못했다. 그러나 최근 대중음악과 온라인 게임 그리고 특히 애니메이션 등 일부 부문이 북미 지역과 유럽으로 수출을 증대하고 있다. 애니메이션은 이러한 새로운 현상을 주도하면서 북미와 유럽으로 주요 타깃 지역을 확장하는 신한류의 특성을 형성하고 있다. 이러한 현상은 부분적으로 한국이 이들 국가의 애니메이션 캐릭터를 OEM을 통해 생산했기 때문에 발생한 것이라 할 수 있는데, 그러한 관계에 따라 자연스럽게 이들 국가(예를 들어 미국과 일본)가 한국 애니메이션의 주요 수입국이 되기 때문이다. 또한 다른 많은 서구의 애니메이션 캐릭터가 그렇듯, 한국 애니메이션 캐릭터 산업의 수익 또한 파생 상품이 주도하고 있는데,[3] 2011년 12월 현재 전체 수익이 53억 달러에 이른다. 초기 한류 때와는 달리, 캐릭터와 애니메이션은 ─ 비록 아직 일본에 비해 비교할 수 없는 수준이기는 하지만 ─ 한류에서 가장 중요한 문화 부문으로 부상하고 있다.

지역 애니메이션 산업의
사회경제적 특성

한국 애니메이션이 글로벌 호소력을 갖게 된 것을 문화적 맥락 그리고 사회경제적인 맥락에서 얼마나 설명할 수 있을지에 대한 의견이 분분한 가운데, 많은 이들은 한국의 발전된 디지털 테크놀로지와 숙련된 인력을 꼽는다. 또한 이와 같은 한국 애니메이션의 글로벌 호소력은 혼종화와 더불어 오락의 슈퍼 시스템의 전용과 국제 노동의 분화 등 다양한 방식으로 이루어지는 애니메이션의 정교한 자본화에 의존하는 것이기도 하다. 우선 디지털 테크놀로지가 캐릭터 개발에 중추적인 역할을 했다는 점을 들 수 있다. 뽀로로 개발자들은 요즘 한국 캐릭터가 대개 3D 컴퓨터 소프트웨어를 사용하듯 3D 컴퓨터 애니메이션 기술을 활용했다. 이전까지 캐릭터는 주로 종이 위에 그림을 그리는 방식으로 만들어졌으나 한국의 발전된 디지털 테크놀로지를 통해 정교한 이미지를 훨씬 쉽게 만들어낼 수 있게 된 것이다(*Chosun Ilbo*, 2007.8.21). 포켓몬이나 세일러 문 같은 기존의 성공적 일본 애니메이션과 달리 현재 한국 애니메이션의 성공은 디지털 미디어에 의존적인데, 왜냐하면 디지털 미디어가 새로운 유통 시스템이 되었기 때문이다. 2011년 12월 뽀로로는 아이튠즈를 통해 출시되었고 그에 따라 부모들은 좀 더 쉽게 구매/다운로드하여 아이들에게 보여줄 수 있게 되었다. 미취학 유아와 어린이가 뽀로로를 비롯한 여러 애니메이션을 유튜브와 아이튠즈를 통해 즐길 수 있게 된 것이다.

숙련된 인력 또한 한국 애니메이션의 인기에 결정적인 자본이었다. 한국에는 재능 있는 애니메이터들이 모여 있고, 한국 애니메이션의 전 지구적인 호소력은 한국인이 그림 실력뿐 아니라 스토리도 판매할 수 있음을 보여준다. 한국 애니메이터들은 오랜 세월 동안 미국의 TV용 프로그램 제작의 상당량을 담당해왔으며, 여전히 폭스나 니켈로디언 등과 함께 〈심슨 가족〉, 〈패밀리 가이 Family Guy〉, 〈스폰지밥 네모바지SpongeBob SquarePants〉 같은 인기작을 제작하고 있다(*Economist*, 2011.7.7).

한국의 애니메이션 스튜디오 러프 드래프트Rough Draft가 미국의 주요 애니메이션 스튜디오, 영화사와 지속적인 관계를 맺으면서 미국에서 방영되는 대부분의 애니메이션 작업에 참여하는 이유는 단 하나, 숙련된 인력이다(Ratto, 2012). 앞서 논의한 대로, 한국 애니메이션 업계는 일본의 여러 애니메이션 제작사와 하청 계약을 맺어왔고 OEM을 통해 기술을 축적해왔다. 러프 드래프트에서 근무하는 31세의 캘리포니아 토박이 알렉스 하Alex Ha는 "한국 애니메이터의 우수한 기술적 숙련도는 잘 알려져 있다. 애니메이션 제작의 상당한 비중은 초기 드로잉과 모크업mockup을 해외 제작사에서 받아 최종 디테일과 완결을 맺는 작업으로 이루어진다. 전 세계적으로 잘 알려진 아니메 또한 한국에 상당한 분량의 최종 작업을 맡겼다"고 말한다(Ratto, 2012).

이처럼 애니메이션 영역은 분명 제국주의적이다. 즉, 일본을 포함한 몇몇 서구 국가가 한국의 저렴하면서도 숙련된 노동력을 활용하고 있다는 것으로, 노동 집약적인 문화 산업에서 서구 기반의 문화 기업은 국제적인 노동 분업을 전유할 수밖에 없다. 토비 밀러Toby Miller와 마리 레거Marie Leger는 "국제적인 상품의 라이프사이클life cycle 모델은 중심부의 주요 산업 경제에서 생산·소비된 후 주변부로 수출되는 것이며, 일단 기술이 표준화되어 노동력이 절약될 수 있게 되면 최종적으로 주변부에서 생산"된다고 설명한 바 있다(T. Miller and Leger, 2001: 102). 즉, 주변부에서 소유하고 제공되는 상품과 서비스가 중심부에 수입품으로 진출하는 경우는 거의 없다는 것이다(T. Miller and Leger, 2001). 하지만 한국의 애니메이션 산업은 이와 같은 전통적인 인식을 타파하고 서구의 국가로 애니메이션을 수출하는 주요국으로 부상했다.

또한 한국 애니메이션의 이와 같은 최근의 성과는 디지털 테크놀로지와 창의성의 이데올로기적 융합을 함의한다. 영화나 텔레비전 프로그램 등 여타 문화 상품과는 달리, 애니메이션은 그 제작 과정상 좀 더 발전된 최신의 디지털 기술을 필요로 한다. 기존에는 아티스트가 캐릭터를 직접 그려야 했지만 이제 디지털 테크놀로지가 그러한 작업을 맡게 되면서 아티스트는 이미지 창작과 스토리에 집중할 수 있게 되었다. 최근의 한국 애니메이션 캐릭터는 문화적 창의성과 디지털 인공물이 융합된 사례에 해당한다. 이러한 방식으로 한국 애니메이션 기업이 고유한 애니메이션 캐릭터를 창작하게 되면서 21세기 초 애니메이션 산업이 성장하게 된 것이다.

한편 뽀로로 등의 한국 애니메이션은 새롭게 부상하고 있는 마케팅 트렌드에 기반을 두고 더 효율적으로 자본화된 상품이다. 이와부치는 "애니메이션과 게임 캐릭터는 멀티미디어 산업 분야에서 그 역할이 갈수록 더 중요해지고 있다. 비디오게임 캐릭터는 상호 텍스트적으로, 영화와 TV 시리즈, 만화, 장난감, 관련 파생 상품 등의 다양한 미디어 분야에서 활용된다"고 언급한 바 있다 (Iwabuchi, 2004: 63). 마샤 킨더Marsha Kinder 또한 트랜스미디어 상호 텍스트성의 다층적인 가능성이야말로 글로벌 엔터테인먼트 업계 내에서 지배적인 영향력을 행사하도록 하는 엔터테인먼트 슈퍼 시스템이라고 기술한 바 있다(Kinder, 1991, cited in Iwabuch, 2004). 뽀로로를 비롯한 유아용 애니메이션 캐릭터 개발자들 또한 애니메이션 캐릭터가 그와 같은 슈퍼 시스템의 핵심이 될 것으로 믿고 있다.

기존 극장판 애니메이션이나 텔레비전 시리즈와는 달리 뽀로로, 뿌까, 로보카폴리는 이러한 슈퍼 시스템이 어떠한 방식으로 작동하는지 증명한다. 앞서 언급했듯 뽀로로는 애니메이션 텔레비전 시리즈로 처음 창작되었고, 그와 거의 동시에 뽀로로 캐릭터를 활용한 다양한 파생 상품으로 등장했다. 뽀로로의 명성은 유아용 머천다이즈 분야에서 눈덩이처럼 확장되었다. 뽀로로는 로열티 계약을 통해 연간 120억 원에 달하는 파생 제품 1600개를 확보했다. 한국의 거의 모든 유아용 제품에는 뽀로로 마크가 찍혀 있고 집에 뽀로로 제품 하나 없다는 것은 거짓말이라 할 수 있을 정도다(Y. Kang, 2012). 펭귄을 주인공으로 내세운 스위스의 1986년작 텔레비전 애니메이션 시리즈 핑구Pingu와 달리, 뽀로로는 하늘을 나는 꿈을 표현하기 위해 고글과 헬멧을 쓰고 있는데, 이러한 부분이 머천다이징의 일부라는 점에서 특히 독특한 지점이다. 이처럼 뽀로로의 슈퍼 시스템 개발은 미취학 아동층을 겨냥하는 틈새시장을 자본화하는 새로운 비즈니스 모델이 되고 있다. 즉, 뽀로로에는 미취학 유아층에 적합한 〈뽀롱뽀롱 뽀로로〉의 12편 에피소드와 극장판, 퍼즐, 색칠게임 등이 미리 탑재되어 있던 셈이다.

한편 뿌까의 경우 그 시작은 2000년에 제작된 온라인 e-카드 서비스였다. e-카드의 인기가 한국을 비롯한 아시아 전역에서 빠르게 증가하면서, 제틱스

Jetix는 2004년 뿌까를 라이선스화하고 텔레비전 저작권 또한 취득한다. 뿌까의 인기는 DVD 출시와 책, 열쇠고리, 패션, 비디오게임 등으로 빠르게 확산되었는데, 2001년 뿌가의 유명세를 촉발했던 휴대전화 액세서리를 포함해서 2600개에 달하는 다양한 유형의 파생 상품으로 출시되었다. 뿌까의 2006년 총 매출은 3000억 원을 넘어섰는데, 이는 중형기업 규모에 필적하는 것이었다 (*Chosun Ilbo*, 2007.8.21). 강렬한 레드와 블랙 의상을 입고 있는 뿌까는 베네통 Benetton과 디자인 계약을 맺고 39개의 아이템으로 제작되었고, 이는 전 세계 베네통 상점 1796곳에서 판매되었다. 뿌까는 포켓몬이 21세기 초반까지 그러 했듯, 유럽에서 맥도날드 해피밀 프로모션 상품으로 활용될 정도였다(B. Kim, 2012). 이들 애니메이션 캐릭터는 작아 보이는 시장이 자본화 과정을 통해 엔터테인먼트 슈퍼 시스템으로 실현되는 눈덩이 효과를 제대로 보여주고 있다.

　마지막으로, 한국 애니메이션의 독특한 부분으로 국제적인 협업을 들 수 있다. 뽀로로의 경우 2002년 말부터 2005년 초까지 '삼천리'라 불리는 북한의 업체가 아이코닉스 엔터테인먼트와 하청 계약을 맺고 모델링과 텍스처링 texturing, 렌더링 rendering을 포함한 애니메이션 작업을 수행했다. 당시 미국은 북한에 대한 무역 제재를 가하고 있었고 그에 따라 미국 정부가 이 과정을 조사했으나, 해당 무역 제재와는 무관한 것으로 밝혀졌다. 또한 뿌까의 성공적인 해외 데뷔는 다국가적 협업의 결과이기도 했다. 한국의 부즈 Vooz에서 캐릭터 시스템을 개발하고 영국의 제틱스가 투자한 가운데, 캐나다의 스튜디오 B가 애니메이션을 제작하고 미국인 작가가 스토리 작업을 했기 때문이다 (*Chosun Ilbo*, 2007.8.21).

　포켓몬의 글로벌한 성공은 할리우드의 메이저 스튜디오 가운데 하나인 워너 브라더스 Warner Bros.의 배급으로 가능했던 것으로, 워너 브라더스는 포켓몬을 자사의 아동용 채널인 키즈 WB를 통해 30분용 애니메이션으로 방영한 바 있다(Iwabuchi, 2004). 그러나 아이코닉스는 해외 배급사와 국제적인 협업을 한적이 없다. 2012년 10월 전화로 인터뷰했던 아이코닉스 마케팅 관련자는 "아이코닉스가 일부 국가와 개별적인 뽀로로 배급 계약을 맺은 적이 있지만 회사 자체적으로 배급 부문을 운영한다"고 응답했다. 이 설명에 따르면 아이코닉스가 뽀로로를 미국에 수출하지 않은 이유는 미국의 거대 배급사와 계약을 맺지 않았기 때문이다. 이 흔치 않은 상황에 대해 다양한 의견이 분분하지만 아이코닉스의 CEO인 최종일은 미국의 몇몇 메이저 배급사가 미국 시장을 놓고 협업을 제안해왔다고 밝힌 바 있다. 하지만 미국 문화 상품 시장에서 발생할 뽀로로 관련 수익의 다수를 요구하는 등 미국의 배급사가 제시한 조건이 불공평했다고 한다(J. Kang, 2012).[4]

뽀로로와 달리, 이후의 한국 애니메이션 캐릭터는 일본 애니메이션이 활용했던 방식을 전유했다. 예컨대 뿌까는 전 지구적인 성공을 위해 글로벌 기업과의 파트너십에 의존했다. 뿌까의 글로벌 시장 진출은 월트 디즈니와 워너 브라더스, 그리고 베네통이 주도한 것이었다(Ministry of Culture, Sports and Tourism, 2011a). 글로벌 아동용 애니메이션 캐릭터는 개발자들이 국제적인 협업과 혼종화를 통해 주의 깊게 상업적인 수익을 도모해야 한다는 점에서 가장 정치적이고 자본주의적인 영역이다. 몇 가지 애니메이션 캐릭터의 빠른 성장과 함께, 한국은 아이들의 상상력을 사로잡았을 뿐 아니라 아이들의 돈으로 엄청난 수익을 창출해내는 상품을 제작하는 국가 가운데 하나로 부상했다.

뽀로로의
미디어 텍스트적 특성

뽀로로는 기존 애니메이션 캐릭터와 상이한 포맷, 그리고 혼종화 전략으로 인해 텍스트적으로 독특한 부분이 있다. 한국의 경우 대개 텔레비전용 애니메이선은 인기 만화에 기반을 두는데, 왜냐하면 캐릭터가 친숙할수록 시청자의 선호도가 높기 때문이다(Chen, 2012). 그러나 뽀로로는 인기 만화 원작을 기반으로 하지 않는다. 그 대신 뽀로로는 전 지구적으로 알려진, 예컨대 핑구 같은 서구의 애니메이션 캐릭터 – 수컷 펭귄을 주인공으로 하는 – 를 기반으로 모델링되었다. 월트 디즈니의 아이콘인 미키 마우스, 그리고 일본에서 거의 40년 넘도록 사랑받는 인기 캐릭터 헬로 키티 또한 뽀로로에 영감을 주었다(Y. Kang, 2012). 아이코닉스는 언어 학습의 첫 단계에 놓인 어린 시청자를 위해 디자인된 아동용 프로그램 〈텔레토비 teletubbies〉 같은 서구의 미취학 아동용 프로그램의 스토리 라인, 주제 음악 등 여러 측면을 철저하게 연구한 것으로 알려졌다(Lemish and Tidhar, 2001).

뽀로로는 한국에서 거대 프로덕션 회사가 애니메이션에 접근하는 방식을 바꾸어 놓았다. 뽀로로의 텔레비전 방영은 2003년 이후 지속되었고 2012년 8월에는 네 번째 시즌이 시작되었다. 세 번째 시즌까지 한 시즌은 62편으로 구성되었는데, 이는 일본의 애니메이션 시리즈가 시즌당 대개 26편의 에피소드로 구성되는 것과 상이한 것이다. 일본에서 텔레비전용 애니메이션 한 편의 길이는 30분 정도이지만(Chen, 2012), 뽀로로의 경우 7세 미만의 유아를 대상으로 한다는 점을 감안해서 에피소드 한 편의 길이가 10분 미만으로 설정되었다. 2012년 10월 전화 인터뷰에서 아이코닉스의 홍보 매니저는 다음과 같이 설명했다. "뽀로로의 네 번째 시즌은 26편의 에피소드로 구성하고 각 에피소드는 11분 정도로 제작했습니다. 이는 방송사가 30분 길이의 프로그램을 요청했기 때문인데 광고를 낀 두 편의 에피소드면 30분 자리에 충분합니다."

뽀로로가 한국에서 엄청난 성공을 거두면서 이제는 그러한 스타일과 타깃을 따르는 경쟁자가 많아졌다. 모든 제작 스튜디오가 유아층 대상의 프로그램을 만들고자 하는 것이다. 한국 애니메이션 산업은 자연스럽게 그리고 불가피하게 이전보다 더 어린 연령층을 겨냥하기 시작한다(Ratto, 2012). 그러나 10대를 대상으로 하는 애니메이션은 제작되지 않고 있다. 1990년대 어느 시점에 일부 제작사들이 10대 청소년층을 겨냥하는 작품을 만들기도 했으나, 요즘 청소년들이 예전처럼 집에 머물지 않기 때문에 더 이상 그러한 시도가 이루어지지 않고 있다. 과거 토요일 오전과 주중 오후는 애니메이션 방영 시간대였다. 그러나 오늘날 초등학생 때부터 고등학생까지 아이들의 일상은 사교육으로 채워져 있어, 이 시간대에 아이들이 텔레비전 앞에 앉아 있지 않다는 것을 애니메이션 제작사들은 깨달았다. 집에 머무는 아동층은 취학 이전의 유아층이 유일하고 그래서 애니메이션 산업의 초점이 이들 연령층에 맞춰져 있는 것이다 (Ratto, 2012).

더 중요한 부분은 뽀로로의 독특한 텍스트적 특성이다. 뽀로로는 용감한 어린 펭귄이지만, 전 세계에는 이미 많은 펭귄 캐릭터가 대중화되어 있다. 개발자들은 그러한 가운데서 뽀로로를 차별화해야 했는데, 그리하여 아이들의 꿈을 대변하는 파일럿 펭귄, 즉 날고 싶은 꿈을 지닌 펭귄이라는 아이디어를 내기에 이른다. 오콘OCON의 CEO이자 뽀로로 개발자 가운데 한 명인 김일호는 방송국과의 인터뷰 중 그러한 펭귄의 꿈을 표현하기 위해 고글과 헬멧을 씌운 것이었다고 밝힌 바 있다. 날 수 없는 새에게 비행의 꿈을 부여한 것이다. 이 불가능한 꿈은 뽀로로에게 생명력을 불어넣었고, 마찬가지로 꽤나 원대한 꿈을 추구하려는 수많은 어린이의 호감을 얻는 캐릭터가 될 수 있었다(KBS World Radio, 2012.1.10).

뽀로로는 그 어떤 도전도 겁내지 않으면서 하늘 높이 날아오르려는 자신의 꿈을 성취하고자 애쓴다. 뽀로로 시리즈는 뽀롱숲의 눈 덮인 숲속 마을에 사는 뽀로로와 친구들의 모험을 둘러싸고 전개되는데, 여기서 그들은 각 에피소드마다 도전에 직면하면서 실질적이고 도덕적인 교훈을 배우게 된다. 더불어 뽀로로는 여러 동물을 통해 아이들을 캐릭화한다. 이 프로그램에는 뽀로로의 친구로 다양한 동물 캐릭터가 등장한다. 포비(마음이 따뜻한 어린 곰), 크롱(말썽

꾸러기 아기 공룡), 루피(매우 섬세하고 수줍음 많이 타는 볼 빨간 어린 비버), 에디(똑똑하면서 고집 센 어린 여우). 후에 패티(뽀로로의 여자 친구로서 친절하고 사교성 좋은 펭귄)와 해리(벌새)가 추가로 등장한다. 이들은 모두 뚜렷한 개성을 지니면서 상이한 흥미를 가지고 있어 조용하고 하얀 세계 속에서 종종 사소한(때로는 그리 사소하지 않은) 사건들이 발생하곤 한다. 그러나 이들은 서로 사이좋은 친구들이며 어려움이 닥쳤을 때 서로를 도울 줄 안다(〈뽀롱뽀롱 뽀로로 시즌1〉, 2003).

예를 들어 초창기 에피소드 가운데 "하늘을 날고 싶어요I Wish I Could Fly" 편에서 뽀로로는 새가 나는 이야기를 읽고 난 후 자신도 날 수 있겠다는 생각을 하게 된다. 부푼 희망을 안고 지붕 위에 올라간 뽀로로는 자신의 날개가 날기에는 너무 짧다는 것을 발견한다. 더 큰 날개를 시도해보고 친구 에디의 로켓 발명품의 도움을 받기도 하지만 뽀로로는 계속해서 실패한다. 뽀로로의 기운을 북돋워주기 위해 포비는 아이디어를 내어 친구 전부를 모아 바닷가에 간 다음, 뽀로로에게 날아보라고 한다. 뽀로로는 마침내 마치 하늘 속을 나는 것과 같이 물속으로 날아 들어간다. 뽀로로는 어린 펭귄이었던 것이다.

뽀로로 캐릭터들의 기억하기 쉽고 발음하기 쉬운, 그러나 한글은 아닌 이름과 장난기 많은 행동은 유년 시절의 행복한 세계를 재현하는데, 이는 크기와 색깔이 각각 다른, 어린이를 닮은 비인간형 캐릭터 네 명 – 윙키, 딥시, 라라, 뽀 – 인 텔레토비와 유사하다(Lemish and Tidhar, 2001). 핑구가 유명 애니메이션이면서 여전히 미국, 영국, 인도, 일본 등 많은 국가에서 인기를 얻고 있었으나, 이 작품이 주인공 친구로 펭귄들만 등장시켰던 반면, 뽀로로는 개성 있는 다양한 동물 친구를 등장시켜 비슷한 연령대의 어린이들을 표현했다는 점에서 차이가 있다. 따라서 아동 시청자들은 그와 같은 다양한 동물 캐릭터 가운데 하나 또는 그 이상의 캐릭터와 자신을 동일시할 수 있었다(I. Kim, 2007). 한편 뽀로로를 비롯해 한국이 미취학 아동층을 대상으로 제작한 애니메이션은 반복적인 내러티브와 느린 포맷을 활용함으로써 이들 연령층이 프로그램 자체를 즐기도록 했는데, 이는 교육적인 목적에 초점을 맞춘 아동용 애니메이션과 다른 점이었다.

성인을 대상으로 하는 애니메이션의 경우, 정치적으로 비틀린 주제, 자기 반영성, 상호 텍스트성, 역기능적 캐릭터, 스테레오타입화stereotype, 속된 유머 등의 장르적 규범을 관습적으로 활용한다(Lustyik and Smith, 2010). 아동용 애니메이션 캐릭터의 경우, 이는 종종 슈퍼히어로나 공주 또는 왕자가 되지만, 미취학 연령층 대상의 애니메이션은 그렇지 않다. 한국의 경우 미취학 연령층 대상의 애니메이션 캐릭터들은 그러한 모델과는 거리가 먼데, 예를 들어 뽀로로는 완벽하지 않고 종종 말썽을 일으킨다. 하지만 아이들은 그러한 뽀로로가 문제를 자신의 방식대로 해결하면서 친구들과 어울리는 걸 보면서 자신들과 쉽게 연결 짓는다(Y. Kang, 2012).

또한 뽀로로의 인기는 나이와 성별을 넘어서 팬들을 매료하는 귀여움의 아우라aura를 근간으로 한 것이기도 하다. 펭귄과 기타 캐릭터들은 어리고 아동에게 친근하며 심지어 초등학생도 이들 캐릭터를 좋아한다. 뽀로로는 귀여운 3D 캐릭터로 비행사 고글과 헬멧을 쓴 파랗고 하얀 작은 펭귄 캐릭터이며, 이는 아이들에게 호소력을 지닌다. 물론 귀여움이 유일한 원천은 아니다. 뽀로로는 하늘을 나는 것이 꿈인 다섯 살의 모험적인 펭귄이며 여섯 마리의 다른 동물 친구들과 눈 덮인 숲속 마을에 살고 있다. 〈아기 공룡 둘리〉, 〈치로와 친구들〉, 〈로보트 태권브이〉 같이 초등학생을 대상으로 했던 기존 애니메이션과 비교하면 뽀로로는 3세에서 7세 사이의 연령대를 대상으로 한다. 이처럼 더 어린 연령층을 타깃으로 한 것은 전략적인 선택이었는데, 왜냐하면 제작사가 그 지점이 일본 애니메이션 시장의 약점이라고 파악했기 때문이다(Y. Kang, 2012). 뽀로로는 이와 같은 여러 요인을 바탕으로 하여 국내외적으로 성공적인 작품이 될 수 있었다. 뽀로로를 비롯한 한국 애니메이션 캐릭터는 한류의 팬층을 바꾸고 있다. 여러 아시아 국가에서 30~40대가 주류였던 한류 팬층에 이제 매우 어린 아이들과 그 부모가 진입하고 있는 것이다.

글로벌 관객을 위한
지역의 혼종 애니메이션

서구의 문화 생산자와 지역 기반의 문화 생산자 모두에게, 혼종화는 시장 확대를 위한 주요 전략이 되었다. 이러한 맥락상 애니메이션은 특별한데 주요 타깃이 아동 시장이라는 점에서 생산자들이 글로벌 표준을 활용하기가 용이하기 때문이다. 아동에게 민족성은 그리 중요한 부분이 아니고 포켓몬과 같은 여러 캐릭터가 보여주듯, 국내 관객 대신 전 세계의 관객층을 겨냥하는 것도 그리 드문 일이 아니다. 따라서 미취학 아동층을 타깃으로 하는 한국 애니메이션 제작자들에게 혼종화는 명백히 활용할 만한 전략이었다. 한국의 애니메이션은 국내 시장이 협소하다는 상대적인 불리함을 지녔다. 따라서 별다른 문화적 특성이 없어 전 세계적으로 시장을 형성할 수 있었던 텔레토비의 사례처럼 애니메이션 개발자들에게 전 세계의 미취학 연령층 아동을 타깃으로 작업하는 것이 매우 핵심적인 부분이었다(Lemish and Tidhar, 2001).

뽀로로의 경우에도 여러 혼종화 전략을 찾아볼 수 있다. 우선 뽀로로라는 이름은 아이가 종종걸음으로 빠르게 움직이는 것을 묘사하는 한글의 '쪼르르'에서 따온 것이고, 뽀로로의 P는 Penguin에서 온 것이다. 이 애니메이션의 제목부터 서양과 동양의 혼종화를 보여주는 셈이다. 둘째, 뽀로로와 친구들은 한국 음식 대신 케이크와 쿠키를 먹는데, 여기에 부합하는 한 에피소드는 뽀로로의 혼종화 전략을 명백히 보여준다. 뽀로로는 미취학 연령과 아동층 사이에서 많은 인기를 모았고, 심지어 "뽀통령"이라는 별명까지 얻을 정도였으며, 일부

10대들은 '뽀느님'이라고 부르기도 했다. 뽀로로가 아이들의 삶에서 절대적인 의미를 차지하면서, 부모들의 우려도 커지기 시작해 심지어 제작진에게 내용 수정을 요구하기도 한다. 그에 따라 뽀로로의 제작자들은 캐릭터가 무엇을 먹고 어떻게 놀아야 할지 등의 다양한 요청을 받곤 한다. 2011년 7월에는 한 아버지가 뽀로로와 그 친구들이 케이크와 쿠키만 너무 많이 먹는다며 온라인 청원을 올리면서 뽀로로에 대한 반대 여론이 형성되기도 했다. 뽀로로가 먹는 특정한 빵만을 찾는 자신의 아들에게 뽀로로가 나쁜 영향을 끼치고 있다고 주장하는 이 아버지는 밥이나 김치 또는 국 같은 건강한 한국 음식을 먹는 장면을 보여줄 것을 요청했다. 이후 석 달 동안 비슷한 우려를 지닌 약 4500명의 다른 부모들이 해당 청원에 서명했다. 그러나 아이코닉스의 CEO이자 개발자인 최종일은 다음과 같이 분명하게 언급했다. "좀 더 친근한 한국 문화를 반영함으로써 한국 팬의 요청에 응답하고 싶은 만큼, 우리는 또한 해외 시청자들이 소외되는 느낌을 받지 않도록 해야 합니다"(Y. Kang, 2012). 이는 뽀로로가 곧 김치를 먹게 되지는 않을 것임을 의미한다(*Economist*, 2011.7.7). 뽀로로가 나는 꿈을 가지고 있는 것처럼 제작자들은 혼종성을 통해 뽀로로가 세계적으로 스타덤에 오르는 것을 꿈꾸는 것이다.

셋째, 스타일 또한 뽀로로의 독특한 혼종적 속성을 보여준다. 사이먼 리치먼드Simon Richmond가 지적하듯, "캐릭터에게 귀여운 호소력을 부여하기 위한 커다란 눈을 강조하는 스타일은 일본 애니메이션에서 하나의 관습이 되었는데, 이는 작은 눈 또는 동양적인 눈은 공감이 덜 되는 경향이 있기 때문"이다(Richmond, 2009: 235). 일본 애니메이션의 경우, 데즈카 오사무Osamu Tezuka가 디즈니 애니메이션에 매우 깊은 감명을 받고 디즈니 스튜디오에서 다양한 시각적 요소를 차용하고 커다란 눈망울의 전형적인 아니메 인물상을 구축하면서 여러 아니메 작품을 창작했다(Lu, 2008). 이와 상반되게 뽀로로의 눈은 고글 아래의 작고 까만 점으로 그려져 있다. 뿌까 또한 기다란 눈을 지닌 독특한 한국 캐릭터로 창작되었는데, 이는 특이하게도 글로벌 관객층에게 호소력을 지닌다.

글로벌 시장에서 한국 애니메이션이 일으키고 있는 최근의 붐이 텍스트와 구조 측면 모두에서 정교하게 짜인 혼종화 전략에 기인하고 있음은 분명해 보인다. 초창기에 받았던 서구의 영향력은 명백히 1960년대의 시작기 이래 혼종적 요소의 포함이라는 결과를 낳았다(Lu, 2008). 일본 애니메이션의 성공이, 국적이 전혀 드러나지 않는 문화적으로 중성적인 상품의 수출에서 기인했듯, 한국의 애니메이션 개발자들은 동일한 모델을 전략적으로 전유하되 다르게 적용했다(Hoskins and Mirus, 1988, cited in Iwabuchi, 2004: 56). 최종일은 자신이 작품 배경을 중성적인 영역으로 주의 깊게 선정함으로써 전 세계의 아이들이 상상을 펼칠 수 있도록 했다고 설명한다. 뽀로로와 친구들의 정교한 특성과 움직임은 세계적으로 가장 사랑받는 애니메이션 캐릭터가 될 수 있도록 디자인되고 고안된 것들이다(Y. Kang, 2012). 최종일은 뽀로로에서 캐릭터 창작 작업 당시에 세 가지 기준이 있었다고 언급했다. 하나는 이들 캐릭터가 글로벌 호소력을 지녀야 한다는 것이고 다른 하나는 머천다이징을 위한 단순한 디자인이어야 한다는 것, 그리고 마지막으로 스토리상 문화적 선호도에 따른 차이가 없어야 한다는 것이다. 창작자들은 색상 또한 주의 깊게 선정했는데 파랑, 핑크, 화이트와 같은 색상은 아이들에게 친근하면서 양성을 모두 표현할 수 있는 색상들이었다.

한편 개발자들은 캐릭터 리스트에서 돼지를 제외했는데, 왜냐하면 이슬람 문화권에서는 금기였기 때문이다. 에피소드를 만들 때 개발자들은 특정 지역 시청자에게 민감할 수 있는 특수한 문화 코드나 역사적 참조 사항에 각별히 주의를 기울였다.[5] 예를 들어 〈뽀로로〉에서는 인사할 때 고개를 숙여 인사하거나 심지어 고개를 끄덕이는 대신 손을 흔든다(Y. Kang, 2012). 〈뽀로로〉에서는 갈색 눈이나 금발 머리를 볼 수 없는데, 이는 그렇게 함으로써 캐릭터들이 어디에서 왔는지 알아볼 수 없도록 하기 위함이다(Sung Jin Kim, 2008). 텔레토비의 경우, 특정한 영국적 정체성을 지니지 않은 채 글로벌 시장을 타깃으로 한 것이었음에도, 구름과 날씨는 매우 영국적이었고, 금발이나 붉은 머리의 아이들 또한 명백히 영국적인 것이었으며, 그와 같은 문화적인 지표는 매우 명백한 것들이었다(Lemish and Tidahr, 2001). 그러나 뽀로로의 경우 헬멧이 머리카락을 감추었고 사는 곳은 한국이 아닌 눈 덮인 숲속 마을이었다.

한국 애니메이션이 최근 글로벌 시장에서 성장한 것은 한국 문화 내에서 발생한 독특한 혼종화를 부분적으로 보여준다. 비록 많은 애니메이션 개발자가 캐릭터에서 한국적인 부분을 지우려고 애를 쓴다 해도 그중 일부는 독특한 문화적 특성을 발전시켜왔으며, 이는 지역 제작자들에 의해 주도된 것이었다. 그들은 하청을 통해 서구의 기술을 축적한 것임을 인정하면서도 궁극적으로는 최소한 부분적으로나마 그와 같은 지배적인 영향력에 대해 혼종 문화를 통해 제3의 공간을 발전시키면서 저항하는 것이다.

지역 애니메이션
대중문화의 정치화에 대한 논쟁

혼종성에 대한 이해에 문화적 텍스트의 중요성이 명백한 가운데, 혼종성 논쟁의 또 다른 중요한 문제는 문화적 중립성cultural neutrality이다. 니코스 파파스터기아디스Nikos Papastergiadis에 따르면 혼종성에는 세 개의 수준level이 있다. 그중 두 번째 수준은 "문화적 차이가 주인host 문화의 본체 내에서 자연화naturalized되거나 중화neutralize되는 과정"을 가리킨다(Papastergiadis, 2005: 40).[6] 폴 메러디스 Paul Meredith는 아오테아로아-뉴질랜드의 두 문화 정책에 따른 재개념화에 관한 사례를 들면서 "그 정책들은 마오리Maori와 파케하Pakeha 간 양극성의 정치학을 피할 수 있는 문화 정책을 제안하는 것이다. 이 정책의 중심에는 문화를 받아들이고 변형하는 것, 그리고 좀 더 포괄적인 후기 식민주의적 아오테아로아-뉴질랜드 커뮤니티에서 발생하게 되는 새로운 정체성에 놓여 있는데, 이를 통해 과거의 적대적 감정을 극복하고 화해하는 것을 모색"하고자 한다고 설명한바 있다(Meredith, 1998: 3~4). 이와부치와 루 또한 비서구권의 문화 상품이 성공하려면 그 본래의 "문화적 향취"를 상당 부분 제거한 중성화된 상품이 되어야 세계시장에서 선전할 수 있다고 주장했다(Iwabuchi, 2004; Lu, 2008). 일본 아니메의 경우 해외 요소가 포함되었던 원인은 데즈카 오사무 같은 선구자들이 미국 아티스트의 영향을 받았기 때문이었다. 처음부터 일본은 아니메 영역 내에서 국제화를 탈정치화했던 것이다. 따라서 아니메가 일본적 정체성을 결여하고 있다고 여겨지는 것은 놀랄 일이 아니다(Kenji, 1997, cited in Wahab, Anuar and Farhani, 2012).

문화적 중립성은 한국 애니메이션에도 적용할 수 있는데, 왜냐하면 주요 타깃층이 글로벌 시대 민족성에 대한 진지한 인식이 없는 미취학 연령층이기 때문이다. 주로 10대 후반을 겨냥하는 일본의 애니메이션 작품들이 문화적인 영향권에 속해 있다면, 보다 어린 연령층을 대상으로 하는 애니메이션은 단순하면서 상대적으로 문화적인 영향으로부터 자유롭고, 이는 문화적으로 중성적인 애니메이션 캐릭터의 제작으로 이어진다. 즉, 아동을 대상으로 한 캐릭터를 만든 한국의 애니메이션 개발자들은 캐릭터에서 한국성을 찾을 필요가 없었고, 수용하는 국가들 또한 이 분야에서 심각한 문화적 지배에 대한 우려를 할 필요도 없었던 것이다. 이러한 측면이 결과적으로 지역 애니메이션의 글로벌 스타덤을 만들어낸 셈이다. 뽀로로 또한 한국 사회의 유교 사상이나 권위체계를 표현하지 않는다는 점에서도 특이하다. 둘리와 같은 기존 애니메이션에서 보았듯, 한국 애니메이션은 주로 가족과 학교를 묘사해왔으며 따라서 고령의 구성원에 대한 존경은 한국 애니메이션이 지닌 주요 특성 가운데 하나였다. 그러나 뽀로로의 경우 모든 캐릭터가 다섯 살 동갑 친구들로, 여기에는 리더나 추종자가 없으며 우정이 강조된다.

그러나 문화적 중립성이라는 용어에는 오해의 소지가 있는데 왜냐하면 문화의 영향력은 문화적으로 중립적일 수 없기 때문이다. 루를 포함한 일부 학자는 상상적·문화적 "무경계성"이라 할 수 있는 혼종성이, 사실은 탈정치화된 국제화 과정의 상업화 전술과 같은 것이라고 주장한다(Lu, 2008). 혼종화는 전략적으로 문화 정치에 배치되어 있는데, 왜냐하면 그것이 단순히 문화 상품의 중성화를 위해 텍스트와 이미지, 사운드를 혼합하는 것에 그치는 것이 아니라 문화 정책과 문화 노동의 분업, 그리고 역사와 연결되어 있기 때문이다.

혼종성에는 특히 서구와 비서구 간 권력관계의 의미가 함축되어 있으며, 이는 지역이 글로벌 상품과 서비스를 전용하는 결과로 이어진다. 즉, 지역이 글로벌 수용자들을 매료시키기 위해 경계 없는 문화 상품을 만들어내도록 한다는 것이다. 문화의 탈정치화를 강조하는 이와 같은 혼종성의 개념이 완전히 틀렸다고 할 수는 없지만 여기서 중요한 지점은 문화적 생산과 소비를 둘러싼 정치적 문화이다. 왜냐하면 글로벌 권력과 지역 권력 간 관계는 평등하지 않기 때문이다. 협상negotiation이란 "새로운 문화적 재현을 창조해내는 공간 또는 다수의 문화가 공존하는 것을 목격할 수 있는 공간"으로서 상이한 문화 사이에서 발생할 수 있어야 한다(A. Yoon, 2009: 105).

그러나 많은 경우 서구와 비서구 간 협상의 과정은 균등하게 이루어지지 않는다. 서구의 제작자들은 지역 관객과 소비자들을 사로잡기 위한 주요 전략으로서 혼종성을 활용하지만 주요 시장이 서구권 국가이기 때문에 자본주의나 개인주의, 보편주의, 영웅주의와 같은 서구적 가치를 강조하는 주요 문화적 특성은 그들이 만들어내는 문화 상품에 여전히 삽입되어 있다. 반대로 비서구권 국가들의 혼종화는 일반적으로 아시안성Asianness과 같은 고유한 특성을 지우는데, 글로벌 소비자에게 호소력을 지니기 위해서다. 미국과 같이 거대한 내수 시장이 없는 비서구의 국가들은 문화적으로 중성적인 문화를 만들어야 한다. 즉, 그들은 세계시장을 염두에 두고 문화 상품을 만들어내야 하는 것이다. 혼종화 과정이 문화의 정치화에 강하게 기반을 두고 있다는 것은 명백한데, 왜냐하면 제작자들이 전략적으로 정치적 고려를 하기 때문이다. 결국 혼종성은 중립적일 수 없다. 혼종화가 발생하는 역사적 맥락, 국가 간 권력 구조, 문화적 흐름의 불균형, 서구 자본주의의 헤게모니가 모두 중요한 요소이기 때문이다 (Lin, 2011).

한국 애니메이션의 경우, 뽀로로가 문화 측면에서 정치적인 것은 분명하다. 뽀로로가 우정이나 집단성, 애정 등의 몇 가지 중요한 한국적 정서를 가지고 있으나 이러한 것들은 또한 부분적으로 보편적인 가치이기도 하다.[7] 영웅주의나 개인주의, 그리고 상업성을 강조하는 미국의 여러 애니메이션 캐릭터와 달리, 뽀로로와 친구들은 언제나 서로를 사랑하면서 돕는다. 뽀로로는 캐릭터와 이미지, 각본에서 모든 논쟁거리를 피하는 방법으로 지역의 정치성을 고려했으며, 그렇게 함으로써 글로벌 관객에게 어필하고자 했다. 문화 노동의 국제 분업, 북한 하청 업체와 협업, 뽀로로를 미국 시장에 풀지 않기로 한 생각들은 모두 뽀로로 제작자와 배급업자가 고심했던 정치적인 문제였다. 뽀로로의 전 지구적인 호소력은 의심할 바 없이 한국 대중문화의 전략적 정치화의 산물인 것이다.

일본 애니메이션을 포함한 일부 국가의 대중문화가 "무취의" 문화 상품으로 글로벌 관객에게 호소력을 갖고자 탈정치화 전략을 발전시켰음에도 이러한 전술이 언제나 효과를 발휘했던 것은 아니다. 전 세계 관객들에게 호소력을 지니려면 탈정치화된 국제화를 추구해야 한다는 일부의 생각과는 달리, 지역의 향취를 강조하는 정치화된 국제화는 많은 경우 무향의 문화 상품보다 강력한 호소력을 지닌다. 글로벌 관객에 대한 호소력을 위해 논쟁이 발생할 소지가 있는 캐릭터나 이미지, 각본 등을 피하기 위한 방법으로 탈정치화 자체가 지역 정치를 인식하는 것이다. 전 세계 10대를 대상으로 하는 대중문화가 상대적으로 중립적이라 할지라도 그들 또한 지역 정치에서 자유롭지는 못하다. 이러한 점에서 한국 대중문화가 전 지구적인 호소력을 갖게 된 것은 대중문화의 전략적인 정치화의 결과라 할 수 있다.

한국은 서구로 문화 상품 수출을 증대해왔다. 그러나 그것이 초국가적 문화 권력이 의미 있는 수준으로 바뀌고 있음을 의미하지는 않는다. 전 지구적인 문화 불평등이 여전히 개선되지 않고 있기 때문이다. 얀 피터스가 정확하게 지적했듯 "전 지구적으로 확산되어 있는 불평등에 대한 이해를 위해서는 다른 종류의 개념화가 필요하다. 하지만 우리는 혼종화 담론에서 글로벌한 차원의 정치적 행동에 관한 이론을 결여"하고 있다(Pieterse, 2009: 77). 혼종화는 텍스트일 뿐 아니라 정치적 문화이자 정치적 행동이다. 이와부치의 표현을 빌리자면, "무향의 지역 문화"를 만들어내는 것은 문화적 정치학에 관한 것이며 한국 대중문화의 일부 요소는 지역 고유의 문화적 향취를 지닐 수도 있는데, 이는 정치화된 문화적 과정으로 실재하는 제3의 문화가 창출될 가능성을 지닌다(Iwabuchi, 2002: 24).

결론

한국 애니메이션 산업은 아동에 초점을 맞춘 문화로 글로벌 관객에게 호소력을 갖추게 되면서 글로벌 시장에 성공적으로 진출했다. 그에 따라 한국 애니메이션은 한류 2.0을 주도하는 새로운 산업으로 빠르게 성장하고 있다. 1990년대 후반까지와는 달리 애니메이션이 장르의 확장, 그리고 팬덤의 글로벌한 확산을 통해 신한류 현상의 중요한 부분으로 부상한 것이다. 초창기 한류는 텔레비전 드라마와 영화를 기반으로 주로 소수의 남자 배우와 그에 대한 30~40대의 여성 중심의 팬층에 의존했다. 그러나 K팝, 온라인 게임, 애니메이션이 강조되는 신한류의 시기에 들어와 여성 스타가 포함되기 시작했고, 나아가 아시아를 넘어 북미와 유럽에서도 모든 연령층을 포섭하는 방향으로 확장되었다. K팝과 온라인 게임이 서구에서 10대와 20대를 사로잡았다면, 애니메이션은 미취학 연령층 아동, 그리고 20대 후반에서 30대 초반의 그 부모층에게 호소력을 지닌다. 이는 한국의 애니메이션이 전 세계의 모든 연령층을 포섭함으로써 한류 팬층의 확장에 상당히 공헌했음을 의미한다. 아동 대상 마케팅 – 아동에 대한, 그리고 아동을 위한 판매 – 이 전 지구적으로 확산되는 현상, 그리고 이와 같은 뽀로로 자본주의 시대에 한국적인 귀여움이 수행한 역할은, 앨리슨 Anne Allison이 분석했던 21세기 초 포켓몬의 사례가 그랬듯 끝없이 심화되고 있다(Allison, 2003).

한국의 애니메이션 캐릭터는 명백히 혼종성을 활용한다. 이는 텔레비전 프로그램의 초국가적 각색 과정의 상당 부분을 드러내 보여주는데, 여기에는 "혼종성을 기획하는 것은 그것이 돈이 된다는 점에서 의미를 지니는 것"이라는 오늘날의 일반적인 인식이 반영되어 있다(Waisbord, 2004: 378). 한국은 – 비록 전 지구적인 차원에서 볼 때 서구의 대중문화 상품이나 일본의 애니메이션과 비교하면 아직 미미한 수준이긴 하지만 – 애니메이션 텔레비전 시리즈와 캐릭터 수출이 빠르게 증대하고 있다. 미취학 아동을 위한 애니메이션은 애니메이션 시장에서 언제나 주변 영역이었다. 현재 미취학 아동용 혼종적 애니메이션 캐릭터 개발의 중요성은 강화되었으나, 애니메이션의 주요 소비자층은 여전히 10대 후반과 대학생이다. 한국 애니메이션 업계는 좀 더 높은 연령의 10대를 대상으로 하는 애니메이션이나 캐릭터의 발전에서 아직 큰 진전을 보여주지 못한 상태이다. 이 연령층을 대상으로 하는 애니메이션을 제작하지 않고는 그 성장은 지속될 수 없으며, 지역 문화에 기반을 둔 제3의 공간을 만들어내려는 그들의 혼종화 전략도 온전하게 이행될 수 없을 것이다. 따라서 우리는 최근 서구 시장에서 한국 애니메이션 캐릭터가 성장한 것에 대해 좀 더 세심하게 연구할 필요가 있다. 왜냐하면 한국 애니메이션이 ─ 사라져버린 포켓몬이나 세일러문과 달리 ─ 글로벌 시장에서 아동과 청소년을 대상으로 하는 대중문화의 힘으로서 남을 수 있을지 아니면 그 반대가 될지의 문제가 달려 있기 때문이다.

제 **6** 장

K팝의 글로벌라이제이션과
비판적 담론

1990년대 후반 이래 한국 대중음악은 엄청난 변화와 성장을 경험했다. 한국 대중음악은 신한류 현상에서 특히 2010년 초반 이후를 주도해온 주요 문화 형식이었다. 2006~2007년 사이 한류가 어려움을 겪은 이후, 한국 대중음악은 한류의 새로운 성장 동력으로서 선봉에 나섰다. 솔로와 그룹을 포함한 여러 K팝 뮤지션들은 일본을 포함한 아시아 국가에 진출했고, 이후 유럽과 북미 등 서구 음악 시장 진출도 모색하기 시작했다. 싸이의 「강남스타일」이 보여주듯, 유튜브와 같은 소셜 미디어는 대중음악의 새로운 창구로 빠르게 자리 잡고 있으며, 여러 K팝 뮤지션이 그와 같은 플랫폼을 통해 아시아 권역뿐 아니라 서구의 시장까지 진출하고 있다.

전 세계의 젊은 세대에 의해 2010년경부터 소비되고 있는 역동적인 춤이 더해진 K팝(이라 함은 현재 한국 대중음악을 가리키는 용어로서 대중화된 이름)의 흐름은, 그것이 서구와 한국의 문화를 혼합한 하나의 혼종적 근대성의 존재임을 시사한다. 이와 동시에 K팝은 갈수록 독특한 지역 문화가 되고 있는데 서구 문화와 거리를 두면서 좀 더 한국적인 문화를 표현하고 있기 때문이다. 이러한 점에서 K팝은 대안적인 글로벌라이제이션을 제시하는 하나의 선택지로서 떠오르고 있다. 즉, 주변부 또는 비서구에서 서구로 이어지는 문화 흐름이라는 것이다(Yang, 2007). 그에 따라 여러 미디어 학자와 음악 비평가는 한국의 대중음악이 지역의 문화 권력이 문화적 글로벌라이제이션의 복잡한 과정 속에서 상호 연관적 또는 상호 침투적인 공간을 만들어낸 것인지를 확인하고자 노력하고 있다.

이 장에서는 K팝의 영역에서 벌어지고 있는 대중문화의 이행 과정을 스타일과 장르, 구조의 측면을 통해 살펴본다. 여기서는 한류 2.0 내 주요 대중문화 부문으로 빠르게 성장해온 K팝, 그리고 그와 관련된 주요 요소들을 한국 내부적인 차원과 전 지구적인 차원에서 논의한다. 또한 K팝의 혼종화 과정을 한글과 영어가 혼용된 K팝의 언어적 혼합 형식을 통해 전개할 것인데, 이는 이러한 형식의 혼종화가 글로벌 시장에서 K팝이 성장할 수 있었던 가장 중요한 요소이기 때문이다.

전前 한류 시기
한국의 대중음악

1980년대 한국인 대다수는 발라드라고 통칭되는 감성적인 사랑 노래를 즐겨왔고 텔레비전으로는 발라드와 댄스 같은 주류 장르만 접할 수 있었다(Sutton, 2006). 1980년대까지 발라드로 점철되었던 한국 대중음악은 장르와 스타일에서 전반적으로 단조로운 편이었다. 한국 대중음악의 가사는 "표준화된 낭만적인 주제로 정형화되면서 성적인 표현을 피했고 나이 든 세대의 노래와 비슷한 정서 – 상실과 버려짐, 돌아오지 않는 연인에 대한 기다림, 연인의 목소리에 대한 칭송 등 – 에 중점을 두었다(Howard, 2002: 83). 한국의 주류 대중음악은 해외 수출을 염두에 둔 것이 아니었고 1990년대 중반까지만 해도 대중음악의 수출이라는 개념은 매우 생소한 것이었다. "일본과 대만에서 환대를 받았던 몇몇 트로트 가수,[1] 그리고 패티김이나 클래식 음악가들과 같이 명백히 미국화된 아티스트를 제외하면, 한국 음악 산업은 완전히 국내 중심적으로 소비"되고 있었던 것이다(Lie, 2012: 351).

그러나 1980년대 후반에서 1990년대 초반, 한국 음악 산업은 거대한 변혁을 거치게 된다. 이는 한국의 정치적·사회적·경제적·문화적 변화와 함께 진행된 것이었다. 가장 눈에 띄는 변화는 특정한 연령 선호도를 지니지 않는 감성적인 사랑 노래 위주의 주류 대중음악이 댄스 중심의 장르(힙합 등)를 추구하는 젊은 뮤지션들의 새로운 음악이 진입하면서 다변화된 것으로, 한국의 젊은이들은 이 새로운 음악을 즉각적으로 환영했다(E. Jung, 2015). 지역 가수의 미국 대중음악에 대한 단순한 모방과 일관된 스타일로 점철되어왔던 지배적인 발라드 스타일에 싫증이 난 한국의 젊은이들이 새로운 장르를 추구하기 시작하면서 댄스 음악을 포함한 대안적인 장르를 찾아낸 것이다(E. Jung, 2006).

1990년대 초반에 들어와 한국의 음악 산업은 국제적인 음악 장르와 스타일을 전유하기 시작한다. 이러한 흐름은 서태지와 아이들, 김건모 등 핵심적인 뮤지션들이 주도한 것이었는데 이들의 음악은 해외 음악 장르와 스타일을 도입해서 전통적인 한국 대중음악과 혼종화한 것이었다. 김건모의 경우 한국에 레게 음악을 도입하면서 가장 인기 있는 K팝 가수가 되었는데, 그의 노래 가운데 하나인 「잘못된 만남」은 혼종적 유로 댄스 스타일(하우스, Hi-NRG, 레게를 춤과 함께 혼합)이었다. 이 노래는 세 개의 벌스verse로 구성된 전통적인 스타일이었는데, 이는 벌스 대신 코러스를 강조하는 최근 K팝의 경향과는 다른 양상이다. 이처럼 한국의 대중음악 맥락에서 혼종화란, 1990년대 중반까지는 지역적 감성을 글로벌 장르와 혼합하는 것을 의미했다(Jin and Ryoo, 2014).

한편 "K팝의 비약적인 발전은 랩과 힙합적 감성을 한국의 대중음악에 통합한 최초의 그룹 서태지와 아이들의 1992년 출현으로" 상징된다(Lie, 2012:

349).[2] 다시 말해 이들은 "미국의 사운드스케이프soundscape를 한국 음악 산업에 도입함으로써 한국 대중음악의 관습에 도전하고 궁극적으로는 파괴한" 것이다(Lie, 2015: 58~59). 서태지는 1992년 3월 랩 음악인 「난 알아요」를 통해 처음으로 텔레비전에 등장했는데, 이 노래는 한국어를 사용한 최초의 랩 음악으로 기록된다(Howard, 2006; Morelli, 2001). 이처럼 김건모와 서태지의 음악에는 부인할 수 없는 문화적 혼종성이 내재되어 있다. 미국의 힙합 문화와 랩 음악의 도래와 함께 "한국의 대중음악은 청소년 중심으로 전환되었고 이후 10대와 20대 초반을 타깃으로 하는 수많은 10대 걸그룹 및 보이그룹이 K팝을 지배"하게 된다(E. Jung, 2009: 76~77).

1990년대 한국 대중문화의 성장에서 나타났던 몇 가지 특징적인 요소 가운데 K팝의 혼종화는 주요한 속성으로 부상한다. 한국의 뮤지션들은 다양한 문화적 요소(지역적인 것과 글로벌한 것 모두) 간의 혼합을 통해 혼종적 대중음악을 발전시키는데, 이는 고유한 문화적 요소가 지역적 특정성을 상실한 요인이 된다. 다시 말해 "혼종화에 의한 K팝의 비非지역성은 팝의 문화적 산물이 쉽게 국경을 넘어갈 수 있도록" 해준 것이다(S. Jung, 2013: 109). 김건모, 서태지와 더불어 여러 팝 뮤지션은 서구의 음악 장르와 스타일을 사회문화적 역사 속에 삽입된 지역 정서와 혼합함으로써 한국 대중음악의 특징적인 형식을 발전시켰다. 서구의 음악과 음악적 요소는 한국 음악 산업에서 주요한 역할을 수행해왔다. "서구 대중음악의 직접적인 퍼포먼스뿐 아니라 한국과 서구의 레퍼토리, 악기, 스타일적 특성들 간 다양한 혼종적 혼합과 상호작용"을 수행했기 때문이다(Sutton, 2009: 27). 이러한 관점에서 이들 뮤지션은, 비록 전성기가 1990년대 중반이었음에도, 분명 K팝이라 불리는 한국 대중음악의 현 양식을 발전시켰다고 할 수 있다.

1990년대 초반 한국 대중음악의 이와 같은 변화는 가치관과 관습, 생활 방식이나 사고방식이 기성세대와 차별화되면서 '신세대'라고 불렸던 새로운 세대의 부상과 함께 진행된 것이었다. 이들 새로운 세대의 부상은 부분적으로 경제적 호황과 맞물렸다. "신세대는 좁은 의미에서 1970년대 초·중반에 태어나 미국의 TV 프로그램을 시청하고 미국의 팝 음악을 들으면서 미국식 패스트푸드를 먹고 미국식 패션을 소비하면서 성장했던 세대"를 가리킨다(E. Jung, 2006: 111). 서태지와 아이들은 음악을 통해 여러 가지 사회문화적 이슈를 다루면서 한국 청소년의 아이콘이 된다. 1993년까지 지속되었던 군부 독재하에서 서태지의 예기치 못했던 음악 스타일을 청년들이 읊었던 이유는, 정치적인 저항이 아닌 교육을 비롯한 여러 가지 사회문제 때문이었다(Shim, 2006).

이러한 경향은 한국의 대중음악에서 전례 없는 것이었다. 이전까지는 반정부 정서와 민중 운동이 서로 얽힌 음악 장르로서 밥 딜런Bob Dylan이나 조안 바에즈Joan Baez의 것과 크게 다르지 않은 포크 음악이 있었다. 김민기가 대표적인 뮤지션이었는데 이러한 좌파적 대중음악은 주류 팝 음악에 비해 도덕적 정서와 정치적 참여를 주로 다루었다(Lie, 2012). 우파와 좌파가 진지함의 메시지로 융합되고 그에 따라 대중음악을 진지함과 점잖음으로 얽어매면서, 대중음악은 주변부로 밀려나게 된다.

> 1970년대에 정치적·문화적으로 가장 억압받았던 후기 해방기 한국에서 박정희는 트로트와 같은 보수적인 음악을 일본의 것이라며 강하게 억압했을 뿐 아니라 록 음악과 같은 진보적인 음악 또한 오염과 퇴폐와 연계해 억압했다. 그에 따라 음악적으로 고루한 포크송이 반정부적 메시지를 전달하면서 종종 금지되었다. 권위주의 정권은 문화적으로 억압적인 정책을 정당화하기 위해, 반공주의뿐 아니라 민족주의와 유교주의에도 의존했다. …… 이처럼 들을 수 있는 음악이 빈곤해졌음을 감안할 때 사람들이 금지된 일본 음악이나 한국 음악 또는 대안으로서 미국이나 서구의 음악을 찾아 나서게 된 것은 당연한 일이었다(Lie, 2012: 348).

한편 문화 정책상 패러다임의 전환은 대중음악의 스타일과 콘텐츠에서도 감지되었다. 1990년대 초반까지 한국의 대중음악은 군부 정권하에서 윤리의식을 고양하고 정치적 소요를 금지한다는 명목으로 정부에 의해 엄격하게 검열되었다(Yang, 2007). 그러나 1993년에 시작된 문민정부의 검열 완화는 스타일과 가사의 변화에 영향을 끼쳤다. 1997년 금융 위기 직후 K팝은 다시 빠르게 변화하는데 1990년대 후반의 K팝 뮤지션들은 한국 음악 산업에서 상당히 다른 방향성을 보여준다.

초기 한류 시대의 K팝

한국 대중음악은 1990년대 후반부터 국내외적으로 가장 중요한 한국의 대중문화 상품으로 부상해간다. K팝은 한류가 시작되기 직전 시기인 1996년 국내 대중음악 시장에서 71%의 비중을 차지했고, 2004년에는 80%, 2010년에는 81%에 이른다. 한 조사에 따르면, K팝의 비중은 2011년 95.5%에 이른다. 동일한 시기, 미국 팝 음악의 비중은 1996년 24%에서 2004년 17%, 2010년에는 10.4%까지 감소했다(Ministry of Culture, Sports and Tourism, 2011d; Ministry of Culture, Sports and Tourism, 2006a: 251). 국내 시장 내 지역 음악에 대한 보호와 프로모션에 그치지 않고, K팝은 1990년대 후반부터 국내 시장의 단단한 기반을 바탕으로 해외로 수출되기 시작한다. "잘 생기고 예쁜 가수와 그룹이 부르는 흥겨운 리듬과 기억하기 쉬운 멜로디가 동아시아와 동남아시아를 휩쓸면서 한국 대중음악이 한류의 주요 구성원"으로 떠오른 것이다(Hyunjoon Shin, 2009: 507).

물론 한국 음악 산업에서 그 과정이 그리 순탄하지는 않았다. 장르와 스타일에서 한국 대중음악상 중요한 변화가 있었다는 사실에도 불구하고, K팝은 2003년까지 다른 국가로 거의 확산되지는 못했다. 방송이나 영화 등 1990년대 후반에서 2000년대 초반 아시아 권역에서 성공적이었던 여타 시청각 부문과 달리, 한국 음악 산업은 가장 성공하지 못한 문화 형식이었다. 2002년 텔레비전 프로그램의 수출액은 2880만 달러, 영화는 1490만 달러에 이르렀지만, 음악 산업의 수출은 CD 판매 포함 450만 달러에 머무를 뿐이었다. K팝의 수출은 2003년부터 증가하기 시작해 2004년에 잠시 3420만 달러를 기록하지만, 2007년에는 수출액이 1380만 달러로 감소하는 어려움을 겪는다(Ministry of Culture and Tourism, 2006a; Ministry of Culture, Sports and Tourism, 2012b).

좀 더 구체적으로 설명하자면, 한류의 첫 시기에 K팝은 HOT나 NRG, SES, 베이비복스, 신화 등의 몇몇 10대 아이돌 그룹이 주도했다. 모든 것은 주류 엔터테인먼트 기업의 오디션 과정과 인하우스 트레이닝 시스템을 거쳐 시스템적으로 만들어진 것이었다. 사실 K팝이 국내 시장뿐 아니라 글로벌 시장에서 성장할 수 있었던 것에는 몇 가지 이유가 있지만 한국 엔터테인먼트 기업이 그 과정을 주도했다는 점에는 변함이 없다. K팝 스타들의 이와 같은 전략적 마케팅은 1995년 이수만이 SM 엔터테인먼트를 설립하면서 시작되었다. SM이 국내와 해외 시장을 겨냥한 보이그룹과 걸그룹을 만들어내는 프로듀싱 스타일은 이내 다른 엔터테인먼트 기업, 예컨대 YG나 JYP 같은 곳으로 확산된다. 즉, 음악 프로덕션 업체들이 텔레비전 친근형의 재능 — 노래뿐 아니라 춤을 포함해 텔레비전 예능에 적합한 다재다능함 — 을 지닌 어린 연습생들을 양성하는 전형적인 일본의 아이돌 프로듀싱 시스템(Jung-Yup Lee, 2009: 491~492)을, SM 엔터테인먼트가 HOT나 SES 같은 그룹의 성공과 함께 어린 팝스타를 만들어내는 과정으로 완전히 시스템화한 것이다. 이러한 그룹들 가운데 HOT는 특히 21세기 초반 대만과 중국에서 전통적인 미디어(예컨대 텔레비전)과 온라인 공간(예컨대 음악 다운로드 사이트나 온라인 방송국 등)을 통해 형성된 팬 커뮤니티를 기반으로 많은 인기를 얻는다. 1990년대 후반에서 2000년대 초반 한국의 인기 걸그룹이었던 SES는 국제적인 마케팅 – 특히 일본 – 을 염두에 두고 주의 깊게 만들어진 경우로 일본계 한국인 멤버인 슈가 영입되었다(E. Jung, 2015).[3]

그러나 K팝은 2001년 SM 엔터테인먼트가 10대 소녀 가수 보아를 프로모션하기 전까지 상대적으로 글로벌 음악 시장에서 알려지지 못했다. 처음부터 SM 엔터테인먼트는 보아를 문화적으로 혼종적인 팝 아이콘으로, 특히 해외 시장을 겨냥한 아이콘으로 만들어내기 위해 전략적으로 기획했다. 보아의 음악과 이미지는 "미국과 일본(J팝)의 음악적 요소를 혼합한 것이었는데, 노래와 댄스 스타일은 마이클 잭슨이나 자넷 잭슨 같은 미국 아티스트의 강력한 영향을 받았고 외모는 아무로 나미에나 하마사키 아유미 같은 일본 팝 아이돌의 영향을 받았다"(S. Jung, 2013: 111). 보아의 퍼포먼스 스타일은 한국 엔터테인먼트 산업의 미국화와 일본화를 명백하게 보여주는데 이러한 한류의 패스티쉬pastiche 는 대중의 취향을 만족시키는 상품을 만들어내는 상업적 자본주의의 승리를 보여준다. 즉, 한국 대중음악 상품은 미국 대중문화의 한국 버전이고 한류 현상은 한국 제조업 분야의 수출 주도 산업구조가 팝문화 부문으로 확장된 것에 불과하다는 것이다(Cho Han Hye-Jeong, cited S. Jung, 2013). 치밀하게 기획된 아이돌 상품화를 바탕으로 보아는 2001년 일본에서 데뷔 싱글 「ID: Peace B」를 출시하면서 오리콘 차트의 탑 20에 진입한다. 보아의 일본어 데뷔 앨범 〈Listen to my heart〉는 2002년 3월에 출시되었는데 한국인 아티스트로는 처음으로 밀리언셀러 반열에 오르며 오리콘 차트를 석권한다(Poole, 2009).

제3장에서 논의한 바와 같이 중국과 대만 같은 동아시아 국가에서 한국의 텔레비전 드라마는 매우 많은 인기를 얻었는데, 이들 드라마는 이후의 K팝 붐을 위한 길을 터준 셈이었다. 한국 대중음악의 팬들은 많은 아시아 국가에서 K팝의 열렬한 지지자들이다. 한국 드라마와 영화의 붐이 없었더라면 K팝 홀로 아시아 대중문화의 중요한 위치에 오르지 못했을 것이다. 그러나 일본에서 K

팝은 한국 드라마의 명성을 더욱 향상시켰는데, 이는 사실상 보아 그리고 1980
년대와 1990년대에 활동했던 몇몇 K팝 뮤지션들 덕분이었다. 일본에서 보아
의 성공은 K팝뿐 아니라 〈겨울연가〉와 같은 한국 드라마를 크게 도왔다. 2003
년 일본의 NHK는 자동차 사고로 기억상실증에 걸린 음악 천재*의 이야기를
다룬 〈겨울연가〉를 방영한다. 1990년대 후반에서 2000년대 후반까지 일본에
서 여러 편의 한국 드라마가 방영되었기 때문에 한국 드라마 또한 보아의 성공
을 도운 측면도 있다. 하지만 보아의 엄청난 데뷔는 분명 일본 내 한국의 문화
상품들을 도왔다.

일본에서 보아가 성공한 뒤 K팝 뮤지션들이 일본을 겨냥하기 시작하면서
일본은 한국 음악 산업의 가장 중요한 해외 수출국으로 부상한다. 대부분의 서
구권 아티스트들과 달리, 보아와 한국 뮤지션들은 진출에 앞서 일본어를 익힘
으로써 일본 시장 진출을 이뤄냈다. 이들은 종종 싱글 앨범을 새로운 뮤직비디
오와 함께 일본어로 출시하곤 했다(Lindvall, 2011a). 사실 한국 보이그룹 동방
신기와 빅뱅도 비슷한 성공을 이뤘다. 이후 K팝은 J팝의 라이벌 위치에 오르게
된다. 2010년 8월, 카라와 소녀시대가 각각 싱글앨범 〈미스터〉와 〈지니〉로 일
본의 음악 차트를 석권한다. 두 곡 모두 한국에서도 많은 인기를 모았는데 가
사가 번역된 후에도 일본에서와 마찬가지로 많은 인기를 모았다(Michel, 2011).
일본에서 K팝이 성공한 것은 전 지구적인 음악 제작 방식에 그 공을 돌릴 수
있다. ≪재팬타임스Japan Times≫는 한국인이 서구의 음악적 특징을 채택한다
고 설명한다. 즉, 유럽 일렉트로 하우스electro house(2NE1의 「내가 제일 잘 나가」)
와 미국식 R&B를 가미(소녀시대의 「Mr. Taxi」와 카라의 「미스터」)했다는 것이다.
소녀시대의 경우 일본어 앨범의 거의 모든 곡이 서구 프로듀서에 의해 다듬어
진 것이었는데, 이는 서구인의 귀에는 특별할 것이 없었으나 일본에서는 그렇

---

* 　원서에는 음악 천재로 되어 있으나 남자 주인공의 직업은 건설회사 대표다 ─ 옮긴이 주.

지 않았다(Michel, 2011).

　이와 거의 동일하게, 가수 박진영이 운영하는 JYP 엔터테인먼트도 원더걸스, 2AM, 2PM, 미스에이 등의 아이돌 그룹을 키워낸다. YG 엔터테인먼트 또한 빅뱅이나 2NE1 같은 그룹에서 잘 나타나듯 힙합과 일렉트로닉 사운드를 사용한 음악으로 잘 알려져 있다. 엔터테인먼트 파워하우스로 알려진 이들 연예 에이전시는 트레이닝 캠프를 활성화해왔는데 그러한 트레이닝 과정은 매우 혹독한 것으로 알려져 있다. 외국인이 느끼는 K팝의 참신함은 K팝 아이돌이 성공적인 데뷔를 확실히 하기 위해 견뎌내는 수년간의 트레이닝에서 기인한다. 특히 이들 파워하우스는 해외에서도 K팝이 호소력을 지닐 수 있도록 서구의 경험 많은 음악가와 안무가를 고용해왔다.

　결과적으로 "아시아의 관객은 다양한 이유로 K팝을 즐긴다. 우선 그들은 아시아의 J팝의 사례에서와 마찬가지로, 한국인 아이돌이 매력적이라고 느낀다"(Na, 2002: 8). 모두의 노래 실력이 뛰어난 것은 아니지만 한국 아이돌 가수는 잘 생겼고 패셔너블하며 상당수가 연기와 춤에도 능하다. K팝에서 춤과 무대매너, 시각적 효과가 음악만큼이나 중요하기 때문에 뮤직비디오에 대한 수요 또한 높다. 둘째, K팝은 미국의 팝이나 J팝에 대한 대안을 제공한다. K팝은 유로비트, R&B, 랩, 소프트 록, 힙합 등 다양한 변종을 보유한다. 이론의 여지는 있지만 사운드 수준은 뛰어난 편이며 그 패키지도 매력적이다. 제목은 대개 영어인데, 이는 한국어를 모르는 청취자도 기억하기 쉽도록 해준다. 바로 최근까지 전 지구적 문화 흐름에서 약자였던 K팝이지만, 바로 그 시기 동안 K팝은 신한류의 주요 문화 형식이 될 수 있는 바탕을 발전시켜왔던 것이다.

신한류를 선도하는
K팝

한국 음악 산업은 2008년부터 모멘텀을 이어왔고, 2010년 8330만 달러였던 K팝의 수출은 2014년에는 3억 1000만 달러를 기록한다. K팝의 수출이 2008년에서 2014년 사이에 18.9배 증대된 것인데, 이는 북미와 유럽 팬이 한국 대중음악을 즐기기 시작했기 때문이다(〈그림 6.1〉). 제5장에서 살펴보았던 한국 영화 산업 2014년 수출액이 4000만 달러였음을 고려할 때, K팝이 글로벌 시장에서 지난 몇 년간 괄목할 만한 성장을 이루었음을 알 수 있다. K팝은 이제 신한류 시기에 들어와 가장 중요한 문화 형식으로서 자리 잡고 있다. K팝의 놀라운 성장과 인기로 인해, 많은 미디어 비평가 그리고 한류 연구자는 한류의 주요 문화 형식인 K팝을 한류 2.0 그 자체와 동일시하기도 한다.

그림 6.1 한국 대중음악의 해외 수출 현황 (단위: 100만 달러)

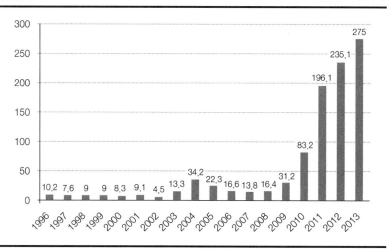

자료: Ministry of Culture, Sports and Tourism(2013c: 174); Ministry of Culture and Tourism(2006b, 2001); Ministry of Culture, Sports and Tourism(2014a: 4).

그림 6.2 2011년 권역별 주요 한국산 문화 상품 수출 현황 (단위: %)

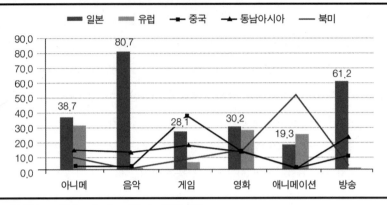

자료: Ministry of Culture, Sports and Tourism(2013a: 76).

다른 음악 형식의 전 지구적 흐름을 살펴보면, 지난 수십 년간 해외 배급사를 통한 음악 CD의 수입이 주류를 차지해왔고, 디지털 음악과 음악 이벤트가 그 뒤를 이었다.[4] 그러나 디지털 테크놀로지의 발전으로 인해, 녹음 음악의 비중은 줄어든 반면, 온라인 매출이 증가하고 있다. 최근 싸이를 비롯한 K팝 뮤지션이 인기를 모으면서 해외 음악 이벤트 또한 ─ 아직 한국 음악 전체 수출 수익의 5% 미만인 수준이긴 하지만 ─ 갈수록 그 중요성이 증대되고 있다(Ministry of Culture, Sports and Tourism, 2012a: 195~197).

다른 한국의 문화 상품은 북미와 유럽으로 확산되어간 반면, K팝은 주로 아시아에서 인기를 모았다. 한국이 2010년에 기록한 8090만 달러의 수출액 가운데서 일본이 매출의 75.8%를 차지했고, 2009년에는 69.1%를 차지했다(〈그림 6.2〉; Ministry of Culture, Sports and Tourism, 2013c: 196). K팝은 일본의 10대에게 인기를 모으기 시작했고, 2000년대 후반에서 2010년 초반에 들어서는 20대에게도 인기를 모았다(Ministry of Culture, Sports and Tourism, 2009b). 일본 다음으로 K팝을 즐기는 지역은 동남아시아로 2011년 전체 수출액 가운데 13.1%를 차지했고, 그 뒤는 중국이 차지했다(3.4%). 같은 해 유럽은 2.4%, 북미는 0.3%에 지나지 않았다. 싸이가 2012년 후반 전 세계적으로 크게 인기를 얻으면서 2012년의 수치는 더 크게 변화하지만, 전반적인 경향이 바뀌지는 않았다. 이는 아마도 1990년대 초반에서 2000년대 초반 J팝이 경험했던 것과 유사하게, 21세기 초반 아시아 지역 내 K팝의 인기가 아시아 대중음악에서 가장 중요한 변화임을 의미하는 것이라 해석된다.

K팝에서 일본의 중요성은 다른 문화 상품과 비교할 때 명백해진다. 2011년 K팝의 80% 이상이 일본으로 수출된 반면, 다른 문화 상품의 경우엔 그에 못 미쳤다(방송 61.2%, 영화 30.2%, 게임 28.1%, 애니메이션 19.3%)(〈그림 6.2〉 참조). "이는 일본에서 K팝이 한류 이전부터 인기가 있었다는 점을 고려할 때 놀라운 것이 아니다. 예를 들어 조용필의 노래는 1970년대 일본에서 많은 인기를 얻은 바 있다. 한류에 대한 일종의 전조라 할 수 있을 것"이다(Lie, 2012: 344). 이는 일본 문화와 한국 문화 간의 근접성이 꾸준히 지속되었음을 보여준다.

일본 시장의 성공적인 진출을 기반으로 한국 대중음악 산업은 2008년부터 인력과 자본을 미국 시장의 성공에 쏟아 붓기 시작한다. 보아와 비, 세븐 같이 일본에서 성공했던 솔로 가수들은 미국 시장 진출을 시도했다. 그러나 많은 준비에도 이들의 시도는 성공하지 못하는데, 이는 오늘날 초국가적 흐름의 복잡성과 예측 불가능성을 확인시켜준다. 주류 미국 대중음악 시장에서 이들은 미국인에게 수용될만한 음악 사운드가 무엇인지뿐 아니라 인종과 민족성, 섹슈얼리티와 관련해서 깊숙이 자리 잡은 개념에 대한 도전에 직면해야 했던 것이다(E. Jung, 2015).[5] 한국의 미디어가 성공 스토리를 전달했음에도 미국에서 K팝은 여전히 주변화되어 있다. 음악 비평가 에이미 헤Amy He는 그 이유가 미국인이 자신들의 음악을 변형한 버전을 소비하는 데 관심이 없기 때문이라고 지적했다(He, 2011). 미국인 수용자는 고유한authentic 것을 추구한다. 각 메이저 레이블의 수많은 연습생이 수년간의 트레이닝을 통해 동일한 보컬과 댄스 강습을 받고 배운다는 개념이, 재능 있는 연예인을 갈망하는 많은 미국인 관객에게 받아들여지지 않았던 것이다. 그런데 이러한 상황은 변화하기 시작한다.

모두의 예상을 깨고 전환점은 북미가 아닌 프랑스의 파리부터 시작된다(Sang Joon Lee, 2015; S. K. Hong, 2013). 사실 아시아에서 성공한 후 10여 년간, K팝이 유럽 시장으로 점진적으로 확산되어간 것은 명백하다. 2011년 여름, SM 엔터테인먼트 레이블의 아이돌이 출연하는 화려한 행사가 파리에서 열렸다. 1만 2000여 명 정도의 팬이 SM의 아이돌 그룹들이 출연하는 라이브 콘서트인 'SM 타운 라이브'에 참석했다. 공영 방송국과 보수 미디어 방송은 이를 초국가주의·지구화 시대에 대중문화와 관련해 한국의 국가적 경쟁력을 찬양할 수 있는 기회로 받아들였다(S.-A. Lee, 2015).

거의 비슷한 시점에 일부 K팝 뮤지션이 미국에 데뷔한다. 2000년대 후반에서 2010년대 초반 한국에서 가장 많은 인기를 얻었던 그룹 소녀시대는 2012년 〈The Late Show with David Letterman〉과 〈Live with Kelly〉에서 공연한다. 현재까지 미국 시장에서 가장 성공했다고 평가받는 싸이는 2012년 후반 NBC의 〈Today〉와 〈The Ellen Show〉를 비롯한 여러 프로그램에 출연했다. 여성 솔로 가수 에일리는 2013년 2월 LA 스테이플스 센터에서 열리는 55회 그래미 시상식에 초대되기도 했다.

특히 싸이의 2012년 글로벌 시장 데뷔와 함께, K팝은 아시아뿐 아니라 유럽 시장까지 진출하게 된다. 2010년 초반 국가적 축하연에서는 일본이나 대만 같은 이웃 아시아 국가에서 유럽과 미국, 그리고 중동까지 뻗어나간 K팝의 인기가 특히 강조되었다. 젊은 한국인은 K팝의 글로벌한 성공을 포용하고자 하는 욕망이 강했는데, "왜냐하면 K팝의 성공은 한국인의 창의성과 쿨함coolness을 증명해주는 것이기 때문이다. 이전까지 한국인은 드라마나 대중음악보다는 자동차와 휴대전화을 만드는 사람들로 알려졌고, 따라서 아름다움과 스타일의 측면보다는 근면성과 지성적인 측면이 강조되어왔다. 이렇듯 한류 전반, 그리고 특히 K팝은 방대한 범주의 질문을 제기"했다(Lie, 2012: 339~340).

유튜브, 페이스북, 트위터는 K팝 그룹이 서구의 좀 더 방대한 수용자층에 접근할 수 있게 해주었고, 팬들은 자신의 관심사를 표명하기 위해 바로 그 소셜 네트워크로 다시 돌아왔다(Choe and russell, 2012, cited in E. Y. Jung, 2015). 2008년부터 시작된 신한류의 시기에서 가장 중요한 변화는 소셜 미디어의 활용이었다. 유튜브와 페이스북 등의 소셜 미디어의 성장은 전 세계에 K팝의 존재감을 확장시켰다. 소셜 미디어에 의해 음악에 대한 접근성이 높아진 것을 생각하면 한류 2.0 시대의 K팝 신드롬은 놀라운 일만은 아닌 것이다(Ghelani, 2012).

K팝의 도약은 사실상 소셜 미디어를 통해 가능한 것이었다. 전 세계 많은 사람은 소셜 미디어를 통해 뮤직비디오를 보고 음악을 들을 수 있으며, 더 많은 팬이 계속해서 한국의 음악을 추구하고 감상할 수 있었기 때문이다. 전 세계 인터넷 이용자들은 자신이 사랑하는 K팝을 확산시키기 위해 소셜 네트워크를 활용했는데, 이는 전통적인 경계가 허물어지는 데 도움이 되었다. 소셜 네트워크 사이트가 K팝이 확산되고 한국의 문화가 홍보되는 주요 도구가 되고 있는 것이다(J. K. Oh, 2011). 음성 인식 기술을 통한 자동 캡션 기능과 더불어 화면상에 자막이 제공되는 유튜브는 언어 장벽을 낮추면서 K팝 팬층이 증대하는 데 기여했다. K팝 비디오는 갑자기 유튜브에서 많은 인기를 누리게 되는데, 2010년 전 세계적으로 8억만, 2011년에는 22억 8000만 뷰를 달성한다.[6] K팝의 갑작스러운 인기를 반영해, 유튜브는 K팝을 팝, 락, R&B, 라틴 음악과 더불어 하나의 음악 장르로서 카테고리화하기도 했다(K. Jung and Song, 2012). 중국 본토 출신으로 밴쿠버에 거주 중인 여성(22세 대학생)은 "수년 전 저는 CD로 음악을 듣곤 했어요. 하지만 요즘엔 아이튠즈 같은 사이트에서 음악을 구매하고 스마트폰으로 음악을 듣죠. K팝이 캐나다에서 인기 있는 음악으로 떠오른 뒤 유튜브는 제가 가장 선호하는 창구가 됐어요. 제가 좋아하는 K팝 밴드로는 인피

니트, 빅스, B.A.P, 그리고 빅뱅이 있어요. 대학생들은 음악만 듣는 것이 아니라 퍼포먼스도 감상하는데, 소셜 미디어는 그런 점에서 최고의 플랫폼이죠"라고 말한 바 있다. 또 다른 남학생(24세) 또한 다음과 같이 설명한다. "저는 K팝이 테크니컬하면서 잘 외워져서 좋아요. 소셜 미디어는 정말로 K팝을 향유하는 방식을 바꾸어 놓았는데, 왜냐하면 소셜 미디어를 통해 K팝을 친구들과 공유하는 게 쉬워졌기 때문이죠. 특히 유튜브는 제게 큰 영향을 끼쳤는데, 왜냐하면 전 세계 많은 이용자가 단 댓글을 통해 다른 K팝 애호가들과 연결될 수 있었기 때문입니다."

이처럼 소셜 미디어의 성장이 병행되지 않았더라면, K팝이라는 장르의 전 세계적인 확산이 온전하게 결실을 맺었을 것이라고는 상상하기 어렵다. K팝 문화는 소셜 네트워크 플랫폼이 음악 판매에 엄청난 역할을 수행할 수 있다는 것을 인식했던 것으로 보인다. 아티스트와 기업이 소셜 미디어의 혜택을 최대한 포용했기 때문이다(S. Y. Kim, 2013). 소셜 미디어 전체가 한국의 팝스타에게만 해당했던 것은 아니지만, K팝 스타들이 소셜 미디어를 기능적으로 활용한 것은 분명해 보인다. 혼종화와 소셜 미디어는 명백히 글로벌 음악 시장 내 K팝의 성장에서 주요한 요인인 것이다.

K팝의 혼종성

K팝이 글로벌 현상으로 부상하기까지 생산의 글로컬라이제이션이라든가 해외의 프로듀서/작곡가와의 공동 작업, 그리고 영어가 혼용된 가사 등 다양한 혼종화 전략이 활용되었다. 한국의 거대 연예기획사들은 영어와 일본어 등의 외국어를 활용했다. 그들은 또한 케이블 네트워크와 소셜 미디어를 이용해 글로벌 청소년층을 겨냥했는데, 이를 통해 수용자층이 여러 국가의 10대 중반으

로 확대되었다.

아시아를 비롯한 여타 지역의 K팝 대중화는 아시아 음악의 맥락에서 진행되어온 문화적 글로벌라이제이션의 한 측면을 보여준다. 한국 연예기획사들은 아시아와 서구 국가에 지사를 세워 지역을 위한 앨범을 작업했다. SM 엔터테인먼트는 일본과 미국SM Entertatinment USA, Inc.에 지사가 있고, YG 엔터테인먼트YG Entertatinment Ameirca와 JYP 엔터테인먼트JYP Entertainmnet USA 또한 2008년 이래 지사를 운영해오고 있다. 일본의 소니Sony Corporation와 미국의 월트 디즈니가 국제화를 추구했던 방식과 유사하게, 이들 국내 거대기획사는 유명한 "생각은 글로벌하게, 행동은 지역에 맞게think globally, act locally" 전략을 전유한 것인데, 이러한 방식은 문화 영역에서 가장 중요한 글로컬라이제이션의 하나로 자리 잡아왔다. 이들 파워하우스는 한국에서 제작한 음악을 해외에 판매하는 것만이 아니라, 해외 시장에서 한국어 앨범들의 지역 편집본을 제작 및 배급하는 것까지 추구했다. 아이돌의 오디션부터 앨범 데뷔에 이르는 K팝의 제작 노선은 고도로 분절되어 있으면서 초지역적으로 조직되어 있다(Fuhr, 2015). 일본 레코드 회사들(소니와 에이벡스 트랙스Avex Trax 등)과 연예 에이전시들(예를 들어 호리Hori)은 2000년대 초반까지 자신들의 생산품이 지역 선호도에 맞도록 글로벌 로컬라이제이션을 실행해왔는데, 한국의 거대 연예기획사들도 그와 유사한 글로컬라이제이션 또는 혼종화 전략을 추구하고 있다(Na, 2002).

K팝의 초국가화 또한 한국 음악 산업의 주요 경향 가운데 하나다. 한국이 1999년에 자국의 음악 제작 산업을 외국인에게 개방한 이래 EMI, 워너뮤직, 소니뮤직, 유니버설, BMG 등 서구의 음반 제작사들은 각기 지사를 내고 해외 팝 음악과 한국의 대중음악을 제작했다(Ministry of Culture and Tourism, 2001: 408). SM 아티스트들은 유니버설 뮤직 퍼블리싱Universal Music Publishing의 유럽 A&R 중역인 펠레 리델Pelle Lidell이 이끄는 북유럽 작곡가들과 작업하면서 그와 같은 경향을 주도했다. 소녀시대의 「훗」이나 「Run Devil Run」, 「I got a boy」,

보아의 「I'll eat you up」은 리델의 작곡팀이 만들어낸 곡이다(Ji-soo Kim, 2013). 다른 K팝 노래도 서구 작곡가들과의 작업으로 만들어졌는데, SES의 「Dreams come true」, 동방신기의 「Mirotic」, f(x)의 「Chu」, SS501의 「Love like this」 등이 그에 해당한다.[7]

이러한 경향에 가장 최근에 합류한 것이 바로 조용필이다. 레코드 판매 기록을 세운 그의 19번째 앨범 〈Hello〉에는 10곡이 수록되어 있는데, 그 가운데 타이틀곡을 포함한 6곡이 해외 작곡가들이 작업한 것이었다. 63세의 조용필은 한국 대중음악의 제왕으로 알려져 있는데, 2013년 4월 공개된 컴백 앨범의 10곡 가운데 6곡을 해외 뮤지션 23명이 만든 것이다. 조용필이 K팝 팬들 사이에서 가장 위대한 싱어송라이터로 여겨졌기 때문에, 조용필이 해외 뮤지션과 신곡을 작업했다는 사실은 충격적인 것이었다. 하지만 그럼에도, 싸이의 「젠틀맨」이 4월 18일 전 세계적인 주목을 받은 가운데, 「바운스」는 발매 다음 날 음악 차트 1위에 올랐다(S. Y. Kim, 2013).[8]

이처럼 외국 작곡가들은 한국 음악 산업에서 활발하게 활동했다. 1990년대 후반부터 일부 연예기획사가 외국 작곡가를 고용하기 시작했고, 최근에는 K팝의 전 세계적인 붐과 함께 미국, 네덜란드, 영국 등 해외의 보다 많은 작곡가들이 K팝 뮤지션과 작업하길 희망하며 한국 시장에 진입하고 있다. 연예기획사에 있어 금전적인 혜택은 매우 중요한 요인인데, 국내 유명 작곡가의 경우 앨범당 계약하는 방식을 통해 미니 앨범당 3만 5000~4만 달러를 지불한다. 하지만 외국 작곡가의 경우 3000~4000달러 수준으로, 이는 이들이 로열티 방식을 선호하기 때문이다(kpopstarz, 2012.7.18). 물론 세계적으로 유명한 프로듀서와 작곡가가 한국 연예기획사와 작업하는 것은, 반대로 한국 대중음악에 대한 해외의 관심을 좀 더 높이는 데 일조하기도 한다(Jean Oh, 2011).

마지막으로, 한국 음악 산업은 가사에 영어를 활용하는데, 이는 10여 년 전에 비해 외국어 능력이 향상된 한국의 청소년뿐 아니라 서구의 청취자에게도 호소력을 지니기 위함이다. 이러한 혼종화 전략은 거대 연예기획사가 채택한 것으로 왜냐하면 한국어를 코러스와 멜로디 라인에 사용하는 게 쉽지 않기 때문이다(S. H. Lee, 2009). 또한 연예기획사들은 국내를 넘어 전 세계를 겨냥하기 위해서는 한국 대중음악에 영어를 섞는 일이 필요하다는 것을 깨달았다. 영어 혼합 가사는 서구와 비서구권의 언어문화의 융합을 강조해왔다. K팝 그룹의 스타일이 합성된 음악, 비디오 아트, 패셔너블한 복장, 사슴 같은 순수함과 섞인 섹슈얼리티로 혼합되어 있는 이유가 바로 여기에 있다. K팝 퍼포먼스는 종종 영어가 혼합된 반복적인 코러스와 맞물리는 댄스 동작들을 지니곤 하는데, 이는 아시아에서 커다란 유행이 되었다(Choe and Russell, 2012).

K팝의
언어적 혼종화

오늘날 K팝에서 동·서 간 혼종성은 서구 음악 장르와 스타일, 댄스뿐 아니라 영어가 혼합된 가사부터 국내가 아닌 서구 작곡가와의 협업에 이르기까지 다차원적으로 명백하게 나타난다. 21세기 초반의 K팝은 특히 댄스 리듬, 기억하기 쉬운 멜로디와 더불어 영어가 혼합된 가사 등을 지닌 스타일로 다양화되어 있다. 랩, 레게, R&B, 힙합 등 여러 서구의 스타일을 전유하면서, 많은 K팝 뮤지션은 싸이의 「강남스타일」 같은 새로운 스타일과 장르를 발전시켜왔다. K팝에서 영어의 활용은 노래 제목과 가사, 두 카테고리에서 확인할 수 있다. K팝에서 영어로 된 노래 제목의 등장은 초기 한류 시기 이후 빠르게 증대되었다. 1991년에는 영어를 사용한 제목의 노래는 차트 상위권 50위 중 단 3곡뿐이었고, 1997년에도 「리멤버」(포지션), 「Here I stand for you」(넥스트), 「포에버」(안재욱) 등 5곡이었다.[9] 이 숫자는 예외적인 상황 몇 번을 빼고는 지속적으로 증대되는데, 2011년에 이르러 영어 제목의 노래는 26곡으로 주류가 되었고, 이듬해에도 25곡으로 나타났다.

영어 제목 노래가 증가한 가운데, 많은 경우 「Chocolate Love」나 「Hurricane Venus」와 같이 의미 없는 노래 제목을 만들어내기 위해 영어가 사용되기도 했다. 때로는 「Mirotic」처럼 영어 단어를 만들어내기까지 했다(Lindvall, 2011b). 영어가 종종 문법적으로 잘못 사용되면서 몇 가지 흥미로운 문장을 만들어내기도 했는데, 슈퍼주니어의 "I Naughty Naughty"나 B1A4의 "Zoom My heart like a Rocket" 등이 그러한 사례이다. 대부분의 아이돌이 영어를 유창하게 구사하지 못하기 때문에 종종 발음이 어긋나면서 난감한 상황이 발생하기도 한다. 예를 들어 영웅재중의 fish-cash 라임이 그에 해당한다. 베이비 토크와 유사한 이와 같은 조어들이 제대로 처리되지 못할 경우, 노래는 혼란스럽게 종결되곤 한다(*seoulbeats*, 2012.7.23).

한편, K팝 뮤지션은 글로벌 수용자, 특히 세계에서 가장 큰 시장인 미국 수용자들에게 호소력을 지니기 위해 가사에 영어를 대량으로 혼합해 사용한다. 많은 K팝 가수와 그룹이 가사에 영어를 더욱 많이 사용하기 때문에 영어 가사가 포함된 K팝 노래의 수가 증가하고 있다. 2012년 최상위 50위권 내 K팝 가운데 70%에 해당하는 35곡이 가사에 영어를 담고 있는데 ― 그 가운데 일부는 의미 없는 감탄사였다 ― 이는 2010년 12월 56% 28곡에 비해 증가한 것이다. 또한 K팝은 중독적이고 반복적인 코러스(후크송이라 불린다)와 그에 부합하는 따라하기 쉬운 댄스 동작들을 제시함으로써 금방 외워진다. 몇몇 대중음악 비평가는 "이러한 것들은 노래가 효율적으로 외워지도록 함으로써 무의식적으로 따라 부르게 만든다"고 설명하기도 한다(Korean Culture and Information Service, 2011: 58).

소녀시대의 「Gee」(2009), 카라의 「점핑」(2010), 싸이의 「강남스타일」(2012) 등 최근 몇 년간 최고의 인기를 누렸던 곡들은 차트에서 가장 성공적이었던 것이므로, 분명 출시되었던 당시의 트렌드를 보여주는 것이라 할 수 있다. 그런데 이 곡들은 장르와 댄스 스타일 그리고 영어 활용에서 상이한 양상을 보여준다. 당시 가장 많은 인기를 얻었던 이 노래들은 장르와 스타일에서 K팝의 변화하는 특징을 보여준다는 점에서 혼종적 대중음악의 사례로 적합하다.

2009년 1월 발표된 소녀시대의 「Gee」는 K팝의 모범 사례에 해당한다. 「Gee」는 어린 여성이 처음으로 사랑에 빠지는 내용의 후크송으로, 싸이의 「강남스타일」이 등장하기 전까지 2011년 9월에서 2012년 9월까지 유튜브에서 가장 많은 뷰를 기록한 K팝 뮤직비디오였다. 「Gee」는 금방 귀에 익숙해지는 후렴구로 된 가벼운 댄스곡으로 2013년 6월 10일 현재 유튜브에서 1억 400만이 넘는 뷰를 기록하고 있다. 「Gee」는 '어머나'와 비슷하게 놀라움을 표현하는 감탄사로 영어의 "Oh, my goodness" 또는 "Gee!"와 같은 의미를 지닌다. "해외 진출, 특히 영어를 사용하는 미국 시장에 진출을 시도한 바 있는 대부분의 K팝 아티스트들은 언어 장벽을 문화적 경계를 넘는 데 가장 어려운 부분"이라고 고백한다(S. Jung, 2013: 122).

「Gee」는 영어로 된 세 줄의 가사로 시작한 후 두 줄의 한국어 가사가 이어지고 그 뒤에 또 다른 두 줄의 영어 가사가 이어지며, 코러스 파트는 gee, baby, oh yeah 등의 매우 짧은 영어 단어로 이루어져 있다. 2006년에서 2012년까지 뮤지션 36명이 발표했던 100곡을 언어적으로 분석한 결과, 서주원은 yes, yeah, no, hey, yo, oh, uh, huh, bang, shoot, like, okay, hello, one, two, three, listen, why, stop 등의 영어 감탄사나 삽입구가 최신 K팝 노래에서 가장 자주 사용된 영어 단어였다고 밝혔다(Joowon Suh, 2012).

한편 2012년 후반 전 세계는 K팝 노래 한 곡 ─ 싸이의 「강남스타일」 ─ 이 전 세계적인 현상으로 부상하는 것을 목격한다. 「강남스타일」은 2012년 9월 30일 3억 뷰를 기록한 뒤 같은 해 11월 24일에 8억 3650만 뷰를 기록함으로써 유튜브상 최고의 곡으로 떠올랐는데, 이로써 「강남스타일」은 한국 역사상 가장 성공적인 수출품이 된다. 「강남스타일」은 발매 이후 단 4개월 만에 그와 같은 기록을 달성한 것으로, 그 이전까지 최고 뮤직비디오는 출시 후 33개월이 지나 8억 3600만 뷰를 달성했던 저스틴 비버Justin Bieber의 「Baby」였다(*Dong-A Ilbo*, 2012.11.25).

「강남스타일」의 비디오는 2012년 7월 15일 싸이의 공식 유튜브 채널에서 공개되었다. 이 비디오가 한국에서 「강남스타일」이 센세이션을 일으키는 데 공헌하면서, 한국에서 「강남스타일」은 YG 엔터테인먼트의 레코드 라벨을 달고 엠넷과 가온 차트에서 7월 말 최상위에 오른다.[10] 전 세계 K팝 팬들 사이에서 견인력을 확보한 후, 이 비디오는 7월 28일에서 8월 3일까지 국제적으로 알려진 레딧Reddit, 고커Gawker, 데일리비스트Daily Beast 등 여러 유명 웹사이트를 통해 공유되기 시작해 마침내는 CNN과 ≪월스트리트 저널Wall Street Journal≫에 소개되기에 이른다. 상대적으로 주목받지 못했던 부분은, 「강남스타일」이 단순히 사회적 미디어 현상, 나아가 전통적인 미디어 현상에 그치는 것이 아니라 현실의 현상에까지 이르렀다는 점이었다. 등장 후반 몇 달 동안 온라인에 접속해 유튜브에서 「강남스타일」을 검색했던 추진력은 현실 세계의 사건에 대한 반응이었다(Hu, 2014).

≪타임스The Times≫가 정확하게 관찰했듯, "이 노래는 기억하기 쉬운 데다 비디오가 웃기기 때문에 사람들은 「강남스타일」의 바보 같음이 사회적 조롱을 담고 있음을 알아채지 못하곤 한다. 강남은 서울에서 가장 부유하고 최첨단 유행을 선도하는 동네인데, 이 비디오는 강남의 스타일대로 인생을 크게 살고자 하는 싸이가 서툴러서 우스운 모양새를 묘사한 것으로, 한국에서 갈수록 번성하는 소비 과잉의 문화에 대한 풍자"를 전한다(Futrelle, 2012). 승마 자세에서 따온 춤동작은 따라 하기 쉽도록 단순한데, 이 춤이야말로 「강남스타일」이 세계적으로 선풍을 일으키는 데 핵심적인 요소였다. 가장 인기가 많은 최신 K팝 노래임에도 「강남스타일」에는 상대적으로 영어 단어의 사용이 적었는

데, "style"과 "sexy lady" 정도만 사용되는 수준이었다. 그러나 노래 자체는 여전히 몇 개의 벌스와 코러스를 반복적으로 사용한다. 따라서 「강남스타일」은 다른 K팝 노래와 마찬가지로 후크송에 해당한다. 싸이는 반복적으로 "오빠는 강남스타일, 에, 섹시레이디"를 외치며, "오, 오, 오, 오"와 같은 미국화된 말투를 외친다. 즉, 이 후크송은 21세기 초반 이래 가장 대중적인 K팝 스타일을 그대로 보여준 것인데, 여기에 싸이의 독특한, 다이내믹하면서도 코믹한 승마 댄스 덕분에 많은 인기를 모았다.

영어와 혼합된 K팝 가사에 대한 분석은, 한국 대중음악의 초국가화가 단순히 글로벌 시장에서 한국의 우월성을 의미하는 것이 아님을 보여준다. 한국 대중음악에 대한 미국의 영향을 확인하지 않아도 한국의 음악 산업은 미국 대중음악 장르와 스타일, 그리고 영어와 혼합된 혼종 문화의 형식으로서 대중음악을 발전시켜온 것이며, 이와 같은 혼종성을 기반으로 K팝이 신한류에서 가장 중요한 문화 장르가 되었던 것이다. 그러나 혼종적 K팝이 정말로 한국성을 반영하고 있는지 이해하는 것은 매우 중요한데, 왜냐하면 그것이 글로벌 시장에서 한국 대중음악이 장기적으로 성공을 이어갈 수 있도록 하는 핵심적인 요인이기 때문이다.

글로벌 시대
혼종적 K팝에 대한 이해

K팝의 혼종화는 구조적으로나 텍스트적으로 독특하다. K팝 뮤지션들은 글로컬라이제이션 전략을 활용해 세계 여러 지역 ― 비록 여전히 북미 시장에서는 제한적이긴 하지만 ― 으로 성공적인 진입했다. 그러나 오늘날 K팝에 내재된 혼종성은 여러 가지 논쟁거리를 낳는다. K팝은 서구의 음악 장르를 한국 대중음악

과 혼합한 것으로 충동적인 리듬이나 강력한 시각적 이미지, 그룹 댄스 등이 그러한 점에 해당한다. 서구에서 유래한 음악 장르가 한국 대중음악 스타일의 변화를 가져왔고, 그러한 음악 장르가 K팝 내 서구의 음악 장르와 한국적 콘텐츠 간의 혼종화를 보여주는 가운데, "오늘날 한국에서 나타나는 지역과 글로벌 간 상호 혼합의 양상은 K팝에서 영어 혼합의 형태"로 나타난다(J. S. Lee, 2004: 430). 싱가포르에서 현지 조사를 마친 뒤 정선Sun Jung은 "아시아에서 성공한 K팝 뮤지션 중 한 명인 비는, 스타일이 궁극적으로 미국식 팝의 복제품임에도, 독특하면서 미국식 팝 음악과 상이하다"고 주장했다(Jung, 2011: 107). 이처럼 일각에서는 K팝이 혼종화 과정을 통해 발생한 새로운 문화적 장르의 전형적인 사례라고 주장한다. 문제는 그들이 미국의 음악 장르·스타일의 영향을 받은 K 팝과 미국의 팝 음악 간의 차이를 "K팝은 독특하며 뭔가 다르다"는 말 외에는 설명하지 못한다는 것이다. 기민하게 절합된 서구의 스타일과 장르로는 새로운 문화 형식의 발전이 보장되지 않는다. 음악 부문에서 현재 나타나는 구조적 혼종화의 양상은 한국적 정서를 반영하는 데 거의 실패하고 있다.

따라서 K팝이 ─ 비록 완전히는 아닐지라도 ─ 미국 팝 음악의 또 다른 버전이라는 사실은 놀랄만한 일이 아닌데, 왜냐하면 많은 K팝 뮤지션이 지역성에 대한 강조 없이 미국의 스타일과 음악 장르를 피상적으로 뒤섞고 있기 때문이다. 이안 클로시어Ian Clothier가 지적하듯, 주목해야 할 부분은 혼종적 장르가 권위와 문화적 헤게모니와 적대적인 관계라는 것 ─ 혼종화는 다양성과 이질성을 담아야 한다는 것 ─ 이다(Clothier, 2005). 이는 이질성(구성상의 다양성)과 다층성(요소들의 혼합)을 강조하는 것으로 그러한 부분을 혼종 문화에서 중요한 측면으로 보기 때문이다. 이는 그 자체의 권위가 존재하는 제3 공간의 형성을 통해 가능해진다. 그러나 오늘날 K팝은 혼종적 대중문화를 만들어내고자 하는 노력에도 불구하고 혼종화 과정을 통해 고유한 지역 문화를 만들어내는 데 어려움을 겪고 있다. 국내 연예기획사들이 상이한 특징 두 개를 단순하게 뒤섞어서 오늘날의 K팝을 발전시킨 것은 아니다. 그러나 대중음악 분야에서 문화적 혼종성은 미국의 영향력으로부터 자유로운 새로운 창의적인 문화나 제3의 공간을 구축했다기보다는 글로벌 형식과 스타일을 따라왔다. 미국의 문화적 영향력이 절대적으로 지배적인 위치에서 작동할 수는 없지만 그 대신 지역의 혼종화 과정과 상당 부분 상호 엮이면서 여전히 작동하는 것이다(Jin and Ryoo, 2014).

혼종적 한국 대중문화를 고유한 지역 문화라 할 수 있을지 묻는 질문에 인터뷰 대상자들은 다양한 반응을 보이긴 했지만, 한국의 대중문화가 서구 중심적이라는 대답이 다수였다. 제1장에서 언급했던 뉴욕 출신의 22세 여학생은 "제 생각에 혼종적 한국 대중문화는 전반적으로 글로벌 엔터테인먼트 문화의 최전선인 것 같아요. 왜냐하면 한국 대중문화에 담긴 한국의 전통적인 가치를 K팝이나 영화, 텔레비전 프로그램 등에 적용하고 있기 때문이에요"라고 응답했다. 라틴아메리카에서 캐나다로 이주해온 24세 또 다른 여학생은 다음과 같이 말했다.

> K팝이 혼종적인 요소를 가지고 있다는 것은 분명해요. 왜냐하면 장르와 음악적 스타일에서 서구의 것과 비서구적인 것이 뒤섞여 있기 때문이에요. 그뿐 아니라 가사에도 영어가 섞여 있고 서구의 작곡가의 영향력 또한 K팝 음악의 스타일에 엄청난 영향력을 미치고 있으니까요. 하지만 저의 다문화적인 배경이 보여주듯 저는 어떤 문화에서도 순수한 정통성을 찾는 것은 어려운 일이라고 생각해왔어요. 따라서 저는 음악의 다양한 장르와 통합되는 즐겁고 신나는 멜로디와 가사를 즐겨요. 음악의 다양한 형식를 합치는 데서 오는 K팝의 이와 같은 다양성이야말로 제가 서구의 팝 음악과 대비해서 매우 즐겁고 좋다고 느끼는 지점입니다.

또 다른 인터뷰 대상자는 "한국의 대중문화는 다른 여타의 문화 형식과 마찬가지로, 언제나 변화하고 있지만 서구의 영향력은 피할 수 없을 것"이며 "(한

국 대중문화는) 매우 서구 주도적"이라고 응답했다. 23세 한 남학생은 "저는 K
팝이 한국다운 것being Korean에서 비롯되는 고유함이 적다고 생각해요. 그리고
그것들이 기본적으로 서구의 수용자를 염두에 두고 생산되었다고 생각해요"라
고 응답했다. 밴쿠버의 한 여학생(24세)은 특히 이렇게 언급했다. "저는 K팝이
한국적이라고 못 느껴요. 왜냐하면 그 콘텐츠가 무척 서구의 스타일과 유사하
거든요. 저는 서구의 수용자들에게 다가가는 한편 고유한 정통의 콘텐츠를 유
지하는 것이 진짜 힘들 것이라고 생각해요. …… 그래서 균형을 잘 잡아야 할
필요성이 있는 것이겠죠."

　음악은 감정을 표현하거나 스토리를 이야기하기 위해 사용되는 것이며 그
와 같은 감정과 이야기는 노래 가사를 통해 가장 잘 표현된다(seoulbeats,
2012.7.23). 하지만 K팝의 경우, 특히 최신 K팝일수록 가사의 역할이 상대적으
로 축소되고 있다. 그러므로 K팝에서는 가사의 중요성이 점차 줄어들고 있다
고 할 수 있다. 이는 의미 전달보다는 사운드와 흥에 초점을 맞추는 댄스 음악
장르 전반에 해당하는 것이지만, K팝의 경우 그러한 경향이 특히 명백하게 나
타나고 있다. 그 이유는 K팝 장르의 인위성에서 찾을 수 있다. K팝을 주도하
는 아이돌들은 수익 창출을 목적으로 하는 거대 기업에 의해 관리되며, 이러한
기업과 함께 하는 아이돌은 대개 노래 가사에 자기 자신을 적용할 수 있는 기
회를 갖지 못하는 것이다. 아이돌을 관리하면서 미래의 성공을 만들어내는 기
업들과 함께 하는 아이돌은 대개 노래 가사에 자기 자신을 적용할 수 있는 기
회가 거의 없다(seoulbeats, 2012.7.23). K팝은 분명 글로벌과 지역 간의 혼합이
다. 하지만 여기에는 한국적인 주제 같은 것이 반영되어 있지 않다. 또한 혼종
화 과정에서 글로벌 지역 간 불평등한 관계도 명백하다.

결론

지난 수십 년간 대중음악은 문화적 혼종화와 관련된 복잡성을 보여왔다. 서구와 비서구의 대중문화 모두 두세 문화 간 혼종화를 보였다. 빠르게 진행되는 글로벌라이제이션 속에서 상이한 문화 간 혼종화는 피할 수 없는 것이자, 더 이상 새로운 현상도 아니다. 21세기 K팝 또한 다양한 요소의 융합을 동반한 즐거움의 문화가 혼합되는 경향을 보여준다. 한국의 음악 산업은 주의 깊게 설계된 혼종화 전략과 더불어, 업계 내 파워하우스와 정부 정책, 디지털 미디어와 소셜 미디어의 빠른 성장, 가사 속 영어 사용에 따라 변화해왔다.

여기서 강조되어야 할 지점은 혼종성의 특성이 어떻게 나타나는지의 부분이다. 이러한 부분이 중요한 이유는 K팝을 포함한 한류의 회복력에 대해 부정적인 경향의 의견이 제시되고 있기 때문이다. 핵심은 콘텐츠와 다양성이다. 그러나 노래하는 그룹과 솔로 가수의 콘셉트와 스타일이 갈수록 정형화되고 있으며, 스타에만 집중하는 대중문화로 인해 한류의 다양성이 부족해지고 있다. 이제 서구 문화를 모방하는 것으로는 한류의 성공이 보장되지 않는다. 대체 불가한 가치를 만들어내는 창의적인 방식 속에서 한국의 문화적 DNA가 해외 콘텐츠와 통합되어야 한다. "좀 더 고유한 한국적인 이야기와 문화적 원형이 글로벌의 감각 및 관점과 통합됨으로써 발견되고 재창조"되어야 하는 것이다(M. Seo et al., 2013: 12).

한국의 음악 산업은 미국 시장에서 팔릴 수 있는 K팝을 만들어내는 과정에서 한국적인 것을 상실해가고 있다. 미국의 시사 주간지 ≪뉴요커New Yorker≫는 "K팝은 동아시아의 매시업mash-up이다. 대개 한국인으로 구성된 공연자들의 환상적이고 일사불란한 댄스 동작은 윙크와 손동작이 곁들여지는데, 이러한 부분은 아시아적 취향인 동시에 음악적 사운드는 서구적으로 힙합 벌스와 유로팝 코러스, 랩, 덥스텝 브레이크 등이 사용"된다고 평한 바 있다(Seabrooks,

2012: 88).

정은영 또한 "보아가 일본에서 성공한 것은 그녀의 한국성과는 거의 무관하다. 보아는 대중 앞에서 나서기 위해 일본어를 배웠으며 일본의 팝스타로 보이기 위해 일본어로 노래하는 법을 배웠다. 이와 같은 리패키지repakage와 탈脫한국화(또는 일본화) 과정은 보아가 일본에서 성공할 수 있었던 핵심적인 부분이었고 이후 일본에서의 성공을 위한 하나의 규칙으로 자리 잡았다"고 언급한 바 있다(Jung, 2009: 76). 이처럼, 「강남스타일」이 글로벌한 지위에 올랐다 할지라도, K팝 스타들이 서구의 음반사와 작업하며 영어 앨범을 만들고 서구적인 음악 스타일을 따르는 한, K팝은 한국성을 표현하거나 구축하는 데 공헌하는 한국의 문화 생산품이라 할 수 없다. 이와부치는 "많은 아시아의 팝스타는 지역의 전통적인 문화를 표현하는 것이 아니라 해외, 특히 미국의 영향력에 치중된 혼종성에 의존적"이라고 지적한 바 있다(Iwabuchi, 2008a: 146). 아시아를 비롯한 다른 권역에서 일본과 한국의 대중음악이 성장한 것은 그와 같은 과정에 따른 결과였다.

혼종화는 미디어 운영이 글로벌라이제이션 되는 과정에서 미디어 기업이 지역 문화와 환경을 각색하면서 발생했는데, 이는 다시 지역이 지역적 가치를 재발견하도록 자극했다(Seungho Cho and Chung, 2009: 324). 2010년대 초반 들어 상당한 변화를 거친 K팝은 가사와 장르의 혼종화를 통해 상대적인 성공을 거둘 수 있었다. 하지만 명심해야 할 중요한 핵심은 지역의 문화적 특성이 글로벌의 구조 안에 놓여야 한다는 것이다. 그리고 때로는 개별적으로, 때로는 함께 맞물려 변화해온 사회문화적·기술적·자본적·정치적 권력이 역사적으로 어떻게 상호작용을 해왔는가라는 역사적 측면을 주의 깊게 살펴야 한다. 이렇게 접근할 때에 비로소 혼종화 과정 내 지역의 문화에 대한 온전한 이해를 구할 수 있을 것이기 때문이다.

디지털 한류

제 7 장

디지털 한류 2.0

디지털 게임의 초국가화

21세기 초반부터 한국의 온라인 게임은 빠르게 발전했고 수출도 가파르게 증가했다. 이 시기 미국이나 영국, 프랑스 등 서구 국가 또한 글로벌 시장에서 자국의 영향력을 유지했다. EA Electronic Arts나 라이엇게임즈Riot Games, 블리자드엔터테인먼트Blizzard Entertainment 등 서구 기반의 게임 회사들은 〈월드 오브 워크래프트World of WarCraft〉, 〈스타크래프StarCraft〉, 〈디아블로Diablo〉, 〈리그 오브 레전드League of Legends〉 등 여러 인기 게임을 개발하면서 글로벌 시장에서 점유율을 높여갔다. 일부 서구 게임 기업은 중국과 대만, 한국 같은 개발도상국에도 합작 투자나 지사 형식으로 진출하기도 했다. 그러한 가운데 한국이 가장 빠르게 성장하고 있는 디지털 콘텐츠 부문의 글로벌 시장을 주도하면서 온라인 게임 분야에서 상당한 존재감을 나타내고 있는 것이다(Holroyd and Coates, 2012). 넥슨NEXON, 엔씨소프트NCsoft Corporation, CJ E&M, 위메이드Wemade 등 한국의 게임 개발 및 퍼블리싱 기업은 북미와 유럽을 포함한 해외에 지사와 합작 투자사를 설립하는 (글)로컬라이제이션 전략을 통해 이웃 국가뿐 아니라 서구의 게임 시장에도 성공적으로 진입하고 있다.

온라인 게임 분야에서 두드러지는 한국 게임 산업의 빠른 성장, 그리고 수출은 다음과 같은 두 가지 핵심적인 질문을 제기한다. 우선, 비디오게임이 서구 주도의 일방적인 흐름으로 인해 문화적 제국주의의 특성을 지니는 초국가화·글로벌 문화 흐름이 비서구에서 서구로 이어지는 새로운 문화 흐름, 즉 문화적 역류로 변화하고 있는가 하는 것이다. 또 다른 질문은 지역의 게임 개발자들이 지역과 글로벌 간 혼합을 통해 혼종적 게임 문화를 발전시킴으로써 제3의 공간을 창조해내었는지의 문제다. "혼종이란 당연히 문화 간 혼합일 뿐만 아니라 글로컬라이제이션 전략의 한 형식으로서 비즈니스적인 실천"이기도 하다(Consalvo, 2006: 120). 겉보기에 무관해 보이는 이 두 문제가 어떻게 엮여 있는 것인지를 이해하는 것은 지역 대중문화 성장에 대한 분석에 있어 핵심적이다. 왜냐하면 "문화적 글로컬라이제이션 과정에 대한 이러한 접근이 아시아 미디어 문화가 서구 중심으로 권력이 형성되고 있는 현상에 대해 문제를 제기하는 데까지 나갈 수 있게" 하기 때문이다(Iwabuchi, 2010a: 404).

디지털 게임 산업이 단일 부문으로 한류 내 최대 영역을 형성하기 때문에, 이 장에서는 디지털 한류 2.0 시대 디지털 게임 산업 형성 과정의 주요 특성을 주의 깊게 논할 것이다. 또한 한국의 온라인 게임 사례를 통해 지역 대중문화의 초국가적 흐름을 맥락화함으로써 디지털 게임의 문화 흐름을 분석한다. 이를 통해 문화 흐름과 관련된 현재의 논쟁에 대한 단서를 얻을 수 있을 것이다. 이어서 한국 게임업체가 혼종적 디지털 게임을 개발한 방식을 살펴보고 이를 기반으로 지역 온라인 게임과 모바일 게임의 혼종화·세계화의 특성을 파악할 것이다. 궁극적으로는 새로운 역류 경향이 디지털 테크놀로지와 함께 글로벌 문화 시장으로 확장될 수 있을지 여부를 논할 것이다.

글로벌 게임 시장의
문화 역류

1960년대와 1970년대에는 국제적인 커뮤니케이션의 불평등한 흐름과 구조적 불평등 관련 논쟁이 주로 종속dependency의 개념하에서 진행되었다. 비판적인 미디어 학자들은 글로벌 문화 흐름을 서구 권력, 특히 미국에 편중된 비대칭적 관계로 보았는데, 왜냐하면 미국이 미디어 중심의 자본주의적 문화 흐름을 주도했기 때문이다. 게다가 이와 같은 불평등한 국제적인 문화·뉴스의 흐름은 100년이 넘는 시간 동안 존속되었다는 점에서도 문제였다(Boyd-Barrett and Thussu, 1992; McChesney, 2008; Huntermann and Aslinger, 2013). 미국이 주도하는 온·오프라인의 — 정보, 인포테인먼트, 엔터테인먼트 등 다양한 형식을 지닌 — 서구 미디어는 전 지구를 아우르는 접근성을 통해 영향력을 행사해왔다(Thussu, 2006).

하지만 지난 20여 년간 비판적 미디어 학자들이 제시했던 전 세계 커뮤니케이션 구조의 강력한 중심이라는 개념이 일방적인 문화 흐름을 지나치게 결정주의적으로 이해한 것이라는 사실이 분명해졌다. 예를 들어 방송과 같은 일부 문화 산업 부문의 경우 지역 제작이 활성화되고 있는데, "남에서 북으로의 문화 역류 사례는 갈수록 복잡해지고 있는 텔레비전 프로그램의 국제적인 흐름을 잘 보여주며, 일부 제3세계 프로그램 제공자는 글로벌 시장에서 거대 플레이어가 되었다"(Bitereyst and Meers, 2000: 393). 2000년대 초반 들어서는 디지털 게임과 인터넷이 문화 흐름에 관한 논쟁의 주요 주제로서 추가되었다(Ritzer and Ryan, 2004).

1990년대 중반 이후 일부 미디어 이론가는 문화 흐름이 일방적으로 이루어지는 것인지를 두고 논쟁해왔다(Sinclair and Harrison, 2004; Thussu, 2007; Wu and Chan, 2007). 다야 서수Daya Thussu는 "국제적 문화 흐름의 복잡한 과정을 좀 더 면밀하게 살펴보면 그 흐름이 ― 비록 북쪽으로 크게 편중되어 있기는 하지만 ―
단순히 북에서 남으로의 일방적인 흐름은 아님을 알 수 있다"고 말한다
(Thussu, 2007, 185). 증거를 살펴보면 "온라인 커뮤니케이션 커뮤니티뿐 아니
라 초경계적인 텔레비전 방송사들이 새롭게 출현하고 있는 것, 그리고 그중 일
부가 주변부에서 글로벌 미디어·커뮤니케이션 기업이 위치한 중심으로 이동"
했다는 것이다(Thussu, 2006; 2007). 멕시코와 브라질, 인도 등 라틴아메리카와
아시아 일부 국가는 자국의 문화 생산품을 발전시켰고 한국 문화 생산품도 최
근 아시아권과 북미, 유럽의 일부 서구 국가들 사이에서 번창하고 있다.[1]

　디지털 게임 산업 분야에서는 소수의 연구자가 콘솔console 게임, 핸드헬드
Handheld 게임, 온라인 게임 분야에서 그와 같은 역류의 양상을 확인한 바 있는
데, 왜냐하면 오늘날 문화 상품, 서비스, 이미지의 전 지구적 흐름에서 디지털
게임이 핵심적인 부분이기 때문이다(Kerr, 2006; Consalvo, 2006). 현대의 경제
적·사회적·기술적·문화적 거대 권력을 반영하듯, 기존 연구는 북미와 유럽 그
리고 일본이라는 초권역적 게임 생산 중심지와 이들 중심에서 다른 지역으
로 이어지는 문화 흐름에 초점을 맞춰왔다(Johns, 2006). 그러나 디지털 게임
영역에서도 새롭게 부상하는 시장이 존재한다. 일본의 콘솔 게임과 관련해서,
미아 콘살보Mia Consalvo는 "비디오게임 산업이 다른 미디어 산업 분야에서는 볼
수 없었던 수준으로 비즈니스와 문화가 상이한 동양과 서양을 혼합한 혼종화
를 보인다"고 지적한다(Consalvo, 2006, 120). 예컨대 온라인 게임 영역에서는
"중국에서 개발된 온라인 게임이 미국에서 개발된 고품질 게임과 경쟁할 수 있
는 단계에 이르렀고, 일부 중국 개발사는 인근 아시아 국가로 게임을 수출하면
서 이전까지 한국 온라인 게임이 점유해왔던 아시아 시장에서 경쟁"할 수 있는
지점에 이르렀다(P. Chung and Fung, 2013: 248).[2] 한국은 2007년까지의 한류
1.0 시대에 세계 온라인 시장에서 이론의 여지가 없는 글로벌 강자였다. 그러
나 2010년 초반 중국과 한국은 매우 첨예하게 경쟁하기 시작하는데, 이는 디

지털 한류 현상의 주요 특성이기도 하다.

글로벌 시장의
한국산 디지털 게임

1990년대 중반까지 한국의 게임 산업은 가내 공업에 가까웠고, 비디오게임은 문화나 산업 분야에서 별다른 비중이 없었다(Jin, 2010b). 정부는 비디오게임이 한국 사회, 특히 아동에게 부정적인 영향을 미친다고 여겨 엄격하게 규제했다. 1980년대 후반에서 1990년대 초반까지 열두 군데 남짓의 개발사만 존재하는 소규모 게임 산업이 한국 시장을 지탱하고 있었다. 한국의 소규모 게임 개발 산업은 1996~1997년 경제 위기 속에서 몰락했고, 당시 개발사 가운데 1998년 이후부터 부상하기 시작하는 온라인 게임 산업으로 성공적으로 전환한 기업은 없었다(Casper and Storz, 2013).

그러나 1990년대 후반 들어 한국의 게임 산업은 갑자기 비디오게임, 특히 온라인 게임을 개발하기 시작하고, 신한류 시기에 들어와 온라인 게임 산업은 해외 수출에서 가장 거대한 단일 부문으로 성장한다. 청 Peichi Chung의 적확한 지적대로 "한국 게임 산업은 규제limitation 산업에서 혁신innovation 산업으로 스스로를 탈바꿈"한 것이다(Chung, 2015: 513). 게임 부문의 성장을 주도한 주요 요인으로는, 광대역 통신 서비스의 놀라운 성장에 기반을 둔 PC방의 빠른 성장과 게임 산업의 초기 발전 단계에서 나타난 〈스타크래프트〉의 높은 인기를 들 수 있다.[3] 블리자드 엔터테인먼트의 〈스타크래프트〉가 PC방을 매개로 한국의 온라인 게임 산업 성장에 기여한 바는 이론의 여지가 없다. 〈스타크래프트〉는 네트워크 멀티플레이어 기능이 있는 실시간 전략 게임으로, 이러한 특성은 네트워크 컴퓨터게임의 초반 성공을 주도하면서 대규모의 대중화를 가능하게 한 요인이었다(Chan, 2008). 〈스타크래프트〉의 번성과 함께, 젊은이들은 아케이드arcade 게임을 비롯한 여타의 여가 활동을 버리고 빠르게 온라인 게임으로 몰려갔다.[4] 〈스타크래프트〉는 비록 미국에서 개발된 온라인 게임임에도 불구하고 한국적 게임 맥락에서 매우 중요한 의미를 지닌다. 인터뷰 대상자 가운데 파트타임 컴퓨터 엔지니어로 일하는 한 남학생(20세)은 "저는 온라인 게임을 플레이하면서 동시에 게임 플레이 과정을 보는 것도 좋아해요. 한국 게이머와 게임하는 것을 좋아하는데 왜냐하면 그들은 〈스타크래프트〉나 〈리그 오브 레전드〉 같은 경쟁 게임(이 둘은 2015년 6월 현재 PC방에서 가장 인기가 많은 MMORPG다)에서 가장 강력한 경쟁자들이기 때문이죠. 저는 이와 같은 특성이야말로 한국에서 전략가와 엔터테이너 그리고 대중적인 실천가로 가득한 거대한 게이머 커뮤니티가 형성될 수 있었던 것이라고 생각합니다"라고 언급했다. 또 다른 남학생(24세) 또한 "〈스타크래프트〉가 서구의 개발사에서 만든 것이긴 하지만 한국에서 엄청난 성공을 거두었고, 그렇기 때문에 저는 이 게임을 한국 온라인 게임이라고 여겨요"라고 말했다.

이와 같은 배경을 바탕으로, 한국의 게임 산업은 21세기 초반 가장 빠른 성장세를 보이면서 한국 대중문화를 대표하는 가장 중요한 문화 형식으로 부상한다. 2000년 한국 게임 산업이 성장하기 시작하던 시기, 국내 게임 산업의 매출은 미화 18억 5000만 달러(인터넷 카페 제외)였고, 온라인 게임은 전체 게임 매출의 10.3%(미화 1억 9150만 달러)에 불과했다. 같은 해 아케이드 게임은 82%로 가장 큰 비중을 차지했고(미화 15억 2000만 달러), PC방은 6%로 3위에 머물렀으며, 모바일 게임과 콘솔 게임은 주변부에 머물렀다. 당시 한국 비디오게임 산업의 세계시장 점유율은 1.7%에 불과했다(Ministry of Culture and Tourism, 2002: 461~462).

하지만 한국의 게임 시장은 지난 수년간 증대했다. 2012년 콘솔과 핸드헬드, 온라인, 모바일, 아케이드, PC 플랫폼을 포함한 전체 게임 시장 규모는

78억 9000만 달러에 이르는 것으로 나타났다(Ministry of Culture, Sports and Tourism, 2013c: 151). 2000년대 초반과 달리, 온라인 게임 부문이 86%(67억 8000만 달러)에 달했고, 그 뒤를 모바일 게임(8억 달러, 10%)이, 이후 콘솔 게임과 핸드헬드 게임 부문이 차지하는 것으로 나타났다. 한국의 젊은이들은 특히 온라인에 접속되어 있는 것을 선호한다. 한국의 온라인 인구 절반 이상이 11세에서 34세 사이의 연령층이며, 따라서 이와 같은 젊은 인터넷 전문가 집단이 가득한 한국에서 게임 문화가 성장 가능성을 지닌다는 것은 결코 놀랄 일이 아니다(KOCIS, 2012).

한국에서 온라인 게임은 주류 청소년 문화다. 프로게이머는 국가적인 아이돌이 되면서 K팝 스타에 버금가는 인기를 누린다. 마치 미국인이 영화관에 가는 걸 즐기듯, 많은 한국인이 온라인 게임을 즐긴다. 온라인 게임은 젊은 게이머가 다른 게이머와 상호작용을 할 수 있기 때문에 집에서 혼자 틀어박혀 게임을 하는 것은 갈수록 구식이 되고 있다(KOCIS, 2012). 한국은 2008년까지 가장 큰 온라인 게임 시장이었다. 중국이 새롭게 거대 온라인 시장으로 부상하면서 한국 온라인 게임 시장은 2010년 전 세계 온라인 게임 시장의 25.9%에 머무르게 된다. 이는 39.4%의 중국 시장의 뒤를 잇는 것으로 이 같은 변화는 전 세계 디지털 게임 시장의 패턴이 바뀌고 있음을 보여주는 것이었다(Ministry of Culture, Sports and Tourism, 2012b: 363). 그뿐 아니라 스마트폰과 앱이 빠르게 성장하는 것을 반영하듯 모바일 게임이 상당히 성장했는데 2010년 5.6%에서 2012년 10%로 부쩍 성장했다.

이러한 가운데 중요한 사실은, 수출 부문에서 한국의 게임 산업이 여타의 문화 산업을 모두 합친 것보다 더 높은 수익을 내왔다는 것이다. 2003년 한국 게임 산업은 1억 8200만 달러를 수출했는데, 이는 문화 상품 전체 수출의 39%에 해당하는 것이었다. 2013년에는 수출액이 27억 달러를 기록했다(Ministry of Culture, Sports and Tourism, 2014a). 게임 산업은 지속적으로 성장하면서 대중

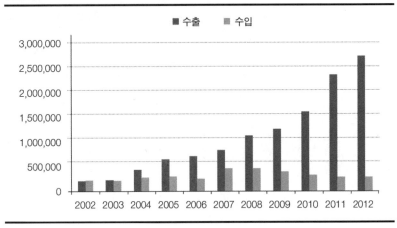

자료: Korea Creative Content Agency(2013: 71~72); Ministry of Culture, Sports and Tourism(2012c, 2014a: 4).

문화 부문 전체 수출의 3분의 2를 차지했는데, 이는 신한류 현상의 주요 특성에 해당한다. 한국은 발전된 광대역 서비스를 기반으로 온라인 게임을 발전시켜왔고 한국의 게임사들은 현재 전 세계의 많은 국가에서 활동하고 있다. 2002년에서 2013년까지 수출액은 약 19.3배 증대했다(〈그림 7.1〉). 디지털 게임 분야에서 가장 거대한 온라인 게임 부문은 2012년 91.4%를 차지했는데, 이는 2009년의 97.2%에서 감소한 것으로 스마트폰 시대에 들어와 모바일 게임의 수출 증가가 반영된 결과다(Korea Creative Content Agency, 2013; Ministry of Culture, Sports and Tourism, 2012b; Korea Game Development and Promotion Institute, 2008).

동아시아 지역을 주로 겨냥했던 다른 문화 부문과 달리, 상대적으로 한국 게임 산업은 ─ 비록 세계적으로 성공한 MMORPG의 개발 여부에 따라 변동적이기는 했지만 ─ 서구 시장에 성공적으로 진입했다. 청은 "다른 아시아 국가들의 인터넷 테크놀로지 발전 정도와 지정학적 장애물에 따른 제한이 존재하는 가운데,

표 7.1 국가별 게임 수출 현황　　　　　　　　　　　　　　　　　　　　　　　(단위: %)

국가	2003	2004	2005	2006	2007	2008	2009	2010	2011	2012	2013
중국	62.1	39.5	20.8	23.6	30.9	26.7	34.9	37.1	38.2	38.6	33.4
일본	5.6	24.9	42.6	32.4	31.1	20.0	26.5	27.1	27.4	26.7	20.8
북미	5.7	6.1	15.7	19.9	17.7	16.8	12.3	9.2	7.6	7.7	14.3
유럽	2.0	3.5	5.0	6.3	5.3	8.5	8.2	8.6	6.4	6.0	8.9
기타	24.6	26.0	15.9	17.8	15.0	28.0	18.1	18.0	20.4	21.0	22.6

자료: Korea Game Development and Promotion Institute(2008); Ministry of Culture, Sports and Tourism(2010b); Korea Creative Content Agency(2013, 2014).

한류는 아시아의 다양한 커뮤니티에 접근하기 위해 국경을 횡단하는 대중문화의 유형을 표준화"했다고 말했다(Chung, 2013: 204). 중국, 일본, 대만을 포함한 아시아가 한국의 온라인 게임에 지속적으로 의존해온 가운데 서구의 국가들도 한국 게임의 수출을 증대시켜왔다.

좀 더 구체적으로, 한국 디지털 게임 수출의 초기였던 2003년의 경우 중국이 한국 게임 수출의 62.1%를 차지한 가운데, 다른 지역은 상대적으로 적은 비중을 차지한 것으로 나타났다. 북미는 5.7%, 일본은 5.6%, 그리고 유럽은 2% 수준이었는데, 따라서 북미와 유럽을 합쳐 7.7%에 불과했다. 텔레비전 프로그램이나 영화 같은 여타의 문화 상품이 그랬듯, 한국의 게임 산업 또한 서구권에서는 매우 낮은 수준으로 진입했던 것이다. 이러한 상황은 북미(6.1%)와 유럽(3.5%)을 합쳐 9.6%에 머물렀던 2004년까지 지속되었는데, 이러한 수치에도 당시 한국은 미국에서 두 번째로 큰 규모의 온라인 게임 수출국이었다. 한국 게임 산업의 수출을 둘러싼 환경은 2005년 이후 근본적으로 변화하기 시작하는데, 갑자기 미국의 한국 게임 수입량이 급증하면서 미국의 전체 게임 수입량의 15.7% 수준까지 증가한다. 이 해에는 북미·유럽 등의 서구 지역이 전체 게임 수출의 20.7%를 차지했는데, 이러한 경향은 최근까지 지속되었다(Korea Game Development and Promotion Institute, 2008: 53; Ministry of Culture, Sports and Tourism, 2010b). 2010년에는 북미와 유럽이 전체 수출의 17.8%에 이르게 되는데, 이 수치는 대중음악(1%)과 텔레비전 프로그램(3.16%)에 비해 훨씬 높은 것이었다(Ministry of Culture, Sports and Tourism, 2012d; 〈표 7.1〉).

한국의 온라인 게임 개발사와 퍼블리셔에게 미국 시장은 매우 중요한 시장이었다. 미국에서 초고속 인터넷망 보급이 진전되면서 온라인 게임이 성장기에 들어섰기 때문이다. 2011년의 경우 북미의 주류 게임 이용자 가운데 46.7%가 콘솔 게임을 즐긴 것으로 나타난 가운데, 온라인 게임을 즐긴 이용자들은 28.6%인 것으로 나타났다. 이러한 경향은 가속화되어 2016년에 이르면 온라인 게임 이용자의 수가 37.8%로 콘솔 게이머(36.7%)를 능가할 것으로 예측된다. 북미의 온라인 게임 시장은 2011년 10.6% 성장했는데, 그에 반해 콘솔 게임 부문은 5.6% 감소한 것으로 나타났다. 이와 같은 온라인 게임 시장의 성장은 광대역서비스 가입자들의 증가와 콘솔 게임의 세대교체, 그리고 소셜 게이머들의 증가가 주도한 것으로 보인다(PriceWaterhouse Coopers, 2012: 358). 이는 빠르게 성장하는 북미 시장으로 한국 게임 산업의 진출이 증대될 것을 의미한다.

신한류 시기 디지털 게임 산업의 또 다른 주요 특성은 모바일 게임의 성장이다. 이는 스마트폰의 경이로운 성장에 기반을 둔 것으로 그와 맞물린 모바일 게임의 성장은 국내뿐 아니라 해외에도 해당된다. 애플이 첫 번째 아이폰을 출시하게 되는 2007년까지 모바일 게임은 그리 큰 비중을 차지하는 부문이 아니었다. 그러나 스마트폰 이용자가 증대하면서 이 새 플랫폼에 기반을 둔 모바일 게임이 갈수록 많은 인기를 누리게 된다. 2010년 초반 이후 한국 게임 시장에서 모바일 게임은 콘솔 게임과 핸드헬드 게임을 제치고 두 번째로 큰 시장으로 부상하는데, 그와 동시에 수출 비중 또한 점진적으로 증대한다. 〈애니팡〉이나 〈캔디팡〉 등의 일부 모바일 게임은 2012년 후반에 엄청난 다운로드를 기록하기도 했다. 모바일 게임은 2010년대 들어와 빠르게 이용자 수를 늘리고 비즈니스 모델을 구축하면서 극적인 성장세를 보이고 있다(Jin, Chee and Kim, 2015).

전 세계적으로 보면, 2011년 미국은 57.6%로 한국 모바일 게임의 가장 거대한 시장이었고 그 뒤를 일본(26.2%)과 유럽(9.9%)이 이었다(Ministry of Culture, Sports and Tourism, 2012c). 모바일 게임 산업은 더 빠르게 성장할 것으로 예측되며, 한국 모바일 게임 산업에서 서구 국가는 아시아 시장보다 중요해지고 있다. 이는 한국의 게임 회사가 때로는 온라인 게임으로, 때로는 모바일 게임으로, 서구 시장을 — 비록 아직 완전히 장악했다고는 할 수 없지만 — 성공적으로 개척했음을 의미한다. 한국 온라인·모바일 게임의 주요 소비시장으로 서구가 빠르게 성장하면서 일부 게임 기업과 정부는 지역 대중문화 주도의 문화적 역류가 디지털 게임을 통해 가능해지고 있다는 주장을 조심스레 내놓고 있다

변화하는 글로컬라이제이션 전략과 디지털 한류

서구 시장에 진출한 여러 한국 온라인 게임 가운데 MMORPG와 캐주얼 게임 — 퀴즈게임과 보드게임 등 — 은 가장 성공적인 장르였다. 그러나 비디오게임이 속한 디지털 한류의 특징에는 몇 가지 흥미로운 경향이 나타나고 있는데, 모바일 게임을 향한 게임 장르의 다변화라든지 한국 게임업체들의 글로컬라이제이션 전략의 변화 등이 그것이다.

우선 산업이 성장함에 따라 한국의 게임이 해외로 진출을 모색하는데, 시작은 MMORPG로 중국에 진출한 것이었다. 2001년 액토즈 소프트Actoz Soft 는 중국에서 〈미르의 전설 2〉를 출시한다. 위메이드가 개발한 이 게임은 한국 MMORPG가 중국의 게임 시장을 점유했던 초기의 스타였다(Wallis 2012). 이

같은 성공에 자극을 받아 〈메이플스토리〉, 〈리니지〉, 〈리니지 II〉, 〈아이온〉, 〈던전 앤 파이터〉 등의 한국산 MMORPG가 서구를 포함한 해외 시장에 진출하기 시작한다. 한국의 게임 시장으로 유럽이 성장하게 된 데에는 여러 가지 원인이 있지만 가장 중요한 요인은 2003년에 출시되었던 〈리니지 II〉를 비롯한 소수의 MMORPG에서 찾을 수 있다. 〈리니지 II〉의 미국 진출 이후, 한국은 북미 시장에 진입하기 시작한다. 중국에서 캐나다로 이주한 한 여학생(26세)은 디지털 한류 현상에서 MMORPG의 중요성을 다음과 같이 설명했다. "제가 한국의 대중문화를 즐기기 시작한 건 중국에 있던 2006년부터였어요. 특히 〈메이플스토리〉를 하면서였죠. 제가 이 게임을 했던 이유는 친구들과 함께 즐거운 시간을 갖기 위해서였어요. 2009년 후반부터는 친구들 소개로 K팝을 듣기 시작했죠. 한류를 시청각 상품을 통해 접했던 전 세대와 달리, 디지털 테크놀로지와 소셜 미디어는 제가 한류 현상을 추구하게 된 주요 플랫폼이었던 거죠."

〈리니지〉의 개발사인 엔씨소프트는 2006년 3억 3800만 달러의 수익을 올리는데, 그 가운데 32%가 미국과 유럽 시장에서 창출한 것이었다(NCsoft, 2009a). 2009년 엔씨소프트는 또 다른 MMORPG 〈아이온〉을 수출해 중국, 일본, 대만, 유럽 그리고 미국에서 성공을 거두고 100만 개 이상의 패키지 판매 기록을 달성한다(Ministry of Culture, Sports and Tourism, 2010b: 51). 2012년 1월 31일 현재, 네오플의 2008년 8월 출시작 〈던전 앤 파이터〉는 전 세계 가입자수가 4억 명이 넘는데, 이 가운데 중국, 일본, 미국이 가장 많은 가입자 수를 보였다. 〈던전 앤 파이터〉는 특히 중국에서 인기가 많았는데, 중국의 검색엔진인 바이두Baidu에서 최고를 기록하기도 했다(Huh, 2013). "기술적 혁신, 특히 새로운 플랫폼이 개발되고 도구, 미들웨어middleware, 소스 코드source code가 이용 가능해지면서 주변부 지역의 독립 게임 개발사가 게임을 개발하면서 게이머의 관심과 자본을 두고 경쟁에 나설 수 있도록 해주었다"(Kerr and Cawley,

2011: 464).

한국의 전 지구적인 존재감을 보여주는 한 가지 사례로, XL게임즈가 2013년 1월 미국의 트라이온 월드Trion Worlds와 큰 규모의 예산을 들여 만든 자사의 판타지 롤플레잉 게임 〈아키에이지〉이 북미와 유럽을 포함한 서구 시장 배급 계약을 맺은 것을 들 수 있다. 〈아키에이지〉는 개발에만 6년이 걸린 게임으로 개발자는 〈리니지〉의 원개발자 송재경이었다. 트라이온사는 2014년 9월 〈아키에이지〉를 북미와 유럽에 출시했다. 사실 넥슨이나 엔씨소프트, NHN 같은 한국의 거대 개발사·퍼블리셔들은 특히 서구 시장의 경우 해외 현지 업체와 직접 계약을 맺고 게임을 서비스해왔다(Seok, 2010).

그러나 소수의 MMORPG에만 의존하는 한국 게임의 세계시장 점유율은 기복이 있었다. 국내 게임 산업이 크게 성공한 MMORPG 한두 편에만 의존하는 경향을 보였고 이러한 생산 유형이 국내 게임 회사들을 위태롭게 만든 것이다. 지난 수년간 미국 시장 내 점유율은 감소되었는데, 그 이유는 〈리니지〉 게임들에 필적하는 MMORPG가 부재했기 때문이었다. 〈리니지〉와 〈리니지 II〉, 〈아이온〉이라는 주류 MMORPG 세 개를 개발했던 엔씨소프트는 2012년에 출시되는 〈길드워 2〉와 〈블레이드 앤 소울〉 이전까지 성공적인 게임을 출시하지 못했다. 결과적으로 엔씨소프트의 서구 시장 수익은 한동안 감소했는데 이로 인해 부분적으로 금융 문제가 유발되기도 했다(NCsoft, 2012). 도쿄를 기반으로 한 온라인 게임 개발사인 넥슨은 6억 8500만 달러 상당의 엔씨소프트 주식을 사들여 2012년 6월 최대 주주가 된다(Mark Lee, 2012). 넥슨은 아시아와 북미, 유럽에서 인수 기회를 찾아왔다고 설명하며 페이스북과 휴대전화 이용자를 위한 게임 개발 업체에 투자하는 것에 관심이 있다고 언급하기도 했다(Mark Lee, 2012).

엔씨소프트는 또한 최근 자사의 최고 개발자들을 잃기도 했다. 엔씨소프트는 지사를 통해 미국에 진출했는데 왜냐하면 그 지역의 마케팅 성공을 위해 고

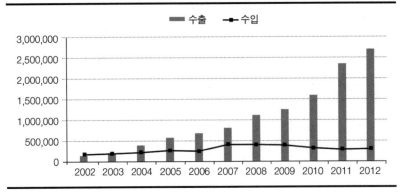

그림 7.2 NC소프트의 서구 시장(북미·유럽) 수출 현황 (단위: %)

자료: NCsoft(2009a, 2009b, 2010, 2011, 2012, 2013, 2015).

유의 문화를 잘 아는 서구의 개발자에게 의존할 필요성이 있었기 때문이다. 엔
씨소프트는 2000년 텍사스 오스틴에 NC 인터랙티브NC Interactive를 설립하면
서, 〈울티마 온라인ULTIMA Online〉으로 잘 알려진 미국의 유명 게임 프로그래머
리처드 개리엇Richard Garriot을 비롯해 오스틴에 위치한 개발사인 데스티네이션
게임즈Destination Games, Inc.의 직원 19명을 영입했다(NCsoft, 2007). 그러나 새 프
로젝트가 성공하지 못하면서 개리엇은 2008년 엔씨소프트를 떠나야 했는데
이는 엔씨소프트와의 법적 공방을 야기했다.[5] 마지막에는, 이전에 언급한 대
로 엔씨소프트에서 〈리니지〉를 개발했던 송재경이 엔씨소프트를 떠난다. 새
로운 MMROPG 〈아키에이지〉를 개발하기 위해 송재경이 따로 회사를 설립했
던 것이다.

엔씨소프트가 마침내 새로운 MMORPG 〈길드워 2〉로 2012년 북미와 유럽
시장에 돌아오기 까지 수년이 걸렸다. 이 새로운 게임은 미국 워싱턴 주에 위
치한 엔씨소프트 지사인 아레나넷Arenanet이 개발했다. 〈길드워 2〉의 성공적인
출시로 엔씨소프트는 북미와 유럽을 포함한 서구 시장 진출을 확장할 수 있었
는데, 2012년 25%의 점유율을 기록했고, 그리고 2014년에 다시 21%를 기록했

다(NCsoft, 2013; 2015; 〈그림 7.2〉). 이러한 서구권의 비중이 2006년 엔씨소프트가 북미 27%, 유럽 8%로 가장 높았던 36%에는 다가가지 못한 것이라 할지라도, 이는 게임 개발사와 퍼블리셔들이 블록버스터 MMORPG를 만들어내는 한 역류 가능성이 있음을 의미한다. 엔씨소프트가 서구 시장으로 귀환했을 때, 〈길드워 2〉는 〈리니지〉(30%)의 뒤를 잇는 가장 성공한 MMORPG였다(NCsoft, 2013). 이는 주변에서 중심으로 이어지는 디지털 게임 흐름의 경이로움을 말하고자 하는 것이 아니다. 중요한 점은 이러한 흐름이 디지털 게임 영역 내 역류의 가능성을 보여준다는 것으로, 여전히 세계시장을 서구가 주도하고 있는 텔레비전 프로그램이나 음악, 영화 등 다른 문화 형식에서는 볼 수 없었던 현상이다.

한국의 게임사는 서구 시장 진출에 대한 노력을 지속해왔고 일부 온라인 게임 개발사는 혼종화 전략을 통해 서구 시장을 겨냥해 게임을 개발해왔다. 그러나 최근 몇 년에 걸쳐 한국 게임 기업의 글로컬라이제이션 전략이 바뀌고 있다. 앞서 로버트슨은 혼종성의 개념을 설명하면서 글로벌과 지역 간 상호작용이 강조되는 글로컬라이제이션의 개념 또한 소개한 바 있다(Robertson, 1995).[6]

한류 1.0 시대와 비교할 때 이들 기업의 전략은 상당한 변화를 보이고 있다. 한류 1.0 시대에는 주로 해외에 지사를 설립함으로써 구조적인 혼종화를 추구했다면, 엠게임이나 웹젠, 조이맥스 등의 일부 업체는 이제, 해외 지사 설립 대신, 페이스북이나 트위터 같은 글로벌 플랫폼을 활용한다. 즉, 이들 업체는 한국에 글로벌 서비스 플랫폼을 두고 언어를 바꿔 다른 대륙으로 게임을 서비스하는 것이다. 이러한 새로운 전략은 지사 설립 비용을 절감시키는 것이기도 하다(Ham, 2013). 엔씨소프트의 사례에서 보듯, 일부 게임업체의 해외 지사는 별다른 수익을 내지 못했고, 그에 따라 한국의 개발사들은 글로벌 시장을 위한 새로운 전략을 찾아나서야 했다. 더불어 한국 개발사와 퍼블리셔들은 서구에 해외 지사를 설립하는 대신 전략적인 투자를 하기 시작한다. 그러한 최근의 사례로서 2013년 4월, 넥슨이 크로스-플랫폼 게임 개발을 위해 LA 소재의 개발사 로보토키Robotoki에 투자한 것을 들 수 있다(B. Sinclair, 2013).

　한편 디지털 한류의 맥락에서 볼 때, 일부 개발사와 퍼블리셔가 온라인에서 모바일과 소셜 게임으로 그 초점을 바꾼 것은 유의미한 변화다. 이러한 변화에 따라 이들 기업은 시장 전략 또한 바꿀 필요가 있었다. 언급한 대로 모바일 게임은 한국에서 스마트폰의 빠른 성장세에 힘입어 점진적으로 붐을 일으켜왔으며, 넥슨과 위메이드 등 이전까지 온라인 게임 개발을 주도했던 일부 게임 회사는 컴투스 같은 모바일 게임 회사와 더불어 모바일 게임을 겨냥하기 시작한다. 예를 들어 넥슨은 2012년 10월 일본의 모바일 게임 개발사인 글룹스Gloops, Inc.의 발행주식 100%(전량 보통주)를 365억 엔에 인수했는데 이는 모바일 전략을 가속화하기 위함이었다. 넥슨의 대표이자 CEO인 최승우는 "글룹스는 전 세계에서 가장 훌륭한 모바일 게임 개발사로 성장해 탄탄한 포트폴리오와 시장의 혁신을 주도해온 강력한 실적을 지닌, 현재 우리에게 가장 중요한 네 개의 성장 영역 가운데 한 영역에서 핵심적인 업체다. 우리는 넥슨의 게임 경험을 글룹스의 뛰어난 능력과 작업 규모를 지렛대 삼아 전 세계 모바일 플랫폼의 이용자로 확장할 수 있기를 고대한다"고 언급했다(*Business Wire*, 2012.10.1). 위메이드 또한 온라인 게임 개발사 겸 서비스 제공자로서 〈미르의 전설 2〉, 〈미르의 전설 3〉과 같은 MMORPG 개발에 치중해오던 회사였으나 2011년, 모바일 부문에서 강한 존재감을 지닌 조이맥스를 인수한다. 특히 위메이드가 조이맥스를 인수했던 주요 요인은 조이맥스가 글로벌 서비스 플랫폼GSP을 성공적으로 구축·운영해왔기 때문이었다. 위메이드가 국제적인 지사를 설립하는 대신 200여 개국에 2000만 가입자를 보유하고 있는 조이맥스의 GSP를 활용하고자 한 이유는, 이를 통해 전 세계 게임 이용자들에게 직접적으로 접근할 수 있기 때문이었다(Koh, 2012).

　이처럼 국내 모바일 게임 기업들은 2011년 국내 모바일 게임 수출 57.6%로 미국이 가장 큰 비중을 차지하게 되고 그 뒤를 일본과 유럽이 잇는 양상이 되자 서구의 모바일 게임 시장을 직접 겨냥하기 시작한다. 스마트폰의 작은 화면과 이동성으로 인해 "앞서 언급한 주요 모바일 게임사들은 5분 남짓의 산발적인 주의 집중을 필요로 하는 캐주얼 게임을 만들어"왔으며, 그 단순한 규칙과 시간, 스킬 측면상 PC 기반의 온라인 게임과 비교하면 접근 장벽이 낮다는 점에서 구별된다(Richardson, 2012, 143). 모바일 게임 산업이 더 빠르게 성장할 것으로 예측되는 가운데, 한국의 모바일 게임 산업에서 서구는 아시아 시장보다 중요해지고 있다.

또한 일부 한국의 모바일 게임은 2013년 7월 이후 페이스북을 비롯한 미국의 디지털 테크놀로지와 혼종화를 실행하고 있다. 페이스북은 모바일 분야에 대한 관여를 강화하면서, 모바일 게임 개발자들을 위한 게임 퍼블리싱 플랫폼 출시를 통해 성장세인 게임 시장으로 진입했다. 이 파일럿 프로그램은 "중소 규모의 개발사들이 자사의 게임을 전 지구적으로 서비스할 수 있도록" 돕는 것을 목표로 한다고 밝힌다. 페이스북은 한국의 모바일 게임사인 게임빌Gamevil 과 위메이드를 포함한 전 세계 10여 개 업체와 파트너십을 맺었다(Tsukayama, 2013). 페이스북 모바일 플랫폼에 게임을 출시하는 것은 개발사가 매달 이용자 8억 명에게 닿을 수 있는 기회를 얻는다는 것을 의미한다. 그러나 한국의 경우 현재 운영 중인 모바일 게임용 플랫폼 카카오톡에 심각한 문제를 야기할 가능성이 있다(8장 참고). NHN 엔터테인먼트 또한 2014년 4월 롤플레잉 게임 〈가디언 스톤〉으로 글로벌 모바일 게임 시장 진출을 시도했다. "월드 클래스 시네마틱 RPG"라는 슬로건의 〈가디언 스톤〉은 유럽과 북미의 모바일 게이머를 염두에 둔 게임인데, NHN 엔터테인먼트는 글로벌 플랫폼인 페이스북을 위해 동일한 게임을 만들었다. NHN 엔터테인먼트가 자사의 지사를 활용하는 대신, 각 대륙에서 가장 많이 사용되는 SNS 플랫폼을 활용하기로 결정한 것이다(Yu Hyun Jung, 2014). 이는 한국의 온라인·모바일 게임 개발사 모두가 소셜 미디어 시대를 맞이해 글로컬라이제이션 전략을 변화시키고 있음을 의미한다. 이들은 글로벌 퍼블리셔와 파트너십과 같은 기존의 글로컬라이제이션 전략을 유지하는 동시에 모바일과 SNS로 플랫폼을 바꾸고 있는 서구의 게임 이용자들에게 효율적으로 접근하기 위해 새로운 글로컬라이제이션 전략을 발전시키고 있는 것이다.

글로벌과 지역 간
권력관계

한국 온라인 게임의 역류가 성장하는 데 기여한 사회문화적 맥락으로는 정부의 지원 정책, 최고의 게임 기업들 간의 경쟁, 광대역 기반의 최신 기술력, 온라인 게임을 주요 오락 형식으로서 받아들인 문화적 지형 등 여러 가지를 들수 있다. 혼종화 또한 한국 온라인 게임의 성장과 역류에서 중요한 요인 중 하나인데, 왜냐하면 한국 게임 기업이 혼종화된 온라인 게임을 통해 수출을 증대해왔기 때문이다. 한국 대중문화는 한국의 지역적 요소와 미국의 문화적 특징을 능수능란하게 혼종화했는데, 이러한 한국의 맥락에서 서양과 동양은 각각 글로벌과 지역으로 인식되었다. 또한 동양은 문화적 혼종화의 과정에서 다채로운 지역의 미디어 문화를 형성했음에도 문화적 혼종화에 대한 논의에서조차 단지 서양을 수용해서 모방하고 전유 또는 혼종화하는 것으로 여겨졌다 (Iwabuchi, 2010a).

그러나 혼종화가 서구의 게임 개발사와 비서구권의 게임 퍼블리셔 모두에게 잘 알려진 전략임을 이해할 필요가 있다. 몇몇 초국가적 게임 기업, EA나 블리자드 같은 기업이 서구에 위치하며 언제나 지역의 게임 시장에 진출하기 위해 혼종성을 활용했다면, 지역의 게임 개발사는 지역뿐 아니라 서구의 게이머들도 즐길 수 있는 게임을 개발하기 위해 혼종성을 전유해왔다. 한국의 온라인 게임 산업은 자신들이 개발한 혼종적 게임, 특히 MMORPG를 기반으로 서구 게임 시장에 진출했는데, 그러한 진출에는 텍스트의 문화적 혼종화와 글로컬라이제이션 전략이라는 두 가지 상이한 방식이 동원되었다.

주류 한국 게임 개발사와 퍼블리셔는 자신들이 개발한 게임을 텍스트적으로 혼종화해 주변국과 서구의 국가에 수출했다. 그러나 한국 온라인 게임 발전의 초기 단계부터 혼종화에 초점을 맞췄던 것은 아닌데, 왜냐하면 지역의 캐릭터와 정서를 강조했기 때문이다. 예를 들어 1996년 한국 온라인 게임 가운데 가장 초창기에 서비스가 시작되었던 〈바람의 나라〉는 만화가 김진의 작품에 기반을 두고 한국의 신화에 느슨하게 의존하는 것이었다. 이 게임은 — 비록 번역되면서 달라지기는 했지만 — 한국의 고대 왕국(B.C. 37~668)인 고구려의 유리왕, 무휼 왕자 등 원작 만화의 캐릭터나 지역 설정을 그대로 활용했다(Seok, 2010; Nexon, 2013). 이 게임의 성공은 오랫동안 침체되었던 한국 게임 개발 시장에 새로운 숨을 불어 넣었다. 〈바람의 나라〉가 한국의 온라인 게임 개발사의 서구 시장 진출 가능성을 보여주기는 했으나, 그렇다고 해서 이 게임이 처음부터 서구 시장을 겨냥했던 것은 아니었다. 영화나 텔레비전 프로그램, 음악 등 다른 문화 형식과 마찬가지로, 대개의 온라인 게임 개발사들은 국내 시장에 초점을 맞추었다. 그러나 〈바람의 나라〉는 한국 출시 1년 만인 1997년 미국에서 베타 테스트에 돌입하게 되었고 1998년에는 상용화되었다. 2005년부터는 넥슨의 미국 지사인 크루 엔터테인먼트Kru Entertainment가 운영을 맡아 오늘날까지 이르고 있다(Kru Interactive. 2013). 이러한 점에서 볼 때 〈Nexus: the Kingdom of the Winds〉는 한국 게임의 미국 현지화에 해당한다.

혼종화가 그다지 많이 수행되지 않았던 〈바람의 나라〉가 이후의 온라인 게임들의 롤 모델이 된 가운데, 〈리니지〉는 혼종화 전략에서 가장 유의미한 MMORPG가 된다. 〈바람의 나라〉와 달리 〈리니지〉는 처음부터 그 내용상 중

세 유럽을 담고 있었는데, 그러면서도 한국적 특성 또한 통합시켰다. 중세 판타지를 배경으로 하는 〈리니지〉의 아덴 왕국이 중세 유럽식으로 설정됨에 따라 기본 스토리 라인 또한 자연스럽게 서구적인 색채를 띠었다. 엔씨소프트는 그와 같은 서구적인 스토리 라인 위에 유교적인 가치관을 기반으로 하는 단합, 유대, 가족 문제 등의 한국적 문화 설정을 통합시켰다(J. I. Kim, 2005; Jin 2010b). 엔씨소프트를 비롯한 소수의 한국 게임 기업들은 혼종적 게임의 개발 과정에서 지역의 문화와 더불어 서구의 게임을 활용했는데, 예를 들어 〈아이온〉 또한 아트레이어의 신인 아이온이 창조한 판타지 세계였다. 1990년대 후반에 개발된 초창기 온라인 게임과는 달리, 한국 온라인 게임 개발사들은 국내 게임 이용자뿐 아니라 전 세계의 게임 이용자에게 호소력을 갖기 위해 다양한 판타지 세계를 발전시켜왔다. 이러한 게임들은 의상과 갑옷, 스토리 라인 등이 서구적인 주제를 따르면서도, 동시에 한국의 지역 정서를 전유하고 있다. 따라서 이들 게임은 서구적 요소와 비서구적 요소 사이에 존재하는 상이한 두 문화를 혼합함으로써 게임 공간을 발전시킨 것이라 할 수 있다.

그러나 지역 온라인 게임의 발전, 그리고 그에 따른 역류를 아직 상향식 bottom-up 혼종화로 완전히 규정할 수는 없다는 점을 명심할 필요가 있다. 기술적 혁신, 특히 새로운 플랫폼의 발전·도구, 미들웨어, 소스 코드의 이용 가능성은 주변부에 위치한 독립 게임 개발사가 프로젝트를 시작하고 이용자의 관심과 자본을 두고 경쟁하는 것을 가능하게 하고 있다(Kerr and Cawley, 2011). 그런데 이러한 상황은 한국 게임 개발사가 혼종화의 역동적인 과정에서 주체가 될 만큼 충분히 강력하지는 못함을 의미한다. 많은 경우 지역의 소비자들은 온라인 게임 생산에 영향을 미치지 못하지만 서구의 게임 이용자들과 자본은 명백한 영향을 미친다. 지역의 게임 기업은 서구의 게임 회사와 이용자의 영향을 받는 것이고 따라서 이러한 혼종화 과정은 ─ 그것이 비록 상업적인 성공과 역류를 가능하게 해주었다고 해도 ─ 지역의 정체성을 손상시키게 된다(Demont-Heinrich, 2008; Jin, 2010b). 이전 장에서 논의한 바와 같이, 혼종성은 혼종화 과정에서 권력관계가 어떻게 되는지, 그리고 어떤 문화적 요소를 유지할지에 대한 결정권을 누가 쥐고 있는지가 반드시 고려되어야 한다. 문화적 혼종화가 식민지 또는 글로벌 권력에 대해 저항과 복종을 수반하는 것인지 또한 논의될 필요가 있다. 혼종화 과정의 주요 문제 가운데 하나는 지역의 권력 ― 이 경우엔 한국의 게임 개발사와 퍼블리셔 ― 이 그러한 과정을 시작한 것인가의 문제인데, 다시 말해 이는 국내 온라인 게임이 "제국주의 권력에 대항하는 저항의 공간"이 되어왔는지 여부를 묻는 것이다. 이와 같은 근본적인 두 질문은 혼종성이 중립적인 것이 아니라는 점에서 매우 중요하다. 혼종화가 발생해온 역사적 맥락에서 국가 간 권력 구조, 문화 흐름의 불평등, 그리고 서구 제국주의의 헤게모니는 모두 중요한 요인이기 때문이다(Lin, 2011).

이러한 관점에서 볼 때, 한국 온라인 게임이 디지털 게임의 미국 중심적 비대칭의 흐름을 해소했다고 결론짓는 것은 너무 성급해 보인다. 특히 한국 온라인 게임 산업의 초국가화는 서구 기반의 초국가적 게임 기업들이 수익을 위해 한국 시장에 투자한 이래 증가해왔다. 언급했던 대로, 현지화 전략은 비서구 기업뿐 아니라 서구 기업을 위한 것이기도 했다. 몇몇 초국가적 기업은 영향력 증대를 위해 전략적으로 중국이나 한국 같은 비서구권 국가들에서 현지화를 활용했다.

2008년 8월 말, 북미와 유럽, 아시아의 주류 게임 퍼블리셔와 개발사 14곳, 예컨대 EA나 THQ, 마이크로소프트Microsoft, 세가SEGA, 비벤디 유니버설 Vivendi Universal 등의 기업이 한국에 지사를 설립했다(Korea Game Development and Promotion Institute, 2008). 세계 최대 칩 생산업체인 인텔 코퍼레이션Intel Corporation의 글로벌 투자 기구인 인텔 캐피탈Intel Capital 또한 2012년 한국의 라이포 인터랙티브LIFO Interactive를 포함한 10개 스타트업과 업체에 4000만 달러 상당의 투자를 발표했다(Abrar, 2012). 텐센트Tencent, 더나인The9, 쿤룬Kunlun, 샨다 게임즈Shanda Games 등의 중국 게임 개발사 또한 2011년 이후 한국 국내 시장에 투자해오고 있다(Ministry of Culture, Sports and Tourism, 2012c). 2011년 미국 기반의 〈리그 오브 레전드〉 개발사로 잘 알려진 라이엇게임즈는 한국에 지사를 설립하고 한국 게임 시장에 투자를 시작했다. 같은 해 9월 블리자드 엔터테인먼트의 CEO 마이클 모하임Michael Mohaime은 한국을 방문해 신작 〈디아블로 3〉를 프로모션 하면서 투자 기회를 모색하기도 했다(Jessica Choi, 2011).

이를 정리하자면, 한국의 국내 시장이 최근 몇 년간 해외 온라인 게임의 강력한 영향을 받고 있다는 것이다. 한국 게임 개발사들이 〈리니지〉나 〈아이온〉에 필적하는 새로운 MMORPG를 만들어내지 못하는 사이에, 해외 업체는 한국 시장에서 자사의 점유율을 빠르게 높여왔다. 예를 들어 〈리그 오브 레전드〉는 한국 PC방에서 가장 많은 인기를 누리고 있다. PC방 게임에 대한 게임트릭스의 분석에 따르면, 2012년 1월 〈리그 오브 레전드〉의 PC방 점유율은 5.3%였으나 2013년 3월에는 31.7%로 치솟은 반면, 같은 시기 엔씨소프트의 MMORPG 신작 〈블레이드 앤 소울〉은 5.6%에 머물렀다(Gametrics, 2013). 2014년 7월이 되면 라이엇게임즈의 〈리그 오브 레전드〉와 블리자드의 〈디아블로 3〉가 한국 온라인 게임 시장의 50% 정도를 점유하기에 이른다. 국내 온라인 게임 시장에서 한국 업체는 남은 절반의 시장 점유율을 두고 치열하게 경쟁하고 있는데, 이러한 상황은 한국 게임 산업에서 가장 우려 되는 부분이다 (*Korea Herald*, 2014.7.20).

다른 문화 형식과 마찬가지로, 글로벌과 지역 간 권력관계는 한국 온라인 게임 산업의 혼종화 과정에서 주요한 고려 대상이 되어야 한다. 문화 영역에서 서구의 권력은 ─ 지역 문화 산업의 역할 증대에도 불구하고 ─ 혼종화 과정을 주도해왔다. 혼종화가 서구 문화와 자본, 기술을 가져오는 초국가화와 결합되어 있기 때문에 서구에 본사를 둔 초국가적 게임 기업은 한국 게임 시장이 대응할 수 없는 거대하고 강력한 힘을 지닌다. 한국 온라인 게임 개발사는 분명 혼종

화 전략을 통해 글로벌 시장 점유율을 증대해왔고, 따라서 서구의 게임 개발사
와 퍼블리셔가 한국 시장을 완전히 통제하지는 못했다고 볼 수 있다. 그러나
이러한 해외 게임 기업 또한, 자본력과 마케팅 능력, 잘 발전된 스토리 라인을
통해 국내 시장에서 영향력을 증대해왔던 것이다.

결론

한국 온라인 게임 산업은 2000년대 초반 이후 빠르게 성장하면서 글로벌 시장
에서 수출을 확대해왔다. 한국의 온라인 게임이 대중문화 영역에서 역류의 가
능성을 보여주었으나, 서구 시장 진입에서 예외적인 수준에 이르지는 못했다.
미아 콘살보는" 흐름을 통제하는 것은 권력이 관장하는 것으로, 게임 출시 날
짜에서 흐름의 방향은 권력이 디지털 게임 산업의 어디에 놓여 있는지를 말해
준다. 그렇다면 게임의 흐름은 – 만약 문화적 지배력의 척도를 적용한다면 – 지난
50년간 변화해온 것인데, 일본이 생산을 주도하고 미국과 유럽이 그 뒤를 따랐
으며, 동남아시아와 같은 다른 지역은 그 뒤에 흔적을 뒤따른 것"이라고 주장
한 바 있다(Consalvo, 2006: 132). 유럽이나 미국에서 출시된 게임이 일본에서
출시되지 못하는 경우는 있다. 하지만 콘솔 게임과 주요 메이저 게임을 위해
잘 구축된 그 흐름의 경로는 동쪽에서 서쪽으로 흐른다. 그러나 콘살보 스스로
도 인정하듯, 그러한 흐름은 앞으로 바뀔 수도 있다. "EA와 같은 서구의 게임
퍼블리셔가 더 거대해지고 시장에 대한 통제력을 강화할 수 있기 때문이다. 일
본 게임 시장이 배타적으로 남아 있는 가운데 북미와 유럽에서 만들어지는 라
이선스 친화적 대량 시장용 타이틀이 과거보다 분화된 방식으로 산업을 이끌
게 될 수 있다"는 것이다(Consalvo, 2006; 135). 따라서 한국 게임 문화의 부상과
초국가적 연결 관계는 미디어와 문화적 글로벌화를 중심(서구)에서 주변(비서

구)으로 일방향적으로 전달되는 미디어 문화로 양분화된 지배 관계로 해석하는 것이 더 이상 실용적이지 못함을 보여준다. 그러나 "이것이 불평등한 권력 관계가 더 이상 존재하지 않음을 의미하는 것은 아니다"(Iwabuchi, 2010a, 407).

한국 온라인 게임 산업이 그 역할을 지속할 수 있을지는 국내 게임사가 지역 창작자 주도의 혼종화를 통해 지역의 문화와 정서가 반영된 지역적 게임을 제작해낼 수 있을지의 여부, 그리고 서구 시장에 안착해 그 입지를 굳건하게 다질 수 있을지 여부에 따라 결정될 것이다. 중국과 한국의 게임 개발사 간 경쟁이 증가하면서 중국 시장은 요동칠 것이고, 아시아 시장에서 한국 온라인 게임의 독주 또한 흔들릴 것이다. 시장 확보를 위해 한국의 게임사들은 서구 시장에서 발판을 좀 더 확장할 필요가 있다. 서구의 시장은 발전된 경제와 인구 규모의 측면에서 볼 때 한국 온라인 게임 산업의 가장 큰 시장이 될 가능성이 있다. 이는 한국 게임 회사가 미국과 유럽의 이용자를 매료할 수 있는 새로운 전략을 찾아야 한다는 것을 의미한다.

두 권력 간 불평등한 관계는 미디어 텍스트뿐 아니라 자본과 마케팅 측면에 여전히 남아 있다. 미디어 텍스트의 혼종화는 게임 이용자가 궁극적으로 자신의 선호도를 확정 짓는 핵심적인 부분이 텍스트라는 점에서 매우 중요하다. 비록 상업적인 중요성을 고려해야 할 필요는 있지만 한국의 온라인 게임사는 지역의 것들을 활용하는 지역 권력 주도의 혼종화 과정을 통해 전 세계의 이용자에게 호소력을 가진 게임을 만들어내야 한다. 그와 같은 새로운 형식의 게임이야말로 지역 게임의 글로벌 진출 가능성을 증대할 수 있다.

제 8 장

소셜 미디어 시대
한국 스마트폰의 글로벌라이제이션

2000년대 초반 들어 한국은 온라인 게임과 스마트폰을 포함한 디지털 테크놀로지 부문에서 새롭게 부상하기 시작한다. 스마트폰의 보급과 관련 어플리케이션의 인기에서 뒤처졌던 한국은 빠르게 최신 스마트폰을 발전시키면서 스마트폰 테크놀로지의 미래와 문화를 위한 테스트 베드test bed가 되었고, 다른 국가들은 이를 열성적으로 배우고 싶어 한다. 디지털 테크놀로지와 테크닉의 실천과 활용, 그리고 그것에 의한 행동유발성affordance 간의 결합을 의미하는 디지털화digitization는 한국의 압축된 근대성의 후기 단계에 들어와 핵심적인 특성이 되었다(Chang, 1999). 다시 말해, 한국의 맥락에서 디지털화란 "한국이 전통적인 농업 사회에서 정보 사회로 단 수십 년 만에 이동하는 과정에서 관습적인 발전 단계를 뛰어넘었던 압축적 방식의 단계"인 것이다(Goldsmith, Lee and Yecies, 2011: 70).

한국의 스마트폰 발전 과정은 한때 변방에 놓였던 국가가 한국인과 외국인 모두를 위한 첨단 스마트폰 테크놀로지를 현실화하면서 스마트폰 혁명에 동참할 수 있는 능력을 갖춰가는 과정을 보여준다. 서구와 비서구권의 여러 국가, 예컨대 미국의 경우 애플, 핀란드의 노키아Nokia, 중국의 샤오미Xiaomi, 대만의

HTC 등이 그 나름대로 스마트폰을 개발해왔지만, 2015년 3월 현재 삼성의 갤럭시 s5와 갤럭시 s6, 그리고 LG의 옵티머스와 G4를 포함한 한국산 스마트폰은 이들과의 경쟁 속에서 세계시장 내 점유율을 높여가고 있다. 또한 한국산 스마트폰은 전 세계 사람들의 스마트폰 이용 양상을 변하게 했는데, 이는 비디오게임과 더불어 디지털 한류의 상징이라 할 수 있다. "디지털 한류에 의해" 생성된 이 모멘텀은 "한국 내에서 그리고 전 지구적으로 토착 대중문화의 확산을 뒷받침하면서 한류라는 병행된 현상을 지원하고 향상"시키고 있다(Goldsmith, Lee and Yecies, 2011: 70). 한류는 오로지 문화 흐름에 국한된 것이 아니라 한국의 패션과 음식, 관광, 디지털 테크놀로지, 심지어는 성형수술과도 관련되며, 이러한 것들은 스마트폰을 통해 한류 2.0과 긴밀하게 연결된다(Goldsmith, Lee and Yecies, 2011: 70; Davis and Han, 2011).

이 장에서는 디지털 한류의 특징적인 요소를 스마트폰의 사례를 통해 2008년까지의 모바일 시대와 비교·분석하고자 한다. 이 장에서 다루는 디지털 한류란, 디지털 테크놀로지, 특히 스마트폰의 빠른 성장과 신한류의 일부로서 한국산 스마트폰의 전 세계 수출이 빠르게 증대되고 있는 현상을 가리킨다. 또한 디지털 한류는 애니메이션이나 K팝 같은 문화적 장르의 글로벌 시장 진출을 가속화하는 테크놀로지와 문화 간 융합을 의미하기도 한다. 그것은 또한 여러 서비스, 특히 지적재산권의 중요성과도 연결되는데, 이는 자본 축적에서 매우 핵심적인 부분이다. 이 장에서 한국의 정보 테크놀로지IT 정책을 조사하는 이유는 정부 정책이 기업 정책과 더불어 한국 스마트폰의 성장을 주도했기 때문이다. 마지막으로 기술적 혼종화의 렌즈를 통해 한국산 스마트폰의 전 지구적 진출이 소셜 미디어 시대를 맞이해 서구(여기서는 미국)와 비서구(한국) 간 불평등한 권력관계의 해소를 의미하는지에 대한 논의를 이어갈 것이다.

기술의 혼종성
이해하기

주지하다시피 미디어·문화 연구 분야에서 혼종성은 문화적 정체성 그리고 미디어 특정성에 관한 논의를 통해 다루어져 왔다. 그러나 기술 연구 분야의 경우 혼종성은 상이한 두 가지 개념으로 인식되어왔다. 한편으로 혼종성은 디지털화digitalization를 매개로 하는 정보와 이민, 문화적 교류, 그리고 새로운 미디어 형식(화)의 전 지구적 흐름으로서 발전·응용되어왔다.[1] 이는 문화 상품의 전 지구적 흐름이 페이스북이나 유튜브 등 소셜 미디어의 빠른 성장과 함께 촉진되어왔음을 의미하며, 따라서 문화와 기술 간 연결 관계는 디지털 테크놀로지 시대의 혼종성을 이해하는 데 가장 중요한 요소에 해당한다. 이전 장에서 K팝의 사례를 통해 보았듯, 테크놀로지와 콘텐츠 간의 기술적 혼종화 형식은 신한류 시대에 있어 가장 중요한 특성 중 하나다. 여기서 또한 빠질 수 없는 요인은 디지털 테크놀로지에 대한 국가적 집착preoccupation으로, 이는 확장되는 한류의 일부가 되었다. 좀 더 젊은 세대에게 디지털 테크놀로지와 미디어는 어빙 고프먼Erving Goffman이 "전제적 기관total institution"이라고 불렀던 것에 가까운데, 왜냐하면 사실상 거의 모든 것 — 정체성, 유행 패션, 사회화, 나아가 학습 도구, 우정, 그리고 대중문화의 세계를 보여주는 거대한 창에 이르기까지 — 이 디지털 테크놀로지와 미디어에 의해 구현되고 있기 때문이다(Goffman, 1961, cited in J. B. Choi, 2015). 디지털 미디어를 융합함으로써 한류는 미디어가 수행할 수 있는 다양한 기능 — 일/놀이, 읽기/보기, 생산/소비, 창작/복제, 공부하기/멍 때리기, 말하기/듣기, 구매/판매, 사교활동하기/가만히 있기 등 — 에서 이용자의 공감각적 경험을 뒷받침해주는 모든 것을 아우르는 기술적 체제로 빠르게 전환되고 있다. 이는 훨씬 협소하면서 단순한 양상이었던 한류가 소셜 미디어와 디지털 테크놀로지의 보편성을 바탕으로 경쟁력을 보유할 수 있게 되었음을 의미한다

(Goffman, 1961, cited in J. B. Choi, 2015).

　다른 한편으로, "기술적 혼종성이란 갈수록 상호작용화되고 있는 넷 기반의 미디어와 디지털 테크놀로지가 결합하면서 정보와 정체성이 무한히 변형되고 혼합되는 것을 새롭게 응용하는 것을 의미"한다(Mey and Spielmann, 2005: 6). 기술적 혼종화에 대한 이러한 해석은 디지털 테크놀로지가 그 자체로서 혼종적이라는 것을 의미하는데, 왜냐하면 상이한 정체성의 두 테크놀로지가 하나의 특정한 테크놀로지 또는 장치에 혼합되며 새롭게 생성되는 형식에서 간삐 정체성in-between identity이 형성되기 때문이다. 테크놀로지 영역에서 미디어 융합media convergence이 주로 올드 테크놀로지(예를 들어 텔레비전)와 뉴 테크놀로지(인터넷)의 혼합임을 지칭해왔다면, 이 책에서 기술적 혼종성이란 디지털·소셜 미디어 시대에 들어와 (좀 더 편리한 새로운 방식을 통해) 이용자와 (새로운 자본 축적의 형식을 통해) 개발자에게 혜택을 극대화할 수 있도록 끝없는 변형을 성취하려는 디지털 테크놀로지와 그 응용 간의 혼합에 해당한다(H. Jenkins, 2006).

　이 장에서는 후자에 해당하는 기술적 혼종화에 초점을 맞추는 것으로, 스마트폰의 사례를 통해 기기와 어플리케이션 간의 기술적 혼종의 형식에 대해 분석한다. 그 이유는 기술적 혼종화에는 하나의 생산 형식과 기술적 발전으로부터 익힌 지식과 기술을 다른 부문에 적용하는 과정이 연계되기 때문이다. 그와 같은 혼종화는 예컨대 앨런 드레그송Alan Dregson이 언급했던, 바이오테크놀로지의 테크닉을 비생물학적인 과정에 활용하는 것과 같은 것이다(Dregson, 1995). 즉, 기술적 혼종화는 새로운 기술 실천 방식을 만들어내기 위해 두 개의 테크놀로지를 합치는 것으로, 예컨대 기관차를 제작하기 위해 증기엔진 펌프를 레일 위의 바퀴 달린 탈 것에 적용하는 것을 들 수 있다.

　기술 발전이 진행되는 과정에는 테크놀로지가 본래 디자인된 방식 외의 것으로 응용될 수 있도록 엄청난 수준의 교차수정cross-fertilization과 시너지적인 상호작용 그리고 실험들이 관여한다. 이러한 과정은 상이한 여러 테크놀로지의 유용성과 성능을 합쳐 새로운 조합을 만들어내기 위한 것이다. 이는 단순히 오래된 와인을 새로운 병에 담는 것이 아니다. …… 혼종적 테크놀로지는 새로운 기술적 실천을 매우 성공적으로 발전시켰다. 둘 이상의 영역에서 얻은 교훈을 적용함으로써 디자이너는 기술적 혁신과 변화 그리고 다른 분야에서 발전을 장려할 수 있었다 (Dregson, 1995: 112).

현대 커뮤니케이션 테크놀로지의 발전 그리고 그에 따른 기술적 혼종화의 과정이 수반되었던 웹the Web의 탄생(Marinellie, 2002, cited in Capogna, 2010)은 사회화 과정과 관계 구조에 급진적인 변화를 가져왔다. 기술적 혼종화가 테크놀로지가 다른 테크놀로지의 특성들을 차용하는 과정을 의미한다는 점에서, 스마트폰 기기와 운영체제의 혼합은 그에 대한 사례에 해당한다. 물론 기술적 혼종화는 단순히 혼합을 통한 효율성의 증대만이 아니라 기존의 문제점을 해결할 수 있는 새로운 유형의 테크놀로지를 발전시키는 것도 의미한다. 드레그송은 특히 "기술적 혼종화는 기술 혁신에서 가장 중요한 양식 가운데 하나이다. 왜냐하면 우리가 새로운 테크놀로지 또는 기존 문제점에 대한 새로운 기술적 솔루션을 둘 또는 그 이상의 테크놀로지를 합침으로써 만들어낼 수 있기 때문"이라고 언급한 바 있다(Drengson, 2010: 33).

한편 혼종성이 이전까지 상이하게 구별되어왔던 형식, 스타일 또는 정체성 간 혼합을 수반하는 것이라는 점에서, 문화적 경계 및 국가적 경계를 횡단할 때 발생하는 횡-문화적 접촉cross-cultural contact이 혼종성을 위한 필요조건이 된다는 점을 이해할 필요가 있다(Kraidy, 2005). 더불어, 기술적 혼종화는 단순히 기존 문제를 해결해주기 위한 기술적 솔루션으로서 여겨져서는 안 된다. 왜냐하면 혼종화의 주요 목적은 개별적인 테크놀로지로는 성취할 수 없는 새로운 형식의 테크놀로지를 만들어내는 것이기 때문이다. 다시 말해, 기술적 혼종화는 두 개 또는 그 이상의 테크놀로지 간 혼합을 통해 시너지 효과를 만들어내는 것이다.

혼종화라는 용어는 그 자체로서 "상이하게 발전해온 문화적 실천과 그와 관련된 지식의 생산이 합쳐지고, 충돌하고, 변형되는 것을 모두 포함"하는 것이다(Mey and Spielmann, 2005: 8). 디지털 혼종화의 영역은 시뮬레이션 테크놀로지에 의해 규정되는 것으로, 따라서 아날로그 미디어의 상호 미디어적이고 상호 텍스트적인 연결 관계에 따른 변환transformation과 문답식 교환dialogical exchange의 테크놀로지와는 본질적으로 다르다. 디지털 미디어는 방향적 다층성과 실시간 알고리즘에 따른 새로운 동시성 형식을 새로운 차원으로 도입한 것이었는데, 이 둘 모두 진화적인 방식으로 사고하는 것을 어렵게 만든다. 따라서 혼종화는 "올드미디어와 뉴미디어 간 역사적으로 형성되어온 관계를 재고찰하도록 하면서, "양자택일either-or" 대신 "둘 다 선택하는as-well-as" 작업 방식modus operandi을 선호하도록 하는 지시"를 따르는 것으로 볼 수 있다(Mey and Spielmann, 2005: 8). 레프 마노비치Lev manovich는 "혼종화 과정의 결과는 단순히 기존 부분의 기계적인 총합이 아닌 하나의 새로운 종, 즉 기존에 존재한 적 없었던 새로운 종류의 시각적 미학"이라고 언급한다. "라이브 액션 영화, 그래픽, 스틸 사진, 애니메이션, 3D 컴퓨터 애니메이션, 타이포그래피 등 기존에는 분리되어 있던 미디어가 수많은 방식으로 통합된 것"으로서 혼종적 미디어를 보는 것이다(manovich, 2007). "문화 형식들의 혼종적 만남은 역동적인 "사이 공간inbetween space"을 만들어내는데, 이 공간에서 문화들이 만나 서로 충돌하고 상호작용하면서 교환"된다(Mey and Spielmann, 2005: 6). 상이한 두 문화가 혼합되는 방식으로서 다루어지는 문화 부문의 혼종화와 마찬가지로, 기술적 혼종화 또한 상이한 두 국가에서 개발된 기술을 혼합하고 또 활용하곤 한다. 따라서 스마트폰으로 기술적 혼종화에 대해 논의하는 것은 문화적 혼종화뿐 아니라 디지털 테크놀로지 영역에서 우리의 논쟁을 확장해줄 것이다.

디지털 한류로서의
스마트폰 혁명

한국은 국가 경제의 가장 중요한 분야로 정보 커뮤니케이션 테크놀로지를 빠르게 발전시켜왔다. 광대역부터 온라인 게임까지 한국은 1990년대 중반부터 그 나름의 ICT를 개발해왔고, 그러한 기술 가운데 일부는 한국을 위한 새로운 성장 동력이 되었다. 그 가운데 스마트폰은 이미 인상적인 발전상을 보여온 한국의 디지털 매개 커뮤니케이션 부문에 추가되면서 21세기 초반 가장 혁신적인 최첨단 테크놀로지로 부상한다. 한국이 1990년대 후반 텔레커뮤니케이션 부문의 유무선 영역 양쪽으로 극적인 발전을 이루었기 때문에 초기 산업 발전의 역사적 과정을 살펴볼 필요가 있다.

한류가 김영삼 정부가 시작한 글로벌라이제이션 정책으로부터 혜택을 입었기 때문에 디지털 한류는 김영삼 시대로 거슬러 올라갈 필요가 있다. 1995년 김영삼 정부는 중공업·화학 산업에 치중해온 기존 산업구조를 IT 주도의 산업구조로 변화하기 위해 정보 고속도로 프로젝트를 출범한다. 김영삼 정부는 텔레커뮤니케이션의 발전과 멀티미디어 서비스의 다양성을 제공할 수 있는 450억 달러 규모의 프로젝트를 승인했는데, 여기에는 2015년까지 무선 PC 커뮤니케이션과 VOD Video On Demand, 홈쇼핑 등을 구축하는 것이 포함되었다(Chae, 1997).

이를 위해 정부는 1995년 3월 초고속통신망 구축계획 Korean Information Infrastructure: KII을 구축한다. 이 목표는 국가 전체를 관통하는 커뮤니케이션 네트워크, 인터넷 서비스, 어플리케이션 소프트웨어, 컴퓨터, 정보 상품과 서비스로 구성된 정보 기반 시설을 구축하는 것이었다. 더불어 음성voice, 데이터, 비디오 등 모든 형태의 정보 커뮤니케이션 서비스가 안정적으로 그리고 비용 효율적으로 제시간에 제공될 수 있도록 하는 것 또한 목표였다(Jeong and King, 1997). 또한 KII 프로젝트는 정부의 정책뿐 아니라 시장 경쟁과 민간 부문 투자를 통해 초고속·고성능 네트워크를 구축하는 것 목표로 했다(Jin, 2010b). KII는 또한 전 지구적으로 가해지는 직간접적인 압박 결과물이기도 했는데 따라서 이 프로젝트는 국가가 글로벌 자본주의의 디지털 모드에서 살아남기 위한 하나의 전략인 셈이었다. 다시 말해, 1990년대 초창기 "한국 정부는 디지털 모드의 자본주의에서 잠재적 신흥국의 하나로 남을 것인지, 아니면 앞으로 전진할 수 있는 길의 모색에 나설 것인지를 결정하도록 압박"을 받았던 것이다(K. S. Lee, 2011: 54). 정부는 국가를 노동 집약적 경제구조에서 지식 기반 경제구조로 변화하는 것을 가장 중요한 국책으로 삼았는데, 이는 김영삼의 1995년 신년 연설에 잘 나타나 있다(D. H. Lee, 2012).

이러한 상황에서 한국은 1997년 6월 지역 전화 가입자 2000만 명을 넘기면서 전화 서비스와 시설 부문에서 전 세계 9위 국가로 부상한다. 1996년 말 휴대전화 가입자 수는 318만 명이었다(National Computerization Agency, 1997). 새로운 무선 텔레콤 서비스 덕분에 무선 텔레콤 기기 시장은 전체 텔레콤 기기 시장에서 가장 큰 부문으로 성장한다. 가장 괄목할 만한 성장을 이룬 것은 CDMAcode division multiple access와 관련된 기기와 모바일 시장으로, 이 두 부문의 매출은 5조 원에 달했다. 그러나 그 이면에는 1억만 달러 이상의 로열티 지급 문제가 있었다. 기본 CDMA 기술에 대한 라이선스를 가지고 있는 해외 업체에 로열티를 지불해야 했던 것인데, 이는 수입한 MSMmobile station modem과 같은 지역 콘텐츠의 핵심 요소를 개선하는 의무를 남겨 놓는 것이었다. 1996년 디지털 CDMA 휴대전화의 성공적인 출시는 휴대전화의 발전을 고양시켰다(National Computerization Agency, 1998).[2] 1990년대 중반 이후 한국은 휴대전화와 관련 기기 수출이 증대했는데 그 시기가 한류 초기 단계와 맞아떨어졌다.

휴대전화의 역사는 1990년대 초반으로 거슬러 올라가는데 스마트폰은 2009년 11월, 미국보다 거의 3년이나 늦은 시점에 아이폰이 처음 한국에 소개되었을 때에 이르러서야 보급되기 시작한다. 이전까지 국내 휴대전화 제작사는 스마트폰이 아니라 피처폰에 집중해왔고, 따라서 아이폰과의 경쟁에 대비하지 못한 상태였다. 아이폰의 국내외적으로 엄청난 성공은 삼성전자나 LG전자 같은 한국 휴대전화 제조업체를 자극하면서 그들이 과거에 놓쳤던 것이 무엇이었는지 그리고 앞으로 무엇을 해야 할지를 일깨워주었다(Korea Telecom, 2010). 한국 사회에 아이폰이 미친 여파는 아이폰 쇼크라고 불렸는데, 왜냐하면 "그것이 한국의 텔레커뮤니케이션 업체와 휴대전화 제조업체의 산업적 실천뿐 아니라 휴대전화의 활용에도 영향을 미쳤기 때문"이다(D. H. Lee, 2012: 63).

한국은 아이폰이 소개된 85번째 국가였지만 매출의 증대는 극적이었다.[3] 아이폰 효과는 연쇄적이었는데, 출시가 늦었음에도 기술 적응력 높은 한국 시장의 아이폰 진출 속도는 먼저 진출했던 다른 해외 시장보다 두 배나 빨랐다. KT Korea Telecom는 아이폰 돌풍에 힘입어 첫해에만 162만 대 판매고를 올렸는데, 이는 아이폰이 한국 내 모바일 시장을 뒤흔들고 새로운 제품을 위해 줄을 서는 한국인 팬들을 만들어내면서 벌어진 일이었다(*Yonhap News*, 2010.11.20).

아이폰 등장 이전에는 삼성과 LG가 함께 본토라는 이점에 힘입어 국내 모바일 시장의 80% 이상을 점유했다. 2010년 11월 말에 이르러 두 회사를 합친 시장 점유율은 61%로 급락한다. 국내에서 애플의 인기를 목격한 삼성전자는 애플의 라이벌인 구글과의 관계를 돈독히 구축하면서 안드로이드 기반 스마트폰 갤럭시S로 스마트폰 부문에 진출한다. 노키아와 삼성에 이어 세계 세 번째 규모의 휴대전화 제조사 LG전자는 CEO와 모바일 부문의 책임자를 바꾸고 휴대전화 사업 부문의 손실을 재정비하기 시작한다(*Yonhap News*, 2010.11.20).

스마트폰의 빠른 성장에 기여한 사회문화적 요인에는 여러 가지가 있는데,

스마트폰 제조사 간의 경쟁에 더해, 커뮤니티를 기반으로 하는 사회성이나 뉴미디어의 빠른 적응성 같은 것을 들 수 있다. 휴대전화가 멀리 떨어진 사람들과 시간과 공간 그리고 환경과 무관하게 상호작용을 할 수 있도록 해주었다면, 스마트폰은 경계 없이 다양한 커뮤니케이션 채널을 횡단할 수 있도록 해주었다(Kakihara et al., 2002, cited in D. H. Lee, 2012).

신한류 시기 피처폰에서 스마트폰으로의 이러한 변화는 매우 눈에 띄는 것이었다. 2014년 12월 말 한국의 휴대전화 가입자는 5720만 명을 기록했는데, 이는 내국인 한 명당 하나 이상의 기기로 가입했음을 의미한다(Ministry of Science, ICT and Future Planning, 2015). 스마트폰 이용자 수는 2014년 12월 말 전체 휴대전화 이용자의 70.9%에 해당하는 4060만 명을 넘어섰는데, 이는 2009년 11월 47만 명으로 전체 휴대전화 이용자의 1.0%였던 것에서 크게 오른 것이었다. 이러한 성장률은 전 세계에서 가장 빠른 것으로, 몇 년 전에 ≪월스트리트 저널≫도 이에 대해 취재한 바 있다(*Wallstreet Journa*, 2011.10.31).

그뿐 아니라 한국의 이동통신망 사업자들은 기존의 CDMA 네트워크보다 훨씬 빠른 네트워크 기술LTE를 구축해 데이터 서비스를 더 빠르게 향상시켰다. 한국에서 가장 많은 가입자를 지닌 SK텔레콤과 LG유플러스는 2011년 7월 LTE 네트워크를 출범했는데, 뒤이어 국내에서 두 번째로 큰 무선 서비스 제공사인 KT도 뒤따른다(*Wallstreet Journa*, 2011.10.31). 2013년 12월 한 달 동안 휴대전화 이용자의 52% 정도가 LTE 를 사용하면서 14.1%인 CDMA 이용자 수를 넘어선다(Ministry of Science, ICT and Future Planning, 2014b). 스마트폰과 관련 기기의 수출은 2009년 이후 신한류의 시기 이래 크게 증가하는데, 이는 한국이 고유의 스마트폰을 대량으로 생산하기 시작한 시기이기도 하다.

글로벌 시장의
스마트폰 한류

휴대전화, 특히 스마트폰의 빠른 성장은 텔레커뮤니케이션 부문의 수출 양상을 바꾸어 놓는다. 2000년대 초반 한국은 모바일 테크놀로지가 발전하면서 글로벌 시장에서 활동했다. 1996년 한국은 225만 달러에 달하는 모바일 기기를 수출했는데 여기에는 휴대전화와 관련 부품이 포함되었다. 1997년에는 수출이 전해 대비 112%나 증대했다. 모바일 기기 수출이 절정에 이르렀던 시기는 334만 달러였던 2008년으로, 이는 1997년보다 거의 일곱 배 증가한 액수였다. 한국의 모바일 기기 수출은 2009년 이후 스마트폰의 전 지구적 붐과 함께 내리막길을 걷기 시작한다. 원인으로는 여러 가지를 들 수 있지만 가장 중요한 요인은 2008년까지 주요 수출 품목이었던 피처폰 수출의 감소, 그리고 휴대전화의 해외 생산이었다. 글로벌 모바일 시장은 스마트폰의 등장과 함께 빠르게 재편되는데, 예를 들어 피처폰의 수출은 2012년 전해 대비 71.1%나 감소했다 (Ministry of Knowledge and Economy, 2013).

한편 그와 같은 피처폰의 수출 감소의 뒷면에는 2009년 이후 빠르게 증가하는 한국산 스마트폰의 수출이 있었다. 한국산 스마트폰의 수출은 2009년 98만 달러에서 2012년 2020만 달러로 가파르게 증가한다. 한국 기반의 스마트폰 제작업체의 빠른 성장은 글로벌 스마트폰 산업의 양상을 바꾸어 놓는다. 2009년 노키아는 모바일 기기 부문에서 여전히 세계 1위 자리를 지키면서 6770만 대로 세계시장 점유율 38.9%를 차지했고, 그 뒤를 RIM(19.8%), 애플(14.5%)이 따랐다. HTC는 4위(4.6%)였고 삼성은 5위(3.3%)였다(IDC, 2010). 2009년까지 스마트폰은 전체 휴대전화 물량의 15.4%를 차지했는데, 이는 2008년보다 12.7% 증가한 것이었다.[4] 전 세계 최대 휴대전화 브랜드인 노키아는 몇 년 전까지만 해도 이론의 여지가 없는 최강 기업이었다. 그러나 애플의 아이폰과 삼성의 갤럭시에 밀려 많은 국가에서 사라진다.

스마트폰의 발전과 함께 상황은 빠르게 바뀌었다. 애플을 포함한 많은 휴대전화 제조업체가 스마트폰을 생산하는 가운데 한국의 두 기업, 즉 삼성과 LG는 몇몇 인기 스마트폰을 기반으로 갑작스럽게 세계시장에 진출하게 된다. 여전히 피처폰에 집중했던 2008년과 2009년 삼성의 전 세계 모바일 시장 점유율은 각각 3.6%와 3.3%였다. 그러나 2010년 삼성은 20.1%의 시장점유율을 달성하면서 전 세계 2위의 휴대전화 제조업체로 부상했고, 2012년에는 23.4%의 점유율로 노키아를 앞지르면서 마침내 세계 1위에 오른다(IDC, 2012; 2013). 삼성은 세계에서 가장 큰 시장인 중국 스마트폰 시장에서 2012년 처음으로 최고의 자리에 오르는데, 그해 3000만 대 이상의 판매고를 기록함으로써 전해 대비 약 1090만 대 이상의 판매 실적을 올렸다. 이를 통해 삼성은 중국 스마트폰 시장에서 점유율 17.7%를 달성하게 되는데, 그 뒤를 중국 업체인 레노보Lenovo(모토롤라 인수 업체)가 13.2%로 이었고, 그 뒤를 애플이 11%로 이었다(*Yonhap News*, 2013.3.10).

한국의 지식경제부는 일부 스마트폰의 성공으로 한국산 스마트폰의 세계시장 보급률이 빠르게 성장하여 2012년 9월 현재 39.5%를 기록했다고 밝혔다(지식경제부, 2013). 또한 미국이 한국 스마트폰 제조사의 가장 큰 시장이 되었다는 사실은 중요하다. 한국은 2010년 83억 4000만 달러 상당의 스마트폰을 미국에 수출했는데, 그 뒤를 60억 달러로 중국이 이었다(National IT Industry Promotion Agency, 2011: 574). 비록 2012년 스마트폰의 대미 수출이 감소하기는 하지만 미국은 여전히 가장 큰 시장이었고 유럽과 일본이 그 뒤를 이었다. 삼성은 홍보 전략의 하나로 전자제품 판매 체인점 베스트바이Best Buy 1만 8000여 지점에 애플이 했던 것과 유사하게 "체험관experience center"을 설치한다(S. S. Kim, 2013). 이는 다른 한국 문화 산업 기업과 비교할 때, 한국 스마트폰 제조업체에게 훨씬 더 서구 시장이 중요하다는 것을 함의한다. 왜냐하면 북미와 유럽이 전체 시장의 38.6%를 차지하고 그러한 경향이 가까운 장래에도 이어질 것이기 때문이다. 피처폰이 스마트폰보다 더 많이 팔리던 때 한국은 다른 국가에 비해 상대적으로 뒤처져 있었다. 하지만 스마트폰의 빠른 성장과 함께 글로벌 모바일 시장에서 리더로 부상했다.

한국 스마트폰의 전 지구적인 인기는 디지털 한류, 그리고 스마트폰과 한류의 연결이라는 두 개의 독특한 현상을 만들어낸다. 최근의 스마트폰 붐으로 새롭게 발전하고 있는 디지털 한류는 스마트폰의 판매를 촉진하는 데 그치지 않고 한국산 애플리케이션의 인기도 견인하고 있다. 모바일 게임이나 소셜 게임 같은 스마트폰 프로그램을 애플 스토어와 같은 사이트를 통해 접근할 수 있기 때문이다. 가장 잘 알려진 한국산 애플리케이션인 카카오톡은 중동아시아와 홍콩 앱 마켓에서 최고 순위를 기록한 바 있다(Korea.net News, 2011.2.7).

애플리케이션의 경이로운 발전은 사람들이 스마트폰 또는 기타 무선 기기를 통해 갈수록 온라인화하고 있음을 의미하는데, 이는 스마트폰을 통한 미디어 융합의 새로운 패턴을 보여준다(Associated Press, 2013). 스마트폰이 사람들의 일상에서 주요한 일부가 됨에 따라 한국은 카카오톡과 라인(인스턴트 모바일 메신저 애플리케이션)의 빠른 성장을 목격했고, 지난 수년간 이러한 앱을 주변 아시아 국가와 세계 다른 지역으로 수출했다.

지금은 (주)카카오가 된 한국의 벤처 캐피탈 기업이 출시한 카카오톡은 이용자가 메시지와 비디오, 사진 등을 무료로 주고받을 수 있도록 해준다.[5] 메신저 서비스와 기타 기능들의 편의성을 바탕으로 카카오톡 가입자 수는 2010년 3월 출시 이후 빠르게 증가한다. 카카오톡 이용자 수는 2011년 4월 10만 명 정도였는데 2015년 7월이 되자 그 숫자는 1억 명에 이른다(Milward, 2013). 이들은 매일 카카오톡을 통해 5억 2000만 개에 달하는 메시지를 전송한다(bach-fischer, 2013). 이러한 상황은 한국에서 거의 모든 스마트폰 이용자가 카카오톡을 사용하는 데다 심지어 해외 이용자도 증가하고 있기 때문이다.

지역에서 만든 어플리케이션인 카카오톡은 아시아를 포함해 여러 나라에서 인기를 모으고 있다. 카카오톡은 최근 인도네시아 TV 광고를 통해 동남아시아로 확장하고 있으며 말레이시아에서는 홍보를 위해 프렌드스터Friendster와 파트너십을 맺었다(Milward, 2013). 카카오톡은 2013년 4월 2일 자사 블로그에 일본에서 1000만 다운로드를 달성했다는 포스트를 게시했다. 2012년 12월 모델 안나 츠치야Anna Tsuchiya를 기용한 TV 광고를 시작했던 즈음의 다운로드 횟수는 750만 건 정도였다. 2013년 3월에는 일본에 게임 플랫폼도 출시한다. 아마도 카카오톡의 빠른 성장은 일본에서 '야후!'의 지원받고 있다는 점에서 지나치게 놀라운 일로만 치부되어서는 안 될 것이다. 또한 카카오톡은 베트남과 인도네시아에서도 빠르게 성장한다. 카카오톡의 CEO인 이재범과 이석우는 인도네시아의 모바일 텔레커뮤니케이션 기업인 '액시스AXIS'와 카카오톡 합작 프로모션을 위해 협력할 것이라고 밝혔다. 액시스는 이모티콘뿐 아니라 무료로 문자 전송과 인터넷 통화가 가능한 카카오톡을 활용함으로써 모바일 인터넷 이용자 기반 확대를 모색하고 있다(S. H. Han, 2012).

네이버의 라인 또한 강력한 스마트폰 메신저 앱 중의 하나로 부상했다. 한국에서 가장 큰 포털 기업인 네이버에서 2011년 6월 개발된 라인은 2014년 3월 현재 전 세계적으로 3억 7000만 명에 이르는 이용자 수를 확보하고 있다. 라인은 일본에서 가장 높은 점유율을 가진 모바일 메신저 앱이기도 하다. 네이버의 지사인 NHN 재팬이 일본 서비스를 담당하기 때문에 라인의 일본 인기는 한국 브랜드의 현지화에 따른 결과라 할 수 있다. 일본 외에 태국과 인도네시아 등 일부 아시아 국가들도 라인을 많이 사용하며 그 다음으로 스페인, 멕시코, 미국(이용자 수 1000만 명) 등 북미와 유럽의 일부 국가에서도 많이 사용하고 있다(NAVER, 2014). 21세기의 두 번째 10년이 시작되면서 디지털 한류가 전 세계적으로 확산되기 시작한 것이다.

삼성과 LG 등 한국의 스마트폰 제조업체 또한 현지화를 통한 그들 나름의 혼종화 전략을 발전시켰다. 제7장에서 다룬 것처럼 온라인 게임 기업은 (글)로컬라이제이션을 혼종화의 주요한 부분으로서 활용했는데 스마트폰 제조업체 또한 그와 동일하게 접근한 것이다. 삼성은 베트남과 중국 그리고 미국에 스마트폰 생산을 위한 지사를 설립했다. 삼성은 1996년 미국 텍사스 오스틴에 반도체를 생산하는 현지 공장을 세웠다. 삼성은 스마트폰과 태블릿을 위한 프로세서 생산을 위해 2012년 40억 달러를 들여 이 공장을 업그레이드하는 계획을 세웠다(BBC News, 2012). 흥미롭게도 오스틴 공장의 핵심 고객 두 곳은 스마트폰 칩을 만들기 위해 삼성에 의존해야 하는 애플 그리고 삼성 본사의 스마트폰 부문이다(Ladendorf, 2012). 삼성은 이미 베트남에 지사를 설립했고 갤럭시 시리즈의 생산을 위해 지역의 역량을 활용하고 있다(K. H. Chang, 2013).

다른 한편으로 스마트폰 한류는 신한류와 긴밀하게 연관되어 있는데, 왜냐하면 많은 글로벌 이용자가 스마트폰으로 게임뿐 아니라 K팝과 한국 영화를 향유하기 때문이다. 이는 한국의 스마트폰 제조업체들이 지난 수년간 아시아뿐 아니라 전 세계의 여러 지역을 휩쓸어온 한류의 영향을 받고 있음을 의미한다. 싱가포르와 홍콩, 중국, 태국 같은 나라에서 한국의 대중음악과 영화 그리고 텔레비전 프로그램은 매우 인기가 높고 삼성과 LG는 이들 국가에서 한국 대중문화 인기의 혜택을 보고 있다(Wong, 2013). 따라서 이들 스마트폰의 역할 증대는 당분간 지속될 것으로 보인다.

신한류는 온라인 게임과 모바일 게임 그리고 스마트폰과 같은 디지털 한류의 성장으로 인한 독특성을 지닌다. 스마트폰이 많은 청소년이 영화, 텔레비전, K팝 등의 한국 대중문화를 향유할 수 있도록 해주는 중요한 기기라는 점을 고려하면 2008년 이후의 신한류는 대중문화와 디지털 테크놀로지가 결합한 결과라 할 수 있다. 인터뷰했던 남학생(20세)은 이렇게 말하기도 했다. "서구에서 신한류가 성장할 수 있었던 가장 큰 요인은 소셜 미디어와 디지털 미디어예요. 특히 스마트폰은 아주 중요한데, 왜냐하면 청소년들이 이 플랫폼을 통해 모든 종류의 문화 형식을 향유하기 때문이에요. 제 생각에는 좀 더 어린 세대가 한국의 성과를 발견할 수 있으려면 온라인 접속을 발전시켜야 하는 것이 매우 중요할 것 같아요. 동시에 지역의 제조업체들이 최신 기술이 적용된 스마트폰 등의 발전된 테크놀로지를 제공하는 것도 매우 중요한데, 왜냐하면 모바일 게임과 다른 여러 앱을 향유하기 위해 스마트폰을 사용하고 싶어 하거든요."

문화 현상은 결국엔 사라진다. 일본 대중문화는 소니나 파나소닉Panasonic 등의 대기업의 지원을 받으면서 전성기를 구가했지만, 이제는 한류에 길을 내주었다(Wong, 2013). 한국 대중문화 또한 유사한 길을 걷게 될 수 있다. 일본과 한국 간의 차이는, 한국이 문화와 어플리케이션을 모두 발전시켰고 그에 따라 이 두 영역 간 융합이 이루어졌다는 점에서 찾을 수 있다. 이는 일본 대중문화와는 달리 한국 대중문화가 한국산 스마트폰과 디지털 테크놀로지의 조력으로 아시아 권역 시장을 확대해나갈 수 있다는 것을 의미한다. 다시 말해, 일본 대중문화가 전성기에 디지털 미디어나 소셜 미디어의 혜택을 받지 못했던 반면, 한국 대중문화는 디지털 테크놀로지, 특히 한국이 발전시킨 디지털 미디어의 수혜를 입었다는 것이다.

스마트폰 세계의 혼종성
지배적인 외국산 운영체제

스마트폰이 갈수록 만연하고 일상의 더 많은 측면이 디지털화되면서 언제 어디서나 다양한 여러 정보를 접하는 것이 훨씬 수월해지고 있다. 이러한 상황은 스마트폰과 앱이 글로벌라이제이션 과정을 용이하게 만들 수 있는 중요한 디지털 테크놀로지가 되고 있음을 의미한다. 전 지구적인 상호 연결을 가능하게 해주는 기능으로 인해 스마트폰은 현재 글로벌라이제이션의 가장 핵심적인 촉

매체로 여겨진다. 몇몇 서구 국가들, 특히 미국의 대중문화는 여전히 문화 시장의 전 지구적 헤게모니를 장악하고 있다. 그러나 스마트폰의 영역은 더 이상 미국의 현상이 아니다.

늘 그렇듯, 스마트폰의 초창기 몇 년 동안 스마트폰 혁명에 대한 관심은 상당히 미국 중심적이었다(Holroyd and Coates, 2012). 애플의 아이폰이 2007년 스마트폰 시대를 연 것은 놀라운 일이 아니며 21세기 초반 스마트폰에 대한 대중적 인식을 지배했던 것은 미국 기업이었다. 그러나 삼성과 LG 같은 한국의 제조업체가 진출하여 스마트폰 부문에서 빠르게 세계를 주도하고 있다. 이제 한국산 하드웨어가 전 세계에서 사용되고 있으며 한국은 디지털 테크놀로지 발전의 핵심적인 역할을 수행한다. 한류가 아시아 권역에서 한국 대중문화의 갑작스러운 성장과 확산을 의미했다면 한국 스마트폰은 아시아 권역을 넘어서는 디지털 한류를 만들어내고 있다. 한국은 디지털 시대에도 대세의 입지를 유지하고 있는 것이다.

스마트폰과 연계해 디지털 한류에 던질 수 있는 가장 중요한 질문은 기술적으로 혼종화된 스마트폰과 그에 따른 비서구에서 서구 국가로의 역류가 이들 두 권역 간 비대칭적인 권력관계를 변화시켰는지 여부이다. 이러한 관점에서 일부는 스마트폰을 비롯한 전반적인 디지털 테크놀로지 영역에 이제 불평등한 흐름은 존재하지 않는다고 생각할 수도 있을 것이다. 또한 주변부에 머물렀던 한국이 한국산 스마트폰의 빠른 보급을 기반으로 온라인 게임과 스마트폰 분야 모두를 아우르는 디지털 미디어 영역에서 제왕적인 지위에 올랐다는 관점도 존재할 수 있다

그러나 한국산 스마트폰의 경이로운 성장과 보급률은 매우 주의 깊게 해석할 필요가 있다. 왜냐하면 소프트웨어 부문, 특히 운영체제 부문이 발전하지 못한 상태이기 때문이다. 논의한 대로, 기술적 혼종화는 디지털 테크놀로지의 발전 수준이 상이한 두 국가가 발전시켜온 기술을 혼합하고 활용하는 것, 특히

소프트웨어와 하드웨어를 혼합하는 것이다. 애플과 삼성 같은 제조업체는 하드웨어 부문에서 이론의 여지가 없는 스마트폰 산업의 선도자이다. 그러나 아이폰이 고유의 운영체제iOS를 통해 작동하는 반면, 삼성의 갤럭시는 안드로이드 운영체제에서 작동한다. 스마트폰의 혼종화에 있어 운영체제는 핵심적인 것인데, 애플의 iOS와 구글의 안드로이드 모두 미국 기반의 운영체제로서 전 세계 스마트폰 시장을 지배하고 있다. 지역의 스마트폰 제조업체들은 기술력 부족으로 인해 이 미국산 운영체제 두 개로 혼종화를 할 수밖에 없다. 안드로이드는 2010년 한국 시장에서 점유율 6%에 그쳤지만 이후 89.7%까지 수직 상승한다(*Seoul Economic Daily*, 2012). 애플의 iOS는 2010년 점유율이 43.3%였으나 2012년 10월에는 9.3%로 주저앉았다. 전 지구적인 차원에서 볼 때 모바일 산업의 성장은 한국의 삼성과 LG, 대만의 HTC, 중국의 ZTE와 화웨이 같은 여러 업체가 제조한 안드로이드 제품에 의해 강력하게 견인된 것으로 보인다 (Canalys, 2011.8.1). 안드로이드와 iOS는 2013년 3분기에 전체 시장의 95%를 차지했다(Strategy Analytics, 2013). 비록 삼성이 하드웨어 기기 부문에서 글로벌 리더의 위치에 올랐지만 소프트웨어 부문에서는 미국이 여전히 리더인 것이다. 이들 미국 기반의 안드로이드와 iOS는 어디에나 존재하는 것으로 보이며 그에 따라 스마트폰 산업에서 헤게모니를 형성하고 있다. 이는 결국 미국의 복점American duopoly인 것이다(Fingas, 2013).

한국은 소프트웨어 개발 분야에서 매우 뒤처져 있는데 그 이유는 한국의 IT 기업이 미국에 의존해왔기 때문이다. 삼성은 2013년 자사의 오픈소스 운영체제 타이젠Tizen OS로 작동하는 하드웨어 출시 의도를 밝히며 다른 거대 기술 기업의 운영체제 의존성을 줄이고자 했다. 삼성은 2015년 1월부터 인도와 방글라데시, 스리랑카 등의 일부 국가에서 타이젠이 탑재된 스마트폰 판매를 개시했으며 근래에는 고급 스마트폰에도 타이젠의 사용을 확대할 계획이다. 만약 이것이 성공한다면 타이젠은 삼성의 목표 달성에 도움을 줄 수 있을 것이다

(Osborne, 2013). 이는 삼성에게 합리적인 다음 단계라 할 수 있는데, 왜냐하면 삼성이 이를 통해 구글에 대한 의존성에서 벗어나 하드웨어와 소프트웨어 부문 모두에서 진정한 글로벌 리더가 될 수 있을 것이기 때문이다. 그러나 이는 쉬운 일이 아니며, 스마트폰 산업을 지배하고 있는 iOS와 안드로이드 의존적인 소프트웨어 환경 시스템이 변화하는 데는 많은 시간이 걸릴 것이다.

한편 미국산 운영체제와 한국산 하드웨어로 혼종화된 한국 스마트폰은 지적재산권을 포함한 몇몇 여러 영역에 상당한 영향을 미치고 있다. 제3장에서 살펴본 대로 한국 방송사들은 글로벌 포맷을 기반으로 국내 텔레비전 프로그램을 만들어내기 위해 비용과 로열티를 지불하고 있는데, 그와 비슷하게 삼성과 LG, 그리고 대만과 중국의 다른 업체들도 안드로이드 스마트폰 한 대당 10~15달러 정도의 비용을 안드로이드 특허권 일부를 소유하고 있는 마이크로소프트사에 지불한다(Halliday, 2011). 또한 구글과 애플은 구글플레이와 앱 스토어를 통해 여러 앱을 판매함으로써 한국 시장을 완전하게 자본화했다. 이처럼 대중문화 부문이든 디지털 테크놀로지 부문이든 간에, 혼종화는 대개 판권이나 특허 등의 지적재산권이 없는 지역 권력에 비용을 부과하고 있다. 한국이 여러 스마트폰의 성공을 통해 전 지구적인 존재감을 강화함에 따라 지역 권력을 대표하는 삼성과 서구 권력을 대표하는 애플이 세계시장을 지배적으로 점유하게 되면서 이 둘 간의 주도권 경쟁이 심화되고 있다. 산업 성장으로 기술혁신이 견인되고 그에 따라 지적재산권의 중요성도 강화되면서, 일부 서구 국가는 축적된 지적재산 덕분에 자신들의 권력을 존속하고 있다(Jin, 2015).

디지털 테크놀로지와 문화는 21세기 한국의 문화 산업에서 가장 중요한 분야로 부상하고 있다. 문제는 영화나 음악 같은 대중문화 사례에서와 마찬가지로 미국이 플랫폼을 통해 디지털 주도의 기술과 문화에 대한 영향력을 빠르게 확대하고 있다는 것이다. 미국 기반의 운영체제인 단 두 개의 플랫폼만이 세계시장을 전례 없는 수준으로 지배하고 있다.

한 기술이 다른 기술에서 몇몇 특성을 받아들이는 과정이 기술적 혼종화이기 때문에 스마트폰 하드웨어와 운영체제 간의 혼합은 분명 기술 분야 혼종화를 잘 보여주는 중요한 사례라 할 수 있다. 한국 스마트폰 제조업체가 효율성의 개선뿐 아니라 기존의 문제 해결 – 이 경우엔 운영체제 개발 원천 기술의 부재 – 을 위한 새로운 기술의 개발을 위해 기술적 혼종화를 발전시키고자 한 것은 분명한 사실이다. 마찬가지로 미국산 운영체제가 글로벌 스마트폰 시장을 지배하고 있다는 것도 부인할 수 없는 사실인데 이는 현시점에서 지역 권력으로서는 극복할 수 없는 권력 균형의 비대칭성을 분명하게 보여준다.

스마트폰의 기술적 성능은 광고와 지적재산권의 로열티를 통해 새롭게 자본을 축적할 수 있는 기반을 제공한다. 그에 따라 "스마트폰은 자사의 영향력과 지배력을 증대하려는 주요 텔레커뮤니케이션 기업이 경쟁하는 전장"이 되고 있다(Castells, 2007: 252). 정치적 또는 군사적 지배가 중요했던 초창기와 달리, 21세기 초에 들어와서는 기술적 지배가 매우 중요해지고 있다. 이는 소셜 네트워크와 스마트폰을 창안한 인물/기업들이 서비스하는 소셜 네트워크와 스마트폰이 전 세계의 기업 문화와 소비자, 정보기술 개발자에게 영향을 미치기 때문이다. 기술적으로 매개된 공간에서는 언제나 권력의 분배와 헤게모니를 둔 협상이 활발히 벌어진다. 그리고 그와 같은 새로운 공공 커뮤니케이션 공간 내 지배력의 공고화는 일부 인터넷 이용자의 저작권 침해에 낙인을 찍는 입법화부터 자신들의 커뮤니티뿐 아니라 비서구 사회를 길들이기 위한 상징적인 개념과 철학을 확산시키는 것에 이르는 다양한 범주의 행위를 통해 발생한다(Castells, 2007). 이처럼 "경제적 가치, 권력, 이데올로기는 모두 사회적 관계의 차원에 놓여 있으며, 따라서 그것들은 결코 격리되거나 결정화crystallized된 단계에 놓인 것으로서 이해되어서는 안 되는" 것이다(Gonzales, 2000: 108).

이는 글로벌 시대에 한국의 스마트폰 제조업체가 자체적인 운영체제를 개발하여 성공적으로 사용하기 전까지는 스마트폰 산업에 대한 미국의 영향력에서 자유로울 수 없음을 의미한다. 미국산 문화 상품이 여전히 글로벌 시장에서 영향력을 지니는 것처럼 미국은 디지털 시대에 들어와서도 소프트웨어 부문을 통제함으로써 지배력을 유지하고 있는 것이다.

결론

지난 20여 년간 한국의 모바일 부문은 정치경제적으로 극적인 변화를 겪었다. 인터넷이나 소셜 미디어 같은 디지털 테크놀로지와 디지털 문화는 21세기에 이르러 한국뿐 아니라 전 지구적으로 가장 중요한 부문이 되었다. 스마트폰의 기술적 풍경은 지역에서 생산된 디지털 테크놀로지가 글로벌 시장에서 인기를 얻는 흥미로운 경향을 보여준다. 스마트폰과 비디오게임이 주도하는 디지털 한류는 병행되어 진행 중인 신한류 또는 한류 2.0이라는 현상을 두 가지 방식으로 지원·발전시키고 있다. 우선 디지털 한류는 이용자 기반을 전 지구적으로 확대함으로써 지역 기반 디지털 테크놀로지의 역할을 증대시키고 있으며, 다른 한편으로는 신한류의 주요 부문인 대중음악과 영화, 텔레비전 드라마가 전 지구적으로 확산되는 것을 지원하고 있다(Goldsmith, Lee and Yecies, 2011: 70).

한국은 소셜 미디어 시대의 핵심이라 할 수 있는 스마트폰 테크놀로지를 발전시켜 성공적으로 세계시장에 진입했다. 한국의 대중문화 형식이 서구 시장에 그 족적을 남기는 데 오랜 시간이 걸렸던 데 반해, 스마트폰 제조업체들이 글로벌 시장을 주도하기까지는 단 몇 년밖에 걸리지 않았다. 대중문화의 사례와 마찬가지로 애플의 아이폰은 한국 스마트폰 시장에서 빠르게 주요 기업으로 자리 잡았는데 이는 서양에서 동양으로의 전통적인 흐름을 보여준다. 그러나 지역의 스마트폰 제조업체가 스마트폰 테크놀로지 영역에서 역류를 성취하기까지 그리 오랜 시간이 걸리지 않았던 것이다. 기술적 혼종화를 전유함으로써 삼성과 LG 등 국내 휴대전화 제조업체는 전 세계 스마트폰 부문에서 주요 기업으로 떠올랐고 이는 몇 년 전만해도 상상하기 어려운 일이었다.

서구와 비서구권의 상이한 테크놀로지를 혼합하는 기술적 혼종화는 독특한 양상을 보여왔다. 테크놀로지 분야에서 혼종화의 속성을 이해하는 것은 중요한데, 왜냐하면 미국이 자국의 최신 소프트웨어 – 이 경우엔 운영체제 – 를 통해 여전히 비서구권 스마트폰 제조업체를 통제하고 있기 때문이다. 한국 기업들은 고유의 스마트폰을 발전시켜 애플과 성공적으로 경쟁해왔는데 이는 ICT 부문에서 지역의 역할이 증대하는 시작점으로 볼 수 있다. ICT 영역에서 이와 같은 역류는 결코 무시할 수 없는 것이다. 그러나 지역 주도 ICT의 주요한 역할을 가능하게 하기 위해 더 발전시켜야 하는 것은 소프트웨어다. 소프트웨어 발전 없이 글로벌 시장에서 리더가 되는 것은 불가능하기 때문이다.

기술과 문화의 융합은 세계시장에서 새로운 장을 열고 있다. 이전에 소비자는 자신의 테크놀로지를 통해 한국의 대중문화를 향유했다. 하지만 스마트폰이나 태블릿, LCD나 플라스마plasma 등의 새로운 텔레비전 기술이 빠르게 성장함에 따라 이제 소비자는 대중문화를 지역 테크놀로지를 통해 향유하기 시작했다. 자국의 지역 문화로 다른 국가에 진출했던 브라질, 멕시코, 홍콩 등과는 달리, 신한류는 기술과 문화의 융합이라는 점에서 독특하다. 다시 말해, 글로벌라이제이션의 빠른 진행과 함께 한국 대중문화의 글로벌 팬들 또한 초국가적 문화 실천을 증대해왔는데, 디지털 테크놀로지와 소셜 미디어를 통해 대안적으로 한국의 문화 원천들을 접할 수 있게 되면서 글로벌 팬들이 한국의 대중문화와 디지털 문화 모두를 향유할 수 있게 되었던 것이다. 이것이야말로 한류 1.0뿐 아니라 다른 비서구권 국가의 초국가적 문화 권력과 신한류가 달라지는 지점이다.

스마트폰과 온라인 게임 영역의 디지털 한류는 한국의 지역적 권력이 수행할 수 있는 중요한 역할을 증명해보였다. 그러나 이것이 글로벌과 지역 간의 비대칭적 권력관계가 해소되었음을 의미하는 것은 아니다. 왜냐하면 소프트웨어 지배력은 여전히 미국의 초국가적 기업이 독점하고 있기 때문이다. 디지털 혁명은 기술과 기반 시설의 발전뿐만 아니라 하드웨어에서 작동하는 소프트웨어를 통할 때에 가능해진다. 한국은 자신이 발전시킨 디지털 테크놀로지의 주요한 부문인 소프트웨어를 발전시켜야 하며 이는 디지털 한류의 성장에서 중추적인 부분이다. 따라서 한국 정부와 기업에게 있어 다음의 중요 과제는 하드웨어와 소프트웨어를 함께 발전시키는 것으로서 이는 지역에 본부를 두면서도 전 지구적으로 영향력을 행사할 수 있는 디지털 초강자가 되는 데 핵심적인 부분이다.

이 책은 정치경제학과 혼종성이 통합된 관점을 활용하여 2008년 이후 빠르게 발전해온 신한류에 대해 살펴보았다. 한국의 전 지구적인 문화 영향력이 증대한 것은 1990년대 후반이지만, 이 책에서는 한류 2.0 시기에 초점을 맞추면서 그 범주에 대중문화와 디지털 테크놀로지까지 포함했다. 특히 혼종화 이론을 바탕으로, 혼종화가 한국의 문화와 디지털 테크놀로지의 문화적 고유성을 향상시키는 지역의 대중문화를 발전시켰는지 여부에 초점을 맞추었다. 또한 혼종 문화의 속성을 논의하면서 혼종화의 과정을 통해 글로벌과 지역 간 비대칭적 권력관계의 문제도 살펴보았다. 이 마지막 장에서는 책 전체의 내용을 요약한 후, 주요 함의에 대해 논할 것이다. 그리고 나서 문화 산업과 혼종성에 대한 후속 연구와 관련해 몇 가지 제안을 하고자 한다.

신한류
이해하기

디지털 미디어를 포함한 한국의 문화 산업은 지난 수년간 상당히 성장했다. 한국 대중문화의 빠른 성장 자체가 새로운 것은 아니지만 문화 정책의 변화와 소셜 미디어, 디지털 미디어의 역할 증대로 인해 한국 문화 산업의 발전상은 분명 경탄할 만한 수준을 보여준다. 비록 한류 2.0 시대를 그 이전 시대와 물리적으로 분리하는 것은 불가능하지만 신한류 시기에는 초기 한류 단계에서는 거의 볼 수 없었던 몇 가지 특징이 발견된다.

먼저 신한류 시대에 들어와 주요 수출 문화 형식이 근본적으로 바뀌었다는 점을 들 수 있다. 시청각 산업 가운데 방송은 신한류 시대에도 중요한 부문으로 남았지만 영화 부문은 최근 몇 년간 정부의 정책에 따라 부침을 거듭했다. 방송 산업의 경우 드라마 포맷을 포함한 텔레비전 포맷의 중요성이 증대했는데, 이는 수년 전에 비해 더 어린 연령층의 역할이 증대하면서 예능 장르가 부상했기 때문이다. 애니메이션과 K팝이 글로벌 시장을 겨냥한 새로운 문화 형식으로서 부상했다면, 디지털 게임과 스마트폰 등의 디지털·소셜 미디어 부문은 한류 2.0의 주요 구성 요소로서 크게 성장했다. 몇몇 문화 형식이 일시적인 부진을 겪었음에도, 디지털 게임과 스마트폰뿐 아니라 대중음악, 텔레비전 프로그램, 애니메이션 부문은 아시아를 넘어 전 지구적으로 보급률이 증대했다. 결과적으로 한국은 글로벌 시장에서 1990년대보다 훨씬 더 확장된 문화적 존재감을 지니게 되었다.

둘째, 신한류에 대한 이해에 있어 대중문화와 디지털·소셜 테크놀로지 간 융합의 중요성을 빼놓을 수 없다는 점이다. 올드미디어와 뉴미디어 간 융합은 한류 발전의 중추적인 부분이 되었는데, 이는 디지털·소셜 미디어가 한국 문화 상품의 새로운 창구가 되었기 때문이다. 수용자들은 스마트폰과 더불어 유튜브나 인스타그램, 페이스북 등의 소셜 미디어에 크게 의존하면서 모든 유형의 한국 대중문화를 향유한다. 한류 팬이 온라인 커뮤니티와 소셜 미디어를 통한 팬덤 운영을 갈수록 확대하고 있기 때문에 한류 현상은 국가적 경계 내에 머무르지 않고 새로운 유형의 초국가적 문화를 만들어내고 있다(Dutta, 2014).

해외의 주요 팬 기반 또한 변화했다. 이전에 한국 대중문화는 텔레비전 드라마와 영화를 중심으로 일부 아시아 국가의 30~40대가 주로 소비했다. 그러나 소셜 미디어 시대에 들어와 좀 더 디지털 방식에 익숙한 10~20대 관객·이용자층이 증가했다. 전 세계의 많은 미취학 아동 또한 한국산 애니메이션을 유튜브나 아이튠즈를 통해 접하고 있으며, 따라서 한류 팬층의 변동은 한국 애니메이션의 빠른 성장과 함께 미취학 연령층과 그 부모들의 유입으로부터 영향을 받고 있다.

셋째, 다변화된 한국의 문화 상품과 디지털 테크놀로지, 관련 문화의 전 지구적인 존재감 증대가 지금까지 다른 비서구권 국가에게서는 본 적 없는 현상이라는 것이다. 경계를 넘는다는 것은 최소한 예술과 엔터테인먼트 세계의 경우, 주변에서 중심으로 이동해 중심 영역에서 성공하는 것, 또는 한 묶음의 문화에서 또 다른 묶음의 문화로 이동해 후자의 영역에서 성공하고자 하는 것이다(Lam, 2012). 한국의 대중문화 형식과 디지털 테크놀로지가 글로벌 시장에 보급됨에 따라 한국은 "경계를 극복한 승리"를 경험한 것으로 보인다. 즉, 삼성이나 LG에 의해 증명된 산업적 영향력뿐 아니라 대중문화를 통해 전달되는 "놀이적 환상play fantasies"의 제공자로서 마치 1990년대에 일본이 문화적 영향력을 형성했던 것처럼 전 세계 팬들의 상상력을 사로잡았다는 것이다(Aliison, 2006: 26). 자국의 문화 흐름이 일부 문화 형식에 한정되었던 다른 국가와 달리 한국은 거대한 규모로 모든 유형의 대중문화와 디지털 테크놀로지를 전 지구적으로 수출하는 유일한 국가가 되었다.

넷째, 이전의 이명박 정부와 현재의 박근혜 정부는 신자유주의 글로벌라이제이션의 한가운데서 문화 정책을 통해 창의 산업의 발전과 국내 생산 문화 상품의 수출에 직접적으로 관여해 정부 역할을 증대했다는 점이다. 두 정부가 문화 산업 발전을 위한 여러 계획을 추진했던 이유는 문화 산업의 상업적 필요성 때문이었다. 이전의 진보적인 정부와 달리, (가장 신자유주의적으로 보이는) 이

두 정부는 정책 방향을 수정해 문화 산업에 상당한 지원을 했다. 비록 신자유주의가 정부의 역할 축소를 주장하는 것임에도 두 보수 정부는, 아이러니하게도 정부 정책에서 직접적인 방식을 증대했던 것이다. 그리고 이들의 문화 정책에서 우선순위는 문화적 다양성이나 문화적 자주권 향상이 아닌, 경제적 필요성이었다.

한국의 문화 산업은 신자유주의적 변동이 강화된 글로벌 문화 시장에 진입하면서 변화해왔다. 합성의 미학과 혼합된 문화적 요소로 구성된 문화 상품의 현재 양상은 신자유주의의 산물인 것이다. 포스트-포디즘적인 실천과 구조적인 권력은 "혼종적 문화 텍스트는 하나의 프로그램으로 여러 시장을 한꺼번에 겨냥하고자 하는 산업적 필요성을 반영하는 것이거나, 또는 대안적으로 상업적인 동기에 의한 각색의 행태가 증상으로 드러난 것"이라는 사실을 설명해준다(Kraidy, 2005: 114). 혼종적 문화 상품은 "성공적인 포맷이 무한하게 각색되면서 관객의 개별적인 성향에 맞추기 위해 혼종화된, 그러면서도 언제나 수익 추구에 정밀하게 맞춰 혼종적 텍스트가 조율되는 바로 그 동일한 상업적 논리에 굳건하게 바탕을 둔, 표준화된 글로벌 문화 산업에서 증가하고 있는 상호텍스트적인 흔적"인 것이다(Kraidy, 2005: 115).

그렇기 때문에 한류의 성장을 둘러싼 현재의 지형은 21세기 초반 상황과는 매우 달라져 있다. 한국의 대중문화는 21세기 초 가장 성공한 지역 문화 가운데 하나로서 지역의 권력이 주류 행위자로 서구와 경쟁할 수 있음을 증명해보였다. 그러한 점에서 일부는 세계시장에서 한국 대중문화와 디지털 미디어의 부상에 주목하기도 한다. 한류 2.0은 실제로, 한때 주변부에 머물렀던 한국에서 다른 국가, 처음에는 아시아권 국가였고 후반에는 서구의 국가로 문화 상품과 디지털 테크놀로지가 이동하는 흐름이었다. 글로벌 문화 시장에서 한국 대중문화가 완전히 만개한 것이라고 단정 짓기에는 아직 이르지만 한국이 K팝, 애니메이션 디지털 게임, 스마트폰 등으로 전 세계 많은 지역에서 의미 있는 성공을 거두었다고 이야기하는 것은 틀린 말이 아닐 것이다.

신한류가 지닌
함의

이상의 논의를 통해 몇 가지 중요한 함의를 확인할 수 있다. 우선 한국 대중문화가 글로벌 시장에서 증대하고 있는 양상이 지역 문화의 초국가화와 문화 흐름의 방향에서 변화를 자극하고 있다는 점이다. 신한류의 사례를 통해 적어도 일부는 초국가적 문화 권력이 지역화 과정에서 흩어질 수 있다는 것, 그리고 상징적인 중심이 더는 특정한 국가나 지역에 종속된 것이 아니라는 주장이 가능해졌다. 신한류가 글로벌라이제이션의 전체적인 양상을 근본적으로 바꾸어 놓았다고는 할 수 없지만, 글로벌라이제이션 내 역류 가능성을 제시하고 있다는 것은 분명하기 때문이다.

둘째, 신한류는 글로벌라이제이션의 속성에서 한 가지 변화를 의미한다. 한류 초창기 한국 문화 기업들이 글로컬라이제이션 전략을 추진했던 이유는 서구 관객에게 호소력을 갖기 위해서는 글로벌 취향을 문화 상품에 통합할 필요가 있다고 느꼈기 때문이었다. 일부 문화 기업은 지사를 설립해 해당 지역 사람들을 고용하고 지역의 문화적 특정성을 수용했는데, 이는 혼종화의 주요 부분이기도 했다. 이와부치가 지적하듯, "지역(여기서는 한국이 아니라 다른 국가를 지칭)의 (생산과정상) 특정성에 대한 이와 같은 강조는 1990년대에 소비재 글로벌 마케팅의 핵심"이었다(Iwabuchi, 2002: 89).

그러나 신한류 시대에 들어와 한국 문화 기업들이 더 이상 전통적인 접근을 취하지 않으면서, 그와 같은 글로컬라이제이션 양상이 변화하기 시작한다. 지사를 설립하거나 지역 사람을 고용하는 대신, 한국의 음악·게임 기업은 한국에서 구축한 플랫폼을 통해 아시아와 서구 시장에 한국산 문화를 확산시키고 있다. 소셜 디지털 미디어 시대에 물리적 현존의 중요성이 감소하면서, K팝 거대 기획사들은 서구 작곡가들을 고용하고, 게임 기업은 소셜 네트워크를 플랫폼 삼아 전 세계의 게이머들에게 접근하고 있다. 소셜 미디어와 디지털 테크놀로지 역할의 증대가 결과적으로 기업 정책상의 변화를 촉발한 것이다. 한국의 문화 기업은 글로벌 관객에게 접근할 수 있는 새로운 방식을 추구하면서, 전략적으로 소셜 미디어와 디지털 테크놀로지를 활용하고 있다. 한국 방송사들 또한 텔레비전 포맷을 개발해왔으며 다른 국가의 유사한 텔레비전 프로그램 제작을 위해 권역의 텔레비전 방송사와 함께 작업해왔는데, 이는 한국 기업의 지사를 필요로 하는 것이 아니었다.

셋째, 한류 2.0은 제3의 공간이 형성될 가능성을 함의한다. 애니메이션이나 온라인 게임, K팝 분야의 일부 한국 문화 기업이 지역 주도의 혼종화 가능성을 증명해 보였기 때문이다. 음악, 영화, 비디오게임 등의 대중문화는 혼종화의 결과였으며 그 요소들 가운데 일부는 지역 권력 주도의 제3의 공간을 성공적으로 만들어냈다. 한국의 문화 산업은 아시아 권역에서 상당한 성공을 거두었고 그중 일부는 혼종화를 활용함으로써 서구 문화 시장으로의 진출 또한 상당한 수준으로 이루어냈다. 이러한 관점에서 혼종화가 지역 대중문화의 성장에서 핵심적인 역할을 수행한다는 점은 부인할 수 없게 되었다.

그러나 혼종화 과정에서 주류 행위자는 K팝이나 방송 부문에서 보았듯 많은 경우 서구의 초국가적 기업과 생산자이기 때문에 지역의 행위자들은 지역의 문화적 정서를 담은 고유의 문화적 형식을 발전시키지 못하고 있다. 물론 현시대의 문화적 상황에서 순수한 지역 문화를 보존해야 한다는 것은 아니다. 존 톰린슨John Tomlinson은 혼종이, 혼합이 발생하는 두 영역 사이의 순수한 공간이 아니라 글로벌 미디어 문화가 형성되는 중요한 지점이라고 지적한 바 있다(Tomlinson, 1999). 여기서 핵심은 신한류에서 나타나는 현대의 혼종성 양상이 지역의 고유한 속성으로서의 한국성을 — 일부 예외적인 사례를 제외하고 — 만들어내지 못하고 있다는 것이다. 다시 말해, 지역 대중문화를 발전시킬 때는 지역의 정서와 특정성에 기반을 둔 방식이 강조되어야 한다는 것이다.

이러한 점에서 우리는 한국 대중문화에서 나타나는 혼종성의 진정한 속성에 대해 고민해야 하며 대중문화 영역에서 혼종성이 단순히 형식이나 스타일에 그치는 것이 아님을 분명히 할 필요가 있다. 요컨대 혼종적 문화가 두 개의 상이한 문화 간의 단순한 혼합이 아니며, 보다 중요한 것은 혼종 문화가 지역의 고유한 정통성에 기반을 둔 제3의 공간을 창출해내야 한다는 것이다. 혼종성이란 문화적 정체성에 대한 다양한 가정들이 탐색되는 해석적 양식이므로, 지역 권력은 혼종화의 한가운데서 지역의 문화를 발전시키는 중추적인 역할을 수행해야 한다. 린Ying-Chia Lin은 "정부, 문화 산업의 기업, 미디어 연구자는 그들 간 상호작용으로 인해 촉발되는 긴장과 충돌에 주목해야 하며 무엇보다도 그 행위자들이 어떻게 충돌하고 있으며 권력은 그 과정에서 어떤 식으로 형성되는지에 주목"해야 한다고 언급한 바 있다(Lin, 2011: 322). 우리는 혼종화 이론의 주류가 혼종화 과정에서 어떤 권력관계와 문화적 요소가 유지될지 결정하는 주요 행위자와 관련되어 있음을 파악할 필요가 있다. 글로벌 시장에서 지역의 대중문화가 붐을 이루는 현상을 지속하려면 정치화되고 미묘하게 균형이 잡혔으면서도 정교한 혼종 문화가 늘 창조의 과정에 놓여야 한다. 혼종화가 상이한 행위자들이 상호작용하고 협상하는, 소통적이고dialogical 변증법적인dialectic 과정임을 고려해야 한다. 누가 주요 행위자인지 그리고 협상의 과정에서 그들의 역할은 무엇인지를 확인하는 것이 가장 중요한 핵심이 된다.

대중문화와 디지털 테크놀로지의 글로벌라이제이션은 좀 더 복잡한 연결성을 지니는데 왜냐하면 글로벌라이제이션을 통해 변화하고 있는 전 지구적 총체global entity를 글로벌-지역의 맥락에서 고려할 필요가 있기 때문이다. 주변부 또는 반半주변부에 해당하는 국가를 기반으로 지역의 기업들은 자연스럽게 지역 문화 생산물을 글로벌화하고자 하는 지원자가 된다. 물론 모든 지역 기업이 글로벌 마케팅에 적합한 것은 아니다(Wu and Chan, 2007). 상품과 이미지가 여전히 소수의 부유한 국가에 의해 지배되는 상황이기 때문에 "전 세계의 많은 지역은 전 지구적인 문화 소비뿐 아니라 생산의 과실을 향유하는 것에서 지속적으로 배제"되고 있다(Iwabuchi, 2004: 74). 글로벌 자본주의로 통합되어 있어 글로벌 시장에서 비즈니스 노하우를 습득했을 뿐 아니라 지역·글로벌 행위자가 관여되어 있는 글로벌 네트워크에 소속된 지역 문화 기업 일부만이 성공할 수 있는 소수의 기회를 지닐 뿐이다(Wu and Chan, 2007).

신한류의 맥락에서 볼 때 문화적 혼종성의 개념이 문화제국주의를 대체하는 유용한 대안적인 도구라는 점은 부인할 수 없다. 왜냐하면 문화적 혼종성의 개념을 경유할 때 비로소 글로벌 시장에서 한국 등 주변 국가로부터 중심의 서구 국가로 문화 상품이 흐르는 현상을 설명할 수 있기 때문이다. 그러나 문화적 혼종성은 종종 정치적 입장 또는 더 나아간 맥락적 분석을 결여하는 경향을 보이기도 한다. 이전의 많은 선행 연구에서 증명되었듯이 문화적 혼종성은 글로벌 시장에서 문화 상품의 경쟁력 발전이나 향상에서 정부 등 에이전트가 수행하는 중요한 역할을 무시해왔다(Kwon and Kim, 2013: 3). 혼종성은 중립적이지 않으며 "혼종화가 발생할 때 그에 관여하는 주요 에이전트를 인지하고 그 과정에서 다양한 권력이이 어떻게 상호작용하는지에 대한 질문을 던져야" 한다(Lin, 2011: 312~313). 다시 말해, 문화 상품의 혼종성은 다양한 문화 산업 내에 존재하는 정치경제학적 측면에서 설명될 수 있다는 것으로, 그 이유는 일부 서구의 국가, 특히 미국이 글로벌 시장에 존속하면서 글로벌과 지역 간 격차가 증대하는 결과가 나타나고 있기 때문이다. 콜린 스파크스Colin Sparks는 "생산하고 유통하는 것은 중심부이며, 주변부는 그것을 변형하고 받아들인다. 그와 같은 과정은 선진국의 문화 산업에서 생산된 인공물이 다른 곳에서 기원한 물질을 구현하면서 그 생산국인 선진국(대개 미국)에 대한 인식이 아닌, 글로벌 인식을 구체화하는 것이라는 주장과 명백히 상반"된다고 지적한 바 있다(Sparks, 2007: 145). 얀 피터스 또한 "혼종화는 그 과정 또는 요소들 간 혼합 과정에서 비대칭성과 불공평함을 감춘다"고 주장한 바 있다. 그러면서도 그는 "권력관계와 헤게모니는 혼종성 내에 새겨져 재생산"되는 것이라고 보았다(Pieterse, 2004: 53, 74). 비록 헤게모니가 단순히 재생산이 아니라 혼종화의 과정에서 재형성reconfigure 되는 것이라는 방식을 유념하는 것은 중요하지만, 혼종성이 혼합과 혼합의 조건에 대한 문제를 제기한다는 점 또한 이해할 필요가 있다(Pieterse, 2004).

따라서 혼종성 이론에서 역사적 관점과 구조적 관점은 매우 중요할 수밖에 없다. 지역 대중문화의 혼종화 과정과 전 지구적인 문화 흐름은 상이한 두 권력, 즉 글로벌과 지역 간 권력관계와 관련해서 고도로 정치화된 영역이다. 마완 크레이디는 "미디어 텍스트의 혼종성에 초점을 맞춘 대부분의 분석은 구조적 문제의 중요성을 축소하는 경향이 있다. 그러한 연구에서 혼종적 텍스트는 지배의 지표가 아닌 문화적 다양성의 징후로 설명"되는 경우가 있다며 정확하게 지적한 바 있다(Kraidy, 2005: 5). 리처드 로저스Richards Rogers 또한 "초국가적 문화 흐름은 혼종성의 맥락에서 볼 때 다양한 문화와 다양한 전유 행위가 관여된 것이라는 점에서 문화적 교류cultural exchange와 다를 뿐만 아니라, 문화적 지배와 착취의 불평등한 권력관계에 대한 함의를 ― 초국가적인 자본주의초국가적인 자본주 글로벌-지역의 맥락에서 매우 상이하게 나타나는 전유의 속성을 인정하면서도 ― 여전히 담고 있다"고 설명한다(Rogers, 2006: 493).

이를 고려할 때 글로벌 시장에서 한국의 문화 상품과 디지털 테크놀로지의 인기는 글로벌라이제이션 이론에 대한 몇 가지 근본적인 의문을 제기한다. 왜냐하면 이 새로운 현상이 의미하는 바란 글로벌라이제이션 과정이 다방향적이면서도 여전히 불평등하다는 것으로서, 결국 글로벌라이제이션이 매우 복잡한 현상임을 뜻하기 때문이다. 혼종적 문화의 생산과 대중문화의 전 지구적 흐름이 더 이상 선형적이지는 않다 할지라도, 이러한 경향이 글로벌과 지역 간 권력관계의 불평등 문제를 해소한 것은 아니다. 한국을 포함한 몇몇 국가가 서구 시장으로 자국 문화 상품의 보급을 증대해오긴 했지만 문화 장르를 통한 전 지구적 존재감은 여전히 제한적이며 권역별 보급률과 글로벌 존재감 간 거대한 격차는 여전히 남아 있다.

앞으로 더 해야 할 일은
무엇인가?

지금 문제는 한국이 문화 영역 내에서 가장 중요한 지역 권력으로 존속할 수 있을 것인가인데, 왜냐하면 대중문화 내 전 지구적 교역이 일시적인 것에 그치는 경향이 있기 때문이다. 이러한 관점에서 한국은 한때 아시아 시장에서 최고 위에 군림했던 일본에서 교훈을 얻어야 한다고 생각한다. 일본 대중문화는 동아시아 시장에서 21세기 초반까지 잘 수용되었다. 그러나 현시점에서는 그리 의미 있는 수준이 아닌데, 그 이유는 부분적으로 한국 대중문화의 출현에서 찾을 수 있다. 일본 대중문화의 아시아 권역 보급에 대한 연구를 진행한 니심 오트마진Nissim Otmazgin은 일본의 대중문화 수출이 1980년대에서 1990년대의 전성기 이후 줄곧 감소했다고 설명한다(Otmazgin, 2013). 비록 일본이 무취의 일본성odorless Japanness이라고 알려진 독특한 혼종화 과정에 기반을 두고 아시아에서 스타덤을 21세기 초반까지 유지했음에도, 탈정치화된 일본 대중문화가 아시아 시장에서 영향력을 잃으면서 글로벌 시장에서도 의미 있는 수준으로 보급되지 못했다. 이와부치 자신도 인정하듯 일본의 아시아 접근은 초국가적 공감과 상상의 측면에서 점진적으로 위축되어왔다(Iwabuchi, 2002). 홍콩도 영화 부문에서 명성을 누렸었지만 이제는 그렇지 못하다. 반면 중국과 인도는 문화 부문에서 새롭게 부상하고 있으며 앞으로 신한류에 도전할지도 모른다.

이와 같은 배경에서 한국의 문화 기업과 정부는 일본 문화 산업의 경험을 토대로 각자의 정책을 개발할 필요가 있다. 또한 그러한 정책의 구축 과정에서 여전히 불평등하고 변화무쌍한 문화적 글로벌라이제이션의 복잡성을 이해해야 한다. 이는 신한류의 주요 행위자들이 장기 전략을 개발해야 함을 의미한다. 일본을 비롯한 여타 국가는 그와 같은 장기 전략을 이전에 개발해야 했던 것이다. 이러한 전략은 단순한 마케팅 기술에 불과한 것이 아니라 한국만의 향취로 지역 권력이 주도하는 새로운 문화와 기술을 창조하는 것을 의미한다. 한국적 맥락의 문화 혼종화 담론이 제공하는 것은, 글로벌라이제이션 과정이 지역 또는 권역의 규범과 관습, 수요, 전통을 받아들여 적극적으로 절합할 것을 강조하는 좀 더 풍부한 이론적 대안이다. 그렇지 않으면 신한류는 일시적인 성공에 그치면서 글로벌 문화와 디지털 테크놀로지 영역에서 장기적인 또는 영속적인 영향력을 유지하지 못하게 될 것이다. 한국 문화 산업의 생산자들은 혼종화 과정을 통해 고유의 독특한 문화를 개발해내야 하고 한국 정부와 문화 기업은 문화 정책과 문화 상품 개발에서 핵심적인 역할을 수행해야 한다. 그렇게 할 때 한국은 비로소 글로벌 시장에서 지역의 대중문화와 디지털 테크놀로지가 성장한 사례로서 주목할 만한 존재가 될 수 있을 것이다.

주

제1편 문화 산업의 정치경제학

제1장 신한류의 부상

1   현재 한류의 성장을 설명하고자 하는 시도에는 몇 가지가 있다. 한국 대중음악과 관련된
     사례는 조인희와 윤여광의 연구를 들 수 있다(In-Hee, Cho and Yeo-Kwang, Yoon,
     2013). 이 연구는 한국 대중문화의 주요 수출 권역과 주요 문화 형식에 기반을 두고 1997~
     2000년대 초반, 2000년대 초반~2006년경, 2007년경~현재의 세 시기로 한류를 구분한다.
     비록 K팝 부문에 한정된 연구로서 그와 같은 시기 구분의 유의미한 근거를 제공하지는 못
     했지만 현재의 한류를 다른 관점에서 이해하고자 하는 시도라는 점은 분명하다.

2   그와 같은 문화 상품 교역에는 방송과 음악, 애니메이션과 게임과 같은 전통적인 문화 형
     식과 더불어 광고 부문도 포함된다.

3   일부 연구자는 한류 2.0을 K팝 팬덤의 형성이 연계된 K팝의 서구 시장 진입으로 규정하
     기도 하는데 여기서 소셜 미디어의 존재 여부는 고려되지 않는다. 그러나 K팝은 한류 2.0
     시대의 특성을 형성하는 주요 문화 형식으로 고려되어야 하는데, 왜냐하면 애니메이션이
     나 디지털 미디어 같은 다른 문화 형식 또한 신한류를 주도하는 주요 동력이기 때문이다.
     한국의 월간지 ≪신문과 방송Newspaper and Broadcasting≫의 경우, 별다른 개념 정립이나 방법
     론적 논의 없이 한류 3.0을 당연한 것으로 다루면서 2014년 5월호에서 한류 3.0의 제목 아
     래 여러 기사를 모아 게재한 바 있다. S. A. Kim(2013); E. Y. Jung(2015); Lie(2015)를 참
     조할 것.

4   애플에서 최초의 스마트폰인 아이폰을 출시한 것은 2007년이고 한국에서는 삼성과 LG가
     자체적으로 스마트폰을 생산하기 시작했던 2009년에 출시되었다. 따라서 그와 같은 디지
     털 플랫폼은 한류 1.0 시기에는 별다른 영향력이 없었다.

5   이전까지 유튜브의 카운터는 컴퓨터 내에서 데이터를 표시할 때 사용하는 32비트 정수를
     사용했다. 이는 최대 카운터 수치가 21억 4748만 3647뷰임을 의미한다. 유튜브의 모기업
     인 구글은 "엔지니어들이 이러한 상황이 올 것을 두세 달 전에 예상했고, 그에 대비해서 시
     스템을 업데이트했다"고 설명했다. 유튜브는 이제 비디오 카운터에 64비트 정수를 사용하
     고 있으며, 이는 최대 922경의 뷰까지 가능하다는 것을 의미한다(*BBC News Asia*, 2014).

6 글로벌 음악 시장에서 싸이의 경이로운 성공을 반영하듯, 최근 한국의 여러 학자가 유럽과 북미를 포함한 여러 권역에서 K팝이 성장하고 있는 현상에 소셜 미디어가 미친 영향에 대해 논의하기 시작했다〔Song and Jang(2013); I.-H. Cho and Y.-K. Yoon(2013); S. K. Hong(2013); S. Kim and J.-S. Kang(2013)〕.

7 한국에서는 정부가 문화 정책을 바꿀 때 문화 산업의 명칭 또한 문화 산업에서 콘텐츠 산업으로, 후에는 창조 산업으로 바꾸었다닌 — 경제적 필요성을 강조한다는 점에서 공통점이 있다. 이 책에서는. 그 핵심에서 조금씩 차이가 있기는 하지만 모두 — 문화적 다양성이나 문화 자주권이 아닌 — 문화 산업cultural industries이라는 용어를 주로 사용할 것이나 종종 창의 산업creative industry으로 대체해서 사용할 수도 있다.

8 성형과 한식, 또는 패션 같은 다른 영역들 또한 세계적으로 부상하고 있다. 하지만 이 책에서는 대중문화와 디지털 테크놀로지 분야로 한정해서 분석 작업을 할 것이다.

제2장 신한류 시대의 문화정치학

1 자유화의 동력은 1997년 WTO 합의에서 종료되었다. 왜냐하면 자유화 조치가, 국가들이 해외 경쟁자에 대해 국내 시장을 개방할 것을 강요하고 해외 기업이 국내 기업의 주식을 사들일 수 있도록 했기 때문이다. 국제통화기금 The International Monetary Fund 또한 1990년대의 자유화 조치에 동참하면서 각 정부가 해외 자본에 국내 시장을 개방하라는 압박을 가했다. McChesney and Schiller(2003)을 참조할 것.

2 동아시아의 여러 미디어 학자와 지역 배급사는 아시아에서 한국 드라마가 성공했던 배경은 민족성과 유교라는 아시아 국가 간의 문화적 유사성이 가장 중요한 요소였다고 주장했다. 그들 가운데 일부는 수용자 연구를 통해 아시아 소비자가 한국 드라마를 선호하는 이유가 전통적인 유교 가치관을 강화하는 그와 같은 근접성 때문이라고 주장했다. Iwabuchi(2008a); Leung(2008); Ryoo(2009)를 참조할 것.

3 음악 부문의 수출은 다음의 세 가지 주요 영역으로 구성된다. 녹음 음악(음악 CD 판매), 디지털 음원(온라인 판매), 음악 이벤트. 지난 10여 년간 해외 배급사와 에이전트를 통한 음악 CD의 판매가 수출의 대다수를 차지했고, 그 뒤를 디지털 음원과 음악 이벤트가 차지했다. 그러나 디지털 테크놀로지가 발전함에 따라 녹음 음악의 비중은 줄어든 반면, 해외에서 공연이 늘고 소셜 미디어가 성장하면서 콘서트와 온라인 매출이 증가하기 시작한다. 최근 싸이 등의 K팝 뮤지션이 인기를 얻으면서, 해외 공연이 — 아직은 세 개의 카테고리 중 5% 미만의 비중이긴 하지만 — 한국 음악 산업의 유의미한 분야로 떠오르고 있다.

4 2000년 김대중 정부는 지역 제작사 육성 계획을 새롭게 추진한다. 왜냐하면 국내 경쟁을 해외 교역의 증진을 위한 근간이라고 여겼기 때문이다. 독립 제작사 분야의 규모가 크게 증대해 1980년대 후반 여덟 개였던 것이 2003년에는 349개 — 비록 치열한 경쟁으로 인해

2012년 1월에는 136개로 줄어들긴 하지만 — 에 이르게 된다. 방송사 세 곳 가운데 두 군데 (KBS와 준•민영방송인 MBC)가 정부 소유라는 점을 고려하면, 독립 제작사의 발전은 주요 불간섭 정책 가운데 하나라 할 수 있다. 정부는 기존 방송사를 지원하는 대신 방송 시장 탈규제화를 통해 간접적으로 방송사가 고품질 프로그램을 제작할 수 있는 환경을 제공했고, 이는 전 지구적으로 한국 프로그램이 약진하는 결과를 낳았다. Korea Independent Production Association(2012); Foundation for the Broadcasting Culture Act, Article 6을 참조할 것.

5 국내 극장에서 매해 특정 비율의 국산 영화를 의무 상영하도록 하는 스크린쿼터 시스템은 해외 영화에만 관객이 몰리는 것을 방지하고자 1967년에 처음 도입되었다.

6 2009년 2월 4일 지식경제부 방문 때 이명박 대통령이 한국에 닌텐도와 경쟁할 수 있는 비디오게임 하드웨어를 만들어내지 못한 이유를 질문했던 일은 게임 산업에 대한 이명박의 관심을 보여주는 일화다. 이는 게임 부문에 대한 기업의 관심이 폭주하게 되는 계기였다.

7 이명박 정부가 일부 부처를 통합함에 따라 전체 부처 예산이 증가했다. 부처 내 문화 산업 부문 예산의 비중 또한 증가했다. 이명박 정부는 2008년 문화체육관광부 내에서 문화 산업과 창의 산업을 다루는 부처의 명칭을 문화 산업부에서 문화콘텐츠산업실로 교체하기도 했다.

8 21세기에 문화 외교는 공공 외교에서 가장 중요한 영역이 되었는데 왜냐하면 문화는 그 자체로 국제적인 관계의 영역이기 때문이다. 문화 외교는 "상호 이해 증진을 위해 생각과 정보, 예술을 비롯한 문화 여러 측면의 교류가 국가 간, 그리고 그 국민 간 이루어지는 것"으로 여겨진다[Cummings(2003: 1)].

제2편 초국가적 대중문화

제3장 초국가적 텔레비전 프로그램

1 1991년에는 민영방송국 SBS Seoul Broadcasting System가 개국했고 1990년대 중반부터 2002년까지 11군데의 지역방송국 채널이 설립되었다. 또한 한국 정부는 1995년에 케이블 채널을 도입했는데 여기에는 20개의 방송채널사용사업자 program provider 와 45개의 종합유선방송사업자 system operator, 또는 지역 케이블사업자가 참여했다.

2 400년 전 조선왕조 시대에 지구에 도착한 외계인이 현대의 여배우와 사랑에 빠지는 이야기를 다룬 〈별에서 온 그대〉는 2014년 초반 중국에서 커다란 인기를 모았는데, 그러한 인기는 인터넷과 모바일 서비스에 기인한 바가 컸다. 불과 몇 년 전만 해도 한국 드라마 제작사는 중국 시장에 진입하기 위해 온라인 시장을 먼저 타진했었다. 2000년대 중반 들어 한

국 드라마의 인기가 크게 증대하자 중국 정부는 중국산이 아닌 드라마에 대한 규제를 강화한다. 그러나 인터넷에는 사전 검열 절차가 없었다. 한국이 젊은 중국인 사이에 대중화되어 있는 뉴미디어를 겨냥함에 따라 중국 시청자의 선호 장르도 바뀐다. 중국인은 본래 〈사랑이 뭐길래〉나 〈대장금〉 같은 가족 드라마나 역사 드라마를 선호했지만 이제는 〈상속자들〉 같은 트렌디 드라마에 매료되어 있다(Dong-A Ilbo, 2014). 소후 Sohu, 유쿠 Youku, 바이두 Baidu 등의 온라인 스트리밍 비디오 사이트가 젊은 시청자들 사이에서 한국 드라마뿐 아니라 미국과 영국의 TV쇼를 접하는 주요 플랫폼으로 떠오른다. 그러자 국가신문출판광고영화방송총국은 2014년 3월 방송 전반뿐 아니라 온라인상 드라마 시리즈와 단편영화 같은 시청각적 프로그램에 대한 감독을 강화하는 새로운 규제안을 발표한다. 이 규제안에는 방송사와 투자사가 법령을 어길 경우 경고 조치나 벌금, 또는 최고 5년의 처벌을 내리겠다는 경고가 담겨 있는데, 이는 최근 중국의 경향에 영향을 주었을 것으로 보인다(Coonan, 2014). 2014년 초반의 이러한 상황은 정책에 담긴 함의에도 불구하고 소셜 미디어와 디지털 미디어가 중국에서 텔레비전 드라마가 확산되고 주요 텔레비전 장르가 변화하는 데 중요한 역할을 했음을 의미한다.

3   커뮤니케이션 테크놀로지와 이동 수단이 빠르게 발전하면서 초국가성의 개념은 "사람과 자본, 미디어의 초국가적 흐름의 규모와 속도가 증대함에 따라 정해져 있는 국경과 이데올로기의 효능이 ― 전부는 아니더라도 ― 어떤 식으로 약화되는지"에 대한 관심을 불러일으키고 있다(Iwabuchi, 2004: 52).

4   〈아메리칸 아이돌〉이나 〈슈퍼스타K〉 같은 리얼리티 경연쇼가 명성의 민주화라는 개념에 기여한 것인지의 여부는 이 장의 주요 관심사가 아니다. 관련 논란에 대해서는 Park and Baruh(2010)을 참조할 것.

5   국내외에서 리얼리티쇼의 인기가 증가함에 따라 참가자의 수도 크게 증가한다. 시즌 1 (713,500), 시즌 2(1,346,402), 시즌 3(1,967,000), 시즌 4(2,083,447). 오디션 프로그램 사이에서 경연 프로그램이 성장하면서 우승자의 상금 또한 증대한다. 〈슈퍼스타K 2〉의 승자는 2억 원(약 18만 달러)을 받을 수 있었고, 〈슈퍼스타K 3〉에서는 엠넷의 앨범 제작비 지원에 더해 우승자 상금이 5억(45만 달러)까지 증가한다.

6   예를 들어 〈슈퍼스타K〉는 간접광고 production placement 를 방송에 내보는 대신, 광고주에게 제작 비용의 일부를 분담하라고 요구했다. 〈슈퍼스타K〉 시즌 1의 경우, 주요 스폰서인 코카콜라가 10억 원을 투자했고, 다음이나 르노삼성, 모토롤라, 랑콤 등의 다른 스폰서는 각각 5억 원씩 분담했다(Yoon-mi Kim, 2010).

7   물론 한국성의 의미 그 자체는 시간에 따라 변화한다. 1990년대 후반까지 한恨의 정서는 고통을 감내한 후 구원 redemption 을 바라는 한국인의 수동적인 욕망이 반영된, 가장 중요한 한국적인 특성이었다. 「아리랑」에는 한국인의 수동적인 슬픔과 애정, 원통함, 갈망, 배신, 절망, 복수가 밀도 높게 표현되어 있다. 지난 10여 년간 한국의 한은 흥의 정서로 빠르게 바

꿨었는데, 이는 경제 발전과 민주화가 한국인 사이에서 자신감을 증진시켰기 때문이다. 이제는 K팝에서 볼 수 있듯이 역동성dynamism이 한국인과 동일시되고 있다(A. Chang, 2011). 이처럼 문화의 특성이 시간에 따라 바뀌기 때문에 한국성을 보존하거나 발전시켜야 한다는 것은 쉽지 않은 일일 것이다.

제4장 한국 영화와 문화적 글로벌라이제이션

1   한중 FTA가 2015년 2월 가서명되었기 때문에 한국 영화의 시장으로서 중국의 역할은, 특히 한국 영화의 중국판 리메이크와 관련해서 앞으로 한동안 유지될 것으로 보인다. 한국과 중국 간 공동 제작에 관한 논의 또한 시작되었는데 만약 두 나라가 협업으로 영화를 제작할 경우, 그 작품은 공동 제작이 될 것이기 때문에 중국의 스크린쿼터 제한에서 자유로워진다. 따라서 한중 공동 제작이 활성화되면서 기세가 오른 분야는 다름 아닌 리메이크라 할 수 있다(*Hankyoreh Shinmun*, 2015).

2   대기업을 지원하는 신자유주의 문화 정책이 한창이던 1995년 삼성은 삼성영상사업단을 조직한다. 이는 영화 산업을 담당하는 최초의 재벌 산하의 조직이었는데 삼성과 대우가 영화 산업에 먼저 진출하면서 LG, 현대, 제일제당(후에 CJ로 변경)과 같은 다른 재벌 기업도 영화 산업에 투자하기 시작한다. 그러나 21세기 초반 이들 가운데 일부가 수익성 문제로 시장에서 철수한다. 그리고 이는 한국 영화 산업에서 소규모 벤처캐피탈 기업의 역할이 증대하는 결과로 이어졌다. 관련 내용은 Jin(2011c), K. Noh(2013)를 참조할 것.

3   이 문제와 관련해서 다른 연구(Jin, 2010a; 2013)를 통해 분석한 바 있다. 한국 영화에 대해 균형이 잡히면서도 좀 더 확장적·종합적인 개요를 제공하기 위해 이전 분석 작업에서는 이 부분에 대해 크게 확장된 접근을 시도했다.

4   멜로드라마적인 감성은 (개인적인 이야기를 포함한) 텍스트의 특정 영역의 속성일 뿐만 아니라 텍스트 간 상호 대화적인 맥락(즉, 텍스트 주변의 대화)까지도 관련되는 것이다(Abelmann, 2003: 23).

5   이 설화에 따르면 이무기는 매 500년마다 선택된 여성(여의주)의 희생을 통해 용으로 승천한다. 이 변신은 인류를 보호하기 위해 필요한 것이다. 조선시대에 이무기가 변신을 준비하는 동안 악한 이무기가 나타나서 여의주를 탈취하려 한다. 후에 여의주와 연인 사이로 발전하게 되는 수호자는 악한 이무기에게 여의주를 희생당하는 것보다는 함께 자살하기로 한다. 심형래 감독은 환생과 영혼 재생이라는 잘 알려진 불교적 가치를 활용해 여의주는 사라Sarah로 환생하고 수호자는 에단Ethan으로 환생한 21세기 LA로 무대를 옮겼다. 이러한 내용은 SF와 액션 장르의 할리우드 스타일 포맷을 통해 개발되었으며 〈디워〉의 혼종화는 이러한 방식으로 이루어졌다(J. Cho and Lee, 2009).

제5장 한국산 혼종 애니메이션의 전 지구적 호소력

1   뿌까는 12살 닌자 가루를 좋아하며 의도치 않은 경쟁이나 결투에서 순전히 운으로 늘 가루를 이긴다.

2   제2장에서 간단히 언급한 대로 국산 애니메이션과 캐릭터 부문의 해외 수출이 한창 증대하던 2015년 2월, 한국 정부는 국산 애니메이션과 캐릭터 부문의 해외 진출을 위해 2019년까지 3억 4580만 달러를 투자한다는 계획을 발표한다. 한국 정부는 글로벌 애니메이션과 캐릭터 산업이 2018년까지 20억 달러 규모의 시장으로 성장할 것이라는 예상했는데, 이는 지역 기업들에게 큰 기회였다. 따라서 정부는 창의적인 작업을 추구하려는 기업 활동을 장려하면서 이들 기업의 전 세계 확장을 도울 수 있는 환경을 구축하려는 노력을 기울였다(See Wasko, 1997).

3   파생 상품이란 영화, 텔레비전 프로그램, 애니메이션 등에서 파생된 프로모션 캠페인으로 원본 작품의 캐릭터나 대상을 기반으로 만들어지는, 원본과는 별개로 제작되는 상품을 말한다.

4   한국의 애니메이션 산업은 뽀로로나 라바 같은 캐릭터를 가지고 미국 시장에 진출하기 위한 노력을 지속하고 있다. 한국콘텐츠진흥원이 2015년 6월 주최했던 제1회 "K-Characters in Los Angeles" 행사의 쇼케이스에는 넷플릭스Netflix, 아마존, 니켈로디언, 마텔Mattel 등 관련 업체 약 50여 곳이 참석했다. 미국 시청자는 훌루Hulu에서 〈뽀로로〉와 〈캐니멀〉을, 넷플릭스에서는 〈라바〉를 볼 수 있다(*Korea Times*, 2015).

5   물론 이는 1920~1930년대에 자신들이 제작한 영화가 널리 수용될 수 있도록 하기 위해 할리우드가 했던 일이다. 모든 각본은 영화제작검열기구인 PCAProduction Code Administration의 심사를 받아야 했다. 이 기구는 제작된 영화가 해외 시장에서 문제될 만한 요소가 없음을 확인하는 심사를 진행했는데, 특히 악당의 국적과 관련 부분에 주의를 기울였다(Newman, 2013).

6   첫 번째 수준에서 혼종성은 해외 요소와의 통합에 따른 결과로서 정체성 내에서 가시적인 차이가 드러나는 것을 가리킨다. 후기 식민주의 이론가들이 취한 것은 세 번째 수준의 혼종성이다. 세 번째 수준의 혼종성은 디아스포라의 삶에서 발생하는 비판적이고 문화적인 실천을 표현하기 위한 관점으로서 활용된다.

7   물론 이러한 가치는 한국의 "문화적 DNA"가 변화하고 있다는 점에서 현대 한국 사회의 믿음과 완전히 동일한 것은 아니다. 한국의 문화적 DNA가 변화하고 있다는 것은 한국의 문화 산업이 한국적인 정서를 주의 깊게 활용하고 있음을 의미하는데, 왜냐하면 한국적인 정서 가운데 일부는 외국인들도 쉽게 접할 수 있는 보편적인 가치를 지니기 때문이다. 2012년 문화체육관광부와 한국국학진흥원은 전문가 100명의 심층 인터뷰와 일반 시민 1000명을 대상으로 하는 설문조사를 진행했는데, 그 결과 다음 10개의 한국의 문화적 DNA가 추

려졌다. 홍·끈기·나눔·해학·발효·예의·열정·공동체 문화·어울림·자연스러움(Ministry of Culture, Sports and Tourism, 2012d).

제6장 K팝의 글로벌라이제이션과 비판적 담론

1   한국에서 "한국어로 뽕짝이라고 불리는 트로트는 폭스-트로트fox-trot의 2비트 리듬 패턴과 연계된 것으로 알려져 있다"(son, 2004: 4).

2   서주원(Joowon Suh, 2012)이나 제이미 리(Jamie S. Lee, 2004) 같은 일부 연구자는 서태지와 그 뒤를 이은 젊은 뮤지션의 중요성으로 인해 트로트와 발라드, 또는 소위 성인가요라 불리는 전통적인 대중음악을 배제하고 K팝을 주로 젊은 세대가 소비하는 젊은 음악으로서 인식한다. 하지만 발라드는 여전히 주류 장르 가운데 하나이며 조용필과 같은 일부 고령의 뮤지션 또한 여전히 한국 음악 산업에서 영향력을 유지하고 있다. 따라서 뮤지션의 연령은 분류 기준이 될 수 없다.

3   K팝의 기점과 관련해서 학자마다 상이한 시각을 제시한다. 예를 들어 신현준은 비록 그 명칭이 2000년대 초반의 일본에서 유래된 것이어도, K팝이 1990년대에 주로 발전했던 신세대 음악의 연장선이라고 본다(Shin, 2005). 반면 존 라이John Lie는 K팝이 시기적으로나 음악적으로나 1998년부터 시작된 포스트 서태지 현상이라고 본다(Lie, 2015). 그러나 여러 아이돌 그룹이 1998년 전부터 활동(예를 들어 H.O.T는 1996년부터, S.E.S는 1997년부터 시작)했고, 그 음악 또한 전략적으로 연예기획사에 의해 개발된 것으로 이미 혼종적이고 역동적이었으므로 K팝이 포스트 서태지 청소년 문화라고 쉽게 단정짓기는 어려워보인다.

4   음악에는 세 개의 수출 분야가 있다. 녹음 음악(음악 CD 판매), 디지털 음악(온라인 판매), 음악 이벤트(Ministry of Culture, Sports and Tourism, 2012a).

5   보아는 2008년 「I'll Eat you Up」이라는 곡으로 미국에 데뷔했다. 그러나 이 싱글 앨범은 미국 시장에서 처참하게 실패했다(S. Jung, 2011). 세븐 또한 영어 싱글 앨범 「Girls」로 미국 시장의 가능성을 타진해보았으나 보아와 마찬가지로 "사상 최하"의 판매 실적을 기록한 후 한국으로 돌아왔다.

6   국가별로 보면 2011년 일본이 4억 2400만으로 가장 많았고, 그 다음이 미국(2억 4000만), 태국(2억 2000만), 대만 그리고 베트남 순이었다.

7   작곡가들은 자신의 곡을 영국과 미국의 아티스트가 리메이크하도록 하는 데 초점을 맞췄다. 그러나 지난 몇 년간 윌.아이.엠Will.I.Am 이나 선 개릿Sean Garrett 같은 작곡가/프로듀서들은 한국과 본국을 여러 번 왕래했다. 유니버설뮤직의 유럽 A&R 총책임자 펠레 리델Pelle Lidell 은 2008년부터 SM과 작업을 시작했는데 그는 SM으로 전달한 곡 중 상당수가 히트곡이 되었다고 말한 바 있다(Lindvall, 2011b).

8 조용필은 한국 대중음악에서 모두가 인정하는 대스타다. 그는 초기에는 록 음악에 심취하는 등 여러 음악 스타일을 시도했으나 처음 인기를 얻을 수 있었던 것은 전통적인 판소리 창법을 활용했던 트로트 음악이었다. 그는 스스로 판소리 가수의 전통적인 훈련법을 연습했었다고 밝혔는데, 이 전통적인 훈련법은 숲속에서 반복적으로 크게 소리를 지르는 것으로 성대를 단련한다고 알려져 있다(Cho 1984, cited in Lie, 2012).

9 K팝과 해외 음악을 모두 다루는 음원 사이트인 멜론의 연간 Top 50 가요에 따르면, K팝은 영어의 사용과 관련된 것뿐 아니라 음악의 장르와 스타일에서도 유형이 바뀌고 있음을 확인할 수 있다. Melon.com은 음악 CD와 카세트테이프의 판매율과 텔레비전·라디오 방송 횟수의 두 가지 자료를 기반으로 K팝의 인기 순위를 작성한다.

10 싸이의 소속사인 YG 엔터테인먼트는 팬들이 자작한 「강남스타일」 패러디 비디오를 업로드하는 것을 금지하지 않고 허용했다. 관련법상 패러디는 보통 팬들이 업로드할 경우 저작권을 침해하는 것으로 해석된다. 하지만 기획사 측은 팬들이 올리는 패러디가 곡의 인기에 기여할 것이라고 기대했기 때문에 그러한 행위를 저작권 침해라고 주장하지 않았던 것이다. 실제로 전 세계 많은 팬들은 원본 비디오와 패러디 비디오 모두를 즐겼고, 이는 「강남스타일」이 전 세계적으로 붐을 일으키는 결과로 이어졌다(Soochul Kim and Kang, 2013).

제3편 디지털 한류

제7장 디지털 한류 2.0

1 빌터리스트Daniel Biltereyst 와 미어스Philippe Meers 는 텔레노바의 유럽 수출 사례를 통해 역류의 가능성을 경험적으로 분석했다(Biltereyst and Meers, 2000). 분석 결과 역류는 유럽에서는 상대적으로 약화되었는데, 왜냐하면 유럽의 전반적인 텔레노바 수입 유형이 주변부에 머무르거나 심지어 일부 지역에서는 아예 전무한 것으로 나타났기 때문이다. 예를 들어 〈베티 라 페아Betty la Fea〉라는 한 텔레노바 작품은 콜롬비아에서 엄청난 인기를 누렸는데, 이 작품은 2010년까지 완결된 형식과 포맷 형식으로 70개국에 수출되었다. 최근 미국의 프라임타임 시간대에 방영되어 큰 인기를 끌었던 〈어글리 베티Ugly Betty〉도 그중 하나다. 텔레노바의 주요 제작사의 위치 그리고 지역에서 제작된 콘텐츠의 전 지구적인 성공을 감안하면 텔레노바를 전 지구적으로 성공한 남부south의 주요 산물로 인식하기 쉽다. 즉, 서구의 문화적 지배의 개념을 부인할 수 있는, 남부에서 북부로 흐르는 문화적 역류의 사례로서 인식할 수 있다는 것이다. 그러나 텔레노바 산업의 전 지구적인 연결망과 자본의 흐름을 면밀하게 살펴보면 좀 더 복잡한 상황임을 알 수 있다(J. Miller, 2010: 207).

2 중국 시장에서 MMORPG는 2000년부터 기반을 확보하기 시작하고 이내 전체 시장을 점유

한다. 중국에서 MMORPG가 즉각적으로 성공을 거둘 수 있었던 데에는 여러 가지 원인이 있다. 중국의 텔레커뮤니케이션 기반 시설이 빠르게 증진되면서 온라인 게임이 산업적으로 탄력을 받을 수 있었다는 것, 온라인 게임의 월정액 결제 방식을 통해 수익이 반복적으로 발생했다는 것, 게임 고객(게이머)과 지속적인 관계를 구축했다는 것, 젊은이들 사이에서 사교적 상호작용의 기회를 온라인 게임이 제공했다는 것 등을 들 수 있다. 중국의 도시 청소년들은 대개 형제자매가 없어서 동년배와의 상호작용을 갈망하기 때문이다(Cao and Downing, 2008: 518). 중국의 온라인 게임이 글로벌 비디오게임 시장에 나타나면서 한류도 영향을 받았는데, 왜냐하면 중국이 2008년 이후 가장 거대한 게임 시장으로 부상하면서 온라인 게임 부문의 1위 자리를 장악하기 때문이다.

3   PC방 수는 2005년 2만 2171개소에서 2013년 1만 3796개소로 감소했다. 그러나 PC방당 설치된 PC 수는 2013년 평균 67.5대로 상당히 증가했다. PC방 초기인 1990년대 후반에는 대개 20~30대 정도의 PC를 설치했다. 따라서 실제로 PC방에서 이용되는 PC 수는 지난 15년간 사실상 비슷한 수준을 유지해왔다고 할 수 있다(Korean Creative Content Agency, 2014). 2014월 12월의 인터뷰에서 서울의 한 PC방 업주는 "PC방의 규모는 2010년 이래 상당히 커지고 있어요. 이런 커다란 규모의 PC방은 인기 있는 국내외 몇몇 MMORPG와 함께 영업이 더 잘 되죠"라고 언급하기도 했다.

4   〈스타크래프트〉는 원래 LG전자의 한 부서인 LG소프트에서 출시한 것으로 당시에는 LG소프트가 블리자드 엔터테인먼트의 한국 계약 파트너였기 때문이다. 1997년 금융위기로 인해, LG는 사업 규모를 혹독하게 감축할 수밖에 없었다. 당시 LG소프트의 관리자였던 김영만은 과감하게 〈스타크래프트〉를 기반으로 하는 새로운 게임업체를 시작하기로 결정하는데, 그것이 바로 한빛소프트다. 한빛소프트가 설립 후 가장 먼저 실행한 작업은 당시 새롭게 확산되고 있던 PC방에 게임의 무료 복사본을 배포하는 일이었다. 당시 PC방은 아직 직장을 구하지 못한 젊은이와 기업의 감축 결정으로 인해 실직한 실업자가 모이는 곳이었다(Huhh, 2008).

5   엔씨소프트와 리처드 개리엇 간의 법정 공방이 시작된 것은 2008년경이다. 엔씨소프트가 개리엇을 해고한 뒤 이를 자진 퇴사로 처리하면서, 이로 인해 본래 계약 종료인 2011년 이전까지 유효했던 개리엇의 스톡옵션 기한이 제한되었던 것이다. 2010년 법원은 엔씨소프트가 계약을 파기한 것이며 따라서 개리엇과 법률서비스팀에게 이자 포함 2800만 달러와 변호사 비용을 지불할 것을 명령했다(Olivetti, 2011).

6   예를 들어 새로운 로컬라이제이션으로서 크라우드 소싱crowd sourcing은 글로컬라이제이션을 점진적으로 변화시키고 있다. 왜냐하면 크라우드 소싱을 이용하면 게임사가 지역을 겨냥한 게임을 개발할 때 지사 설립 대신, 테크놀로지를 경유해 작업을 진행할 수 있기 때문이다. 체코의 SCS 소프트웨어SCS Software는 〈18 Wheels of Steel〉, 〈Euro Truck Simulator〉 시리즈 같은 PC, 맥, 리눅스 플랫폼용 시뮬레이션 게임을 만든 게임 개발사다.

이 업체는 번역 같은 일부 요소를 로컬라이즈하기 위해 크라우드 소싱을 활용한다. 이전까지 〈German Truck Simulator〉와 〈UK Truck Simulator〉를 12가지 언어로 번역하는데 드는 비용은 SCS 개발 팀원 한 명의 연봉과 맞먹는 수준이었다(SCS Software Blog, 2013). 그러한 엄청난 비용 지출에도 불구하고 중요한 일부 언어는 생략될 수밖에 없었는데, 그에 따라 SCS 소프트웨어는 크라우드 소싱을 이용한 로컬라이제이션을 활용하기로 결정한다. 이는 여러 나라의 다양한 사람들이 하나의 언어로 번역하는 작업을 동시에 병행해서 진행함을 의미한다. SCS 소프트웨어가 도입한 번역 테크놀로지는 문장별 또는 단어별로 다른 사람이 진행한 번역의 품질에 대해 투표하는 방식으로 모든 실수를 잡아내면서 번역의 수준을 상대적으로 향상시킬 수 있었다.

제8장 소셜 미디어 시대 한국 스마트폰의 글로벌라이제이션

1 미디어화mediatization란 교육, 정치, 종교 그리고 다양한 제도를 받아들이는 태도에 대한 공적인 재현이 미디어에 의해 변동하는 것을 발전시키는 데 미디어의 문화적·사회적 중요성을 가리킨다. 왜냐하면 미디어는 침투적이고, 따라서 현대 문화의 모든 측면을 변화시키기 때문이다. 미디어화는 "다양한 형식으로 존재하면서 만연한 듯 보이는 미디어가 사회, 문화, 종교적 실천과 제도에 미치는 영향력에 관해 이야기하는 하나의 방식"으로 등장했다(Boutrous, 2011: 185~186; see also Hjarvard, 2008).

2 1990년대 초반, 글로벌 무선 텔레콤 시장은 디지털 모바일 테크놀로지가 사용 가능해짐에 따라 아날로그에서 디지털 시스템으로 진화한다. 한국 기업은 디지털 테크놀로지를 도입하는 데, 시분할 다중접속TDMA에 기반을 둔 기업에서 제품을 수입하거나, 또는 직접 CDMA를 상용화하는 방식 가운데 하나를 선택해야 했다. 상업적 TDMA 서비스 또한 유럽 모바일 시장에서는 이미 운영되고 있었지만, 유럽의 기업들은 한국 제조업체와 공유하려 하지 않았다(Jin, 2007: 129). 한국 정보통신부는 CDMA 디지털 테크놀로지에 기반을 둔 모바일 시스템을 지지하는 입장으로, 1980년대 후반부터 자체적으로 토착 CDMA 개발 프로젝트를 추진하고 있었다(MIC, 1994, cited in Jho, 2007). 정보통신부는 라이선스화를 통해 KT를 통제하고 CDMA 기술을 보호했는데, 이는 한국 모바일 시장뿐 아니라 정보통신부 자체를 위해서도 중요한 결정이었다. 정보통신부는 디지털 모바일 표준의 개발을 두 번째 이동통신사업자 선정과 연계함으로써 관할 영역을 전기통신 서비스 시장과 통신기기 산업까지 확장한다. 정부에게 CDMA 디지털 테크놀로지 표준은 모바일 전기통신 산업을 통제할 수 있도록 하는 것이자 해외 업체가 국내 시장에 진입하는 것을 막을 수 있도록 하는 장치"였던 것이다(Jho, 2007: 130).

3 한국에서 "아이폰 출시가 늦어진 이유는 보호주의적인 정부가 프라이버시 보호라는 미명하에 추진했던 전기통신 정책(이로 인해 아이폰은 2009년까지 국내 시장에 출시되지 못했

다)과 전기통신기업이 일으킬 비즈니스의 미래에 대한 우려" 때문이었다(P. Kim, 2011: 261~262).

4   삼성의 글로벌 점유율은 2014년 초 이후 감소하는데, 그 이유는 부분적으로 중국에서 휴대전화 제조업체가 상당수 등장했기 때문이었다. 그러나 삼성은 2015년 3월 갤럭시 S6를 출시한다. 따라서 잠시간의 변동이 없는 것은 아니지만 삼성이 최근 수년간 전 세계에서 가장 큰 휴대전화 제조업체 가운데 하나라고 주장하는 것은 합당하다 할 수 있을 것이다.

5   카카오톡은 이용자의 전화번호만 입력하면 등록이나 로그인 없이 간단하게 무제한의 인원과 1 대 1 채팅이나 그룹 채팅이 가능하다.

참고문헌

ABC. 2012. "Pororo the Little Penguin: 'Lost in Forest'." December 30. http://www.abc/.et/au/tv/guide/abc2/201212/programs/ZX0113A045D2012-12-30T105448/htm.

Abelmann, Nancy. 2003. *The Melodrama of Mobility: Women, Talk, and Class in Contemporary South Korea.* Honolulu: University of Hawaii Press.

Abrar, Peezada. 2012. "Intel Invests $40 Million in 10 Tech-Startups such as Hun-game.con, Box, Jelli." *Economic Times*, October 3. Http://articles.economidtimes.indiatimes.com/2012-10-03/news/3423988_1_arvind_sodhani-intel-executive-vice-president-global-investment-arm.

Aksoy, Asu and Kevin Robins. 1992. "Hollywood for Twenty-First Century: Global Competition for Critical Mass in Image Markets." *Cambridge Journal of Economics* 16: 1-22.

Allison, Anne. 2003. "Portable Monsters and Commodity Cuteness: Pokémon as Japan's New Global Power." *Postcolonial Studies* 6, no.3, pp.381~395.

_____. 2006. *Millennial Monsters: Japanese Toys and the Global Imagination.* Berkeley: University of California Press.

Appadurai, Arjun. 1996. *Modernity at Large: Cultural Dimensions of Globalization.* Minneapolis: University of Minnesota Press.

Associated Press. 2012. "Psy on *NBC Today.*" September 14.

_____. 2013. "Smartphone Wars: Samsung Profit Soars as Galaxy Outsells iPhone for 4th Straight Quarter." January 25.

Baltruschat, Doris. 2009. "Reality TV Formats: The Case of Canadian Idol." *Canadian Journal of Communication* 34, pp.41~59.

Baschfischer, Nikola. 2013. "The Games Platform from KakaoTalk IS Revolutionizing Social Gaming in South Korea." *Aquaris*, July 16. http://www.aquaris.biz/en/2013/07/16/the-games-platform-from-kakao-talk-is-revolutionizing-social-gaming-in-south-korea/.

BBC News Asia. 2014. "'Gangnam Style' Music Video Broke Youtube View Limit." December 4.

BBC News. 2012. "Samsung Upgrade Texas Mobile Device Chip Factory." August 21.

Bhabha, Homi. 1994. *The Location of Culture.* New York:Routledge.

_____. 1995. "Signs Taken For wonders." In *The Post-Colonial Studies Reader*, edited by Bill Ashcroft, Gareth Griffiths and Helen Tiffin. London: Routledge, pp.29~35.

Biltereyst, Daniel and Philippe Meers. 2000. "The International Telenova Debate and the Contra-flow Argument: A Reappraisal." *Media, Culture and Society* 22, pp.393~413.

Boutrous, Alexandra. 2011. "God on the Move: The Mediatization of Vodou." *Culture and Religion* 12, no.2, pp.185~201.

Boyd-Barrett, Oliver and Daya Thussu. 1992. *Contra-flow in Global News.* London: John Libbey.

Brown, Wendy. 2006. "American Nightmare: Neoliberalism, Neoconservatism, and Demo-cratization." Political Theory 34, no.6, pp.690~714.

Business Wire. 2012. "Nexon to Acquire Japanese Mobile Game Developer Gloops, Inc." October 1.

Canalys. 2011. "Android Takes Almost 50% Share of Worldwide Smart Phone Market." August 1. Press release. http://www.canalys.com/newsroom/android-takes-almost-50-share-worldwide-smart-phone-market.

Cao, Yang and John Downing. 2008. "The Realities of Virtual Play: Video Games and their Industry in China." *Media, Culture and Society* 30, no.4, pp.515~529.

Capogna, Stepania. 2010. "People and the Web: A Challenge for Sociology." *New Cultural Frontiers: Online Sociological Review* 1, no.1, pp.60~76.

Casper, Steve and Cornelia Storz. 2013. "Entrepreneurial Communities and the State: The Emergence of Korea's On-line Gaming Industry." Paper presented at the Industry Studies Association Conference, Kansas City, Mo., May 2013.

Castells, Manuel. 2007. "Communication, Power and Counter-power in the Network Society." *International Journal of Communication* 1, pp.238~266.

Chae, H. M. 1997. "Info Superhighway to Be Laid by 2010." *Korea Times*, July 29, p.8.

Chalaby, Jean(ed.). 2005. *Transnational Television Worldwide: Toward a New Media Order.* London: I.B. Tauris.

_____. 2011. "The Making of an Entertainment Revolution: How the TV Format Trade Became a Global Industry." *European Journal of Communication* 26, no.4, pp.293~309.

_____. 2012. "At the Origin of a Global Industry: The TV Format Trade as an Anglo-

American Invention." *Media, Culture and Society* 34, no.1, pp.36~52.

Chan, Dean. 2008. "Negotiating Online Computer Games in East Asia: Manufacturing Asian MMORPG and Marketing Asianess." In *Computer Games as a Sociocultural Phenomenon: Games without Frontiers, War without Tears*, edited by A. Jahn-Sudmann and R. Stockmann. New York: Palgrave, pp.186~196.

Chang, Ah Young. 2011. "Finding Anew What 'Koreanness' Is." *Korea Times*, September 16. http://www.koreatimes.co.kr/www/news/culture/2013/06/142-94873.html.

Chang, K. H. 2013. "Mobile Equipment Companies Following Samsung in Vietnam Are Excited." *Hankyung Daily*, April 30.

Chen, Anne Cooper. 2012. "Cartoon Planet: The Cross-cultural Acceptance of Japanese Animation." *Asian Journal of Communication* 22, no.1, pp.44~57.

Chin, Yik Chan. 2003. "The Nation-State in a Globalizing Media Environment: China's Regulatory Policies on Transborder TV Drama Flow." *Javnost-the Public* 10, no.4, pp.75~92.

Cho, In-Hee and Yeo-Kwang Yoon. 2013. "A Study on the of YouTube Far Reaching Effects Having Impact on Korean Wave." *Journal for the Korean Entertainment Industry Association* 7, no.2, pp.9~18.

Cho, Seung Ho and Jee Young Chung. 2009. "We Want Our MTV: Glocalisation of Cable Content in China, Korea and Japan." *Critical Arts* 23, no.3, pp.321~341.

Choe, Sang-hun and Mark Russell. 2012. "Bring K-pop to the West." *New York Times*, May 4.

Choi, Il-nam. 1994. "Japan: America of Asia." *Korea Focus* 2, no.2, pp.146~148.

Choi, Jessica. 2011. "Foreign Investment on the Korean Online Game Market Increase." HanCinema, October 14. http://www.hancinema.net/foreign-investments-on-the-korean-online-game-market-increase-34278.html/

Choi, Jung Bong. 2015. "Two Hallyus: Cultural Phenomenon and Institutional Campaign." In *Hallyu 2.0: Korean Wave in the Age of Social Media*, edited by A.M. Nornes and Sangjoon Lee. Ann Arbor: University of Michigan Press.

Choi, K H. 2005. "Meet the Greatest Director." *Movie Magazine*, September 5.

Choi, Y. K. 2011. "Super Star K3: 1.97 Million Participants." *Media Today*, August 11.

Choi, Young-Hwa, 2013. "The Korean Wave as a Corporate -State Project of Lee Government." *Economy and Society* 97, pp.252~285.

Chosun Ilbo. 2007. "Korea Makes Big Strides in Global Character Industry." August 21.

_____. 2008. "Korean Wave Turns to Kids for New Export Growth." May 27.

_____. 2009. "Shim Hyung-Rae's Movie D-War Lost More than $10 Million." May 22.

Chung, Hye Seung. 2005. "Toward a Strategic Korean Cinephilia: A Transnational Detournement of Hollywood Melodrama." In *South Korean Golden Age Melodrama: Gender, Genre, and National Cinema*, edited by K. McHugh and Nancy Abelmann. Detroit: Wayne State University, pp.117~150.

Chung, Peichi and Anthony Fung. 2013. "Internet Development and the Commercialization of Online Gaming in China." In *Gaming Globally: Production, Play and Place*, edited by Nina Huntemann and Ben Aslinger. Basingstoke: Hampshire, Palgrave. pp.233~250.

Chung, Peichi. 2013. "Co-Creating Korean Wave in Southeast Asia: Digital Convergence and Asia's Media Regionalization." *Journal of Creative Communication* 8, nos.2-3, pp.193~208.

_____. 2015. "South Korea." In *Video Games around the World*, edited by Mark Wolf. Cambridge, Mass.:MIT Press, pp.495~520.

Clarkson, Stephen. 2002. *Uncle Sam and Us: Globalization, Neoconservatism, and the Canadian State*. Toronto: University of Toronto Press.

Clothier, Ian. 2005. "Created Identities: Hybrid Cultures and the Internet." *Convergence: The International Journal of Research into New Media Technologies* 11, no.4, pp.44~59.

Conran, Pierce. 2012. "*The Thieves*, a Cool and Confident Korean Blockbuster." http://twitchfilm.com/2012/08/review-the-thieves-a-cool-and-confident-korean-blockbuster.html.

Consalvo, Mia. 2006. "Console Video Games and Global Corporations: Creating a Hybrid Culture." *New Media and Society* 8, no.1, pp.117~137.

Coonan, C. 2014. "China's Censors Clamp Down on Booming Internet Video Sector." *Hollywood Reporter*, March 20. http://www.hollywoodreporter.com/news/chinas-censors-clamp-down-booming-689865.

Cummings, Milton. 2003. *Cultural Diplomacy and the United States Government: A Survey*. Washington, D.C.: Center for Arts and Culture.

Dater, Jim and YongSeok Seo. 2004. "Korea as the Wave of a Future: The Emerging Dream of Society of Icons and Aesthetic Experience." *Journal of Future Studies* 9, no.1, pp.31~44.

Davies, Gloria and Gil Soo Han. 2011. "Korean Cosmetics Surgery and Digital Publicity:

Beauty by Korean Design." *Media International Australia* 141, pp.146~156.

Demont-Heinrich, Christof. 2008. "The Death of Cultural Imperialism-and Power too?" *International Communication Gazette* 70, no.5, pp.378~394.

_____. 2011. "Cultural Imperialism versus Globalization of Culture: RIding the Structure-Agency Dialectic in Global Communication and Media Studies." *Sociology Compass* 5, no.8, pp.666~678.

Do, Je-Hae. 2013. "Culture to Be Groomed as Next Growth Engine." *Korea Times*, February 24.

Dong-A Ilbo. 2012. "Psy's 'Gangnam Style' Achieved Top YouTube Music." November 25. http://news.donga.com/Culture/3/07/20121124/51077251/1.

_____. 2014. "A Popular Korean Drama Failed to Air in China Due to Superstition." March 12. http://english.donga.com/srv/service.php3?biid=2014031251288.

Douglas, McGray. 2002. "Japan's Gross National Cool." *Foreign Policy* 130. May 1, pp.44~54.

Drengson, Alan. 1995. *THe Practice of Technology: Exploring Technology, Ecophilosophy, and Spiritual Disciplines for Vital Links.* Albany: State University of New York Press.

_____. 2010. "Four Philosophies of Technology." In Technology and Values: Essential Readings, edited by C. Hanks. Malden, Mass.: Wiley-Blackwell, pp.26~37.

Dutta, Debjani. 2014. "The Attack of the Pig Rabbit: The Mediatized Object of the Korean Wave." *Journal of Japanese and Korean Cinema* 6, no.2, pp.202~216.

Economist. 2011. "Of Penguins and Politics: Pororo the Penguin Could be the Next Teletubbies." July 7. http://www.economist.com/node/1892066.

Featherstone, Mike(ed.). 1990. *Global Culture: Nationalism, Globalization and Modernity.* London: Sage.

Fingas, Jon. 2013. "Strategy Analytics: Android Claimed 70 Percent of World Smartphone Share in Q4 2012." Strategy Analytics, January 29. Press release.

Flew, Terry. 2007. Understanding Global Media. New York: Palgrave.

Friedman, Milton. 1982. *Capitalism and Freedom.* Chicago: University of Chicago Press.

Friedman, Thomas. 2000. *The Lexus and the Olive Tree.* New York: Anchor Books.

Fuchs, Christian. 2010. "New Imperialism: Information and Media Imperialism." *Global Media and Communication* 6, no.1, pp.33~60.

Fuhr, Michael. 2015. *Globalization and Popular Music in South Korea: Sounding Out K-pop.*

London: Routledge.

Fung, Anthony and Mickey Lee. 2009. "Localizing a Global Amusement Park: Hong Kong Disneyland." *Continuum: Journal of Media and Culture* 23, no.2, pp.198~208.

Futrelle, David. 2012. "The Wholesome Hidden Message of Gangnam Style." *Time*, September 24. http://business.time.com/2012/09/24/the-wholesome-hidden-message-of gangnam-style/.

Galvan, Dennis. 2010. "Everyday Cultural Politics, Syncretism, and Cultural Policy." In *International Cultural Politics and Power*, edited by J. P. Singh. New York: Palgrave, pp.203~213.

Gametrics. 2013. "Game Ranking." March 29. http://www.gametrics.com/.

Garcia-Canclini, Nestor. 1995. *Consumers and Citizens: Globalization and Multicultural Conflicts*. Translated by George Yudice. Minneapolis: University of Minnesota Press.

Gartner. 2014. "Gartner Says Annual Smartphone Sales Surpassed Sales of Feature Phones for the First Time in 2013." February 13. Press release.

Gereffi, Gary. 1990. "Paths of Industrialization: An Overview." In *Manufacturing MIracles: Paths of Industrialization in Latin America and East Asia*, edited by Gary Gereffi and Donald Wyman. Princeton, N.J.: Princeton University Press, pp.3~31.

Ghelani, Rajeshni. 2012. "Move over Bieber: Korean Pop Music Goes Global." CNBC, July 16. http://www.cnbc.com/id/48157880/Move_Over_Bieber_Korean_Pop_Music+Goes_ Global.

Giddens, Anthony. 1999. "Comment: The 1999 Reith Lecture, New World without End." *Observer*, April 11.

Goldberg, Lesley. 2014. "ABC Adapting Hot Korean Drama My Love from Another Star." *Hollywood Reporter*, September 18.

Goldsmith, Ben, K. S. Lee and B. Yecies. 2011. "In Search of the Korean Digital Wave." *Media International Australia* 141, pp.70~77.

Gonzalez, Jorge. 2000. "Cultural Fronts: Towards a Dialogical Understanding of Contemporary Cultures." In *Culture in the Communication Age*, edited by James Lull. New York: Routledge, pp.106~131.

Gordon, N.S.A. 2009. "Globalization and Cultural Imperialism in Jamaica: The Homogenization of Content and Americanization of Jamaican TV through Programme Modeling." *International Journal of Communication* 3, pp.307~331.

Grigsby, Mary. 1998. "Sailormoon: Manga (Comics) and Anime (Cartoon) Super Heroine Meets Barbie; Global Entertainment Commodity Comes to the United States." *Journal of Popular Culture* 32, no.1, pp.59~80.

Guback, Thomas. 1984. "International Circulation of U.S. Theatrical Films and Television Programming." In *World Communications: A Handbook*, edited by George Gerbner and M. Siefert. New York: Longman, pp.153~163.

Hall, Stuart. 1991. "The Local and the Global: Globalization and Ethnicity." In *Culture, Globalization and World-System: Contemporary Conditions for the Representation of Identity*, edited by Deborah Stein. London: Macmillan, pp.19~40.

Halliday, Josh. 2011. "Samsung and Microsoft Settle Android Licensing Dispute." *Guardian*, September 28. http://www.guardian.co.uk/technology/2011/sep/28/samsung-microsoft-android-licensing-dipute.

Ham, Jung Sun. 2013. "The Game of Glocalization Is Changing." *eDaily*, March 7.

Han, J. H. 2012. "The New Experiment of Hallyu, Indonesian Version of Super Star K Emerges." *Segye Ilbo*, March 17.

Han, S. H. 2012. "'Kakao Talk' Makes an International Move to Steal Market Share from 'Line'" *ETnews*, November 12. http://english.etnews.com/internet/2675000_1299/html.

Hanaki, Toru, Arvind Singhal, Min Wha Han, Do Hyun Kim and Ketan. 2007. "Hanryu Sweeps East Asia: How Winter Sonata Is Gripping Japan." *International Communication Gazette* 69, no.3, pp.281~294.

HanCinema. 2007. "TV Program Formats for Sale." October 23. http://www.hancinema.net/tv-program-formats-for-sale-11232.html.

Hankyoreh Shinmun. 2015. "Korean Film Remakes Boom in China." April 5.

Hardt, Michael and Antonio Negri. 2000. *Empire*. Cambridge, Mass: Harvard University Press.

Harrlan, Chico. 2010. "S. Korea Gamers Now Have Plenty to Cheer About." *Washington Post*, August 17, A8.

He, Amy. 2011. "Can K-pop Break the US?" *Korea Herald*, October 3. http://view.koreaherald.com/kh/view.php?ud=20111003000316&cpv=0.

Hesmondhalgh, David. 2013. The Cultural Industries. 3rd ed. London: Sage.

Hjarvard, Stig. 2003. *Media in a Globalized Society*. Copenhagen: Museum Tusculanum Press.

_____. 2008. "The Mediatization of Society: A Theory of the Media as Agents of Social and Cultural Change." *Nordicom Review* 29, no.2, pp.105~134.

Hollywood Reporter. 2013. "TV Trends from around Asia." March 19, p.17.

Holroyd, Carin and Kenneth Coated. 2012. *Digital Media in East Asia: National Innovation and the Transformation of a Region.* Amherst, N. Y.: Cambria Press.

Hong, S. M. 2010. "The Reduction of the Screen Quota System Is to Help FTA Negotiation." *Dong-A Ilbo*, July 10.

Hong, Suk Kyeong. 2013. *"Hallyu" in Globalization and Digital Culture Era: Full House, "Gangnam Style", and After.* Seoul: Hanul.

Howard, Keith. 2002. "Exploding Ballads: The Transformation of Korean Pop Music." In *Global Goes Local: Popular Culture in Asia*, edited by Craig Timothy and Richard King, pp.80~95. Vancouver, B. C.: UBC Press.

_____. 2006. "Coming of Age: Korean Pop in the 1990s." In *Korean Pop Music: Riding the Wave*, edited by Keith Howard. Kent: Global Oriental, pp.82~98.

Hu, Brian. 2015. "R.I.P. 'Gangnam Style'." In *"Hallyu" 2.0: Korean Wave in the Age of Social Media*, edited by A. M. Nornes and Sangjoon Lee. Ann Arbor: University of Michigan Press.

Huat, Chua Beng and Koichi Iwabuchi(eds.). 2008. *East Asian Pop Culture.* Hong Kong: Hong Kong University Press.

Huh, Jun. 2013. "Dungeons & Fighter Achieved 400 Million Subscribers." *Inews24.* http://news.inews24.com/php/news_view.php?_menu=020531&g_serial =723111.

Huhh, Jun Sok. 2008. "Culture and Business of PC Bangs in Korea." *Games and Culture: A Journal of Interactive Media* 3, no.1, pp.26~37.

Huntemann, Nina and Ben Aslinger(eds.). 2013. *Gaming Globally: Production, Play and Place.* Basingstoke and Hampshire: Palgrave.

Hutnyk, John. 1998. "Adorno at Womad: South Asian Crossovers and the Limits of Hybridity-Talk." *Postcolonial Studies* 1, no.3, pp.401~426.

IDC. 2010. "Nokia Owned the Global Smartphone Space in 2009." February 5. Press release.

iTunes Preview. 2011. "I Wish I Could Fly." October 13. https://itunes.apple.com/us/app/i-wish-i-could-fly/id469729521?mt=8.

Iwabuchi, Koichi. 2002. *Recentering Globalization.* Durham, N.C.: Duke University Press.

_____. 2004. "How Japanese Is Pokémon?" In *Pikachu's Global Adventure: The Rise and Fall of Pokémon*, edited by Joseph Tomlin, pp.53~79. Durham, N.C.: Duke University Press.

_____. 2008a. "Cultures of Empire: Transnational Media Flows and Cultural (Dis) connection in East Asia." In *Global Communications: Toward a Transnational Political Economy*, edited by Paula Chakravatty and Yuezhi Zhao, pp.143~162. New York: Rowman and Littlefield.

_____. 2008b. "When the Korean Wave Meets Resident Koreans in Japan: Intersections of the Transnational, the Postcolonial and the Multicultural." In *East Asian Pop Culture: Analyzing the Korean Wave*, edited by C.B. Huat and Koichi Iwabuchi. Hong Kong: Hong Kong University Press, pp.243~264.

_____. 2010a. "De-Westernization and the Governance of Global Cultural Connectivity: A Dialogic Approach to East Asian Media Cultures." *Postcolonial Studies* 13, no.4, pp.403~419.

_____. 2010b. "Globalization, East Asian Media Cultures and Their Publics." *Asian Journal of Communication* 20, no.2, pp.197~212.

Jang, Sung Eun. 2011. "Korean TV Networks Go 'Reality' in a Big Way." *Wall Street Journal*, February 23. http://blogs.wsj.com/korearealtime/2011/02/23/korean-tv-networks-go-reality-in-a-big-way/.

Japan External Trade Organization (JETRO). 2011. *Beikoku ni Okeru Kontentsu Shijô* (America's Content Market). Tokyo: JETRO.

Jeannotte, Sharon. 2010. "Going with the Flow: Neoliberalism and Cultural Policy in Manitoba and Saskatchewan." *Canadian Journal of Communication* 35, no.2, pp.303~324.

Jenkins, Henry. 2006. *An Occasional Paper on Digital Media and Learning: Confronting the Challenges of Participatory Culture: Media Education for the 21st Century*. Chicago: McArthur Foundation.

Jenkins, Mark. 2012. "Masquerade: Lee Byung-hun and the Royal We." *Washington Post*, October 26. http://www.washingtonpost.com/gog/movies/masquerade,1242136/critic-review.html.

Jeong, Kuk Hwan and John Leslie King. 1997. "Korea's National Information Infrastructure: Vision and Issues." In *National Information Infrastructure Initiatives: Vision and Policy*

Designs, edited by Brian Kahin and Ernest J. Wilson III. Cambridge, Mass.: MIT Press, pp.112~149.

Jho, Whasun. 2007. "Global Political Economy of Technology Standardization: A Case of the Korean Mobile Telecommunications Market." *Telecommunications Policy* 31, pp. 124~138.

Jin, Dal Yong, Florence Chee and Seah Kim. 2015. "Transformative Mobile Game Culture: Socio-cultural Analysis of the Korean Mobile Gaming in the Smartphone Era." *International Journal of Cultural Studies* 18, no.4, pp.413~429.

Jin, Dal Yong. 2006. "Cultural Politics in Korea's Contemporary Films under Neoliberal Globalization." *Media, Culture & Society* 28, no.5, pp.5~22.

_____. 2008. "Cultural Coup d'Etat: The Changing Roles of the UNESCO and the Local Government on Cultural Sovereignty." *Javnost-the Public* 15, no.5, pp.5~22.

_____. 2010a. "Critical Interpretation of Hybridization in Korean Cinema: Does the Local Film Industry Create the Third Space?" *Javnost-the Public* 17, no.1, pp.55~72.

_____. 2010b. *Korea's Online Gaming Empire*. Cambridge, Mass.: MIT Press.

_____. 2011a. "Critical Analysis of U.S. Cultural Policy in the Global Film Market: Nation-States and FTAs." *International Communication Gazette* 73, no.8, pp.651~669.

_____. 2011b. "Cultural Politics in Japanization and the Korean Wave: The Changing Role of Nation-States in the Midst of Cultural Globalization." In *"Hallyu": Influence of Korean Pop Culture in Asia and Beyond*, edited by D.K. Kim and M.S. Kim. Seoul: Seoul National University, pp.91~129.

_____. 2011c. *Hands On/Hand Off: The Korean State and the Market Liberalization of the Communication Industry*. New York: Hampton Press.

_____. 2012. "Hallyu 2.0: The New Korean Wave in the Creative Industry." *Journal of International Institute* 2, no.1, pp.3~7.

_____. 2013. "Hybridization of Korean Popular Culture: Films and Online Gaming." In *The Korean Wave: Korean Media Go Global*, edited by Y. N. Kim. London: Routledge, pp.148~164.

_____. 2015. *Digital Platforms, Imperialism and Political Culture*. London: Routledge.

Johns, Jennifer. 2006. "Video Games Production Networks: Value Capture, Power Relations and Embeddedness." *Journal of Economic Geography* 6, no.2, pp.151~180.

Jong, H. Wi. 2009. *Innovation and Strategy of Online Games*. London: Imperial College

Press.

Joo, Jeong Suk. 2011. "Transnationalization of Korean Popular Culture and the Rise of Pop Nationalism in Korea." *Journal of Popular Culture* 44, no.3, pp.489~504.

Jung, Eun Young. 2006. "Articulating Korean Youth Culture through Global Popular Music Styles: Seo Taiji's Use of Rap and Metal." In *Korean Pop Music: Riding the Wave*, edited by Keith Howard. Kent: Global Oriental, pp.109~122.

_____. 2009. "Transnational Korea: A Critical Assessment of the Korean Wave in Asia and the United States." *Southeast Review of Asian Studies* 31, pp.69~80.

_____. 2015. "New Wave Formations: K-pop Idols, Social Media, and the Remaking of the Korean Wave." In *Hallyu 2.0: Korean Wave in the Age of Social Media*, edited by A. M. Nornes and Sangjoon Lee. Ann Arbor: University of Michigan Press.

Jung, K. H. and J. H. Song. 2012. "K-pop YouTube Videos Recorded 2.3 Visits." *Joongang Ilbo*, January 2.

Jung, Sun. 2011. *Korean Masculinities and Transcultural Consumption: Yonsama, Rain, Oldboy, K-pop idols*. Hong Kong: Hong Kong University Press.

_____. 2013. "Performing Trans-nationality, Trans-sexuality, and Trans-textuality." In *Asian Popular Culture in Transition*, edited by L. Fitzsimmons and John Lent. London: Routledge, pp.108~130.

Jung, Yu Hyun. 2014. "Domestic Game Corporations Target North America and Europe." *Etoday*, March 21. http://www.etoday.co.kr/news_print.php.

Kaminsky, Stuart. 1985. *American Film Genres*. Chicago: Nelson Hall.

Kang, H. R. 2011. "I Watched the Korean Remake of Boys over Flowers." *Joongang Ilbo*, May 13.

Kang, Hyung-Seok. 2015. "Contemporary Cultural Diplomacy in South Korea: Explicit and Implicit Approaches." *International Journal of Cultural Policy* 21, no.4, pp.433~447.

Kang, J. N. 2012. "*Pororo* Exports to 120 Countries." *ShinDongA*, OCtober.

Kang, Ye Won. 2012. "Pororo Aims to Be World's Beloved Icon." *Korea Times*, February 19.

KBS World Radio. 2012. "Pororo the Little Penguin, a Korean Animation Character Loved All over the World." January 10. http://rki.kbs.co.kr/english/program/program_trendkorea_detail.html??lang=e&current_page=2&No=35150.

Keane, Michael and Albert Moran. 2008. "Television's New Engines." *Television and New*

Media 9, no.2, pp.155~169.

Kelts, Roland. 2006. *Japanamerica: How Japanese Pop Culture Has Invaded the U.S.* New York: Palgrave.

Kerr, Aphra. 2006. *The Business and Culture of Digital Games: Game Work/Gameplay.* London: Sage.

Kim, Bo Mi, 2012. "The Power of Korean Characters Helps Create a New Korean Wave: *Pororo, Pucca, Robocar Poli.*" September 30. http://www.advancedtechnologykorea. com/7848.

Kim, Do Kyun and Se-Jin Kim. 2011. "Hallyu from Its Origin to Present: A Historical Overview." In *Hallyu: Influence of Korean Pop Culture in Asia and Beyond*, edited by Do Kyun Kim and Min-Sun Kim. Seoul: SNU Press, pp.13~34.

Kim, Ii Ju. 2007. "Domestic Penguin *Pororo* Files." *Hangyerae Shinmun*, January 1.

Kim, Ji-Soo. 2013. "Collaboration with Foreign Composers Becomes New Trend." *Korea Times*, May 17.

Kim, Joon-Yang. 2006. "Critique of the New Historical Landscape of South Korean Animation." *Animation: An Interdisciplinary Journal* 1, no.1, pp.61~81.

Kim, Jun Il. 2005. "Lineage: The Prince of Online Gaming." *Kyunghyang Shinmun*, December 12.

Kim, Kyuchan. 2013. "The Characteristics and Achievements of Korean Government's Content Industry Policy: A Longitudinal Study on the Cultural Budget between 1974 and 2011." *Journal of Communication Research* 50, no.1, pp.276~308.

Kim, Kyung Hee, Haejin Yun and Youngmin Yoon. 2009. "The Internet as a Facilitator of Cultural Hybridization and Interpersonal Relationship Management for Asian International Students in South Korea." *Asian Journal of Communication* 19, no.2, pp.152~169.

Kim, Kyung Hyun. 2004. *Remasculinization of Korean Cinema.* Durham, N.C.: Duke University Press.

Kim, Min-Sun. 2011. "Riding the Korean Wave of Multiculturalism: Review and Future Prospects." In "Hallyu": Influence of Korean Popular Culture in Asia and Beyond, edited by Do Kyun Kim and Min-Sun Kim. Seoul: SNU Press, pp.461~490.

Kim, Pyung Ho. 2011. "The Apple iPhone Shock in Korea." *Information Society* 27, no.4, pp.261~268.

Kim, S. S. 2013. "Smartphone Hallyu in the U.S.: LG Emerges." *Etnews*. http://etnews.com/news/telecom/network/2764916_1436.html.

Kim, S. Y. 2013. "Cho Yong Phil's New Album overtook Psy." *Chosun Ilbo*, May 16.

Kim, Samuel(ed.). 2000. *Korea's Globalization*. New York: Cambridge University Press.

Kim, Seung Hyun. 2003. "Exports in Broadcasting Program Outpaced Import." *Munhwa Ilbo*, February 4, p.30.

Kim, So Young. 2013. "K-pop and Social Media." Harvard Crimson, April 2. http://www.thecrimson.com/column/k-pop-generation/article/2013/4/2/K-pop_And_Social_Media/.

Kim, Soo Ah. 2013. "Television Discourse on K-pop and K-pop Idol Stars' Passion." *Journal of Communication Research* 50, no.1, pp.45~83.

Kim, Soochul and Jeong-Soo Kang. 2013. "Digging "Gangnam Style' Transmedia Storytelling in K-pop." *Journal of Communication Research* 50, no.1, pp.84~120.

Kim, Sujeong. 2009. "Interpreting Transnational Cultural Practices: Social Discourses on a Korean Drama in Japan, Hong Kong, and China." *Cultural Studies* 23, nos.5-6, pp.736~755.

Kim, Sumi. 2009. "Politics of Representation in the Era of Globalization: Discourse about Marriage Migrant Women in Two South Korean Film." *Asian Journal of Communication* 29, no.2, pp.210~226.

Kim, Sung Jin. 2008. "Why Is *Pororo* So Popular? Hope for Korean Animation." *Ohmynews*, August 13. http://english.ohmynews.com/articleview/article_view.asp?menu=c10400&no=383379&rel_no=1.

Kim, Yoon-mi. 2010. "Super Star K2 Airs Final Showdown Friday." *Korea Herald*, OCtober 21.

Kim, Youna(ed.). 2013. *The Korean Wave: Korean Media Go Global*. London: Routledge.

Kim, Young Sam. 1994. "Industry Needs to Invest in the Realm of Culture." *Blue House's Digital Archive*, January 26, pp.198~217.

Kline, Steve, Nick Dyer-Witheford and Greg de Peuter. 2003. *Digital Play: The Interaction of Technology, Culture, and Marketing*. Montreal: McGill-Queen's University Press.

Ko, S. H. 2013. "K-pop and K-drama Are Losing Popularity, but Entertainment Hallyu in the World." *Joongang Ilbo*, May 29.

Koh, Yong Jun. 2012. "Directly Targeting the Global Market through Global Service Platform." *Joongang Ilbo*, June 15.

Kolar-Panov, D. 1996. "Video and the Diasporic Imagination of Selfhood: A Case Study of the Croatians in Australia." *Cultural Studies* 10, no.2, pp.288~314.

Korea Communications Commission. 2009. *Status of Wireless Telephone as of December 2008.* Seoul: KCC.

Korea Game Development and promotion Institute. 2008. *2008 Korea Game Whitepaper.* Seoul: Korea Game Development and Promotion Institute.

Korea Herald. "Foreign Companies Eye Local Mobile Game Market." July 20.

Korea Independent Production Association. 2012. "Status of Independent Producers." http://www.kipa21.com

Korea Telecom. 2010. *Market Prospects for the iPhone and Its Economic Implications.* June. htto://www,digieco.co.kr/KTFront/report/report_strategy_view.action?board_seq=3846&board_seq=3846&board_id=strategy.

Korea Times. 2015. "Can Korean Animation Break into the US Market?" June 15.

Korea Creative Content Agency. 2011a. *2011 Broadcasting Contents Format Industry Report.* Seoul: KOCCA.

_____. 2011b. *2011 Television Format Report.* Seoul: KOCCA.

_____. 2012a. *2011 Broadcasting Contents Trade.* Seoul: KOCCA.

_____. 2012b. "Introduction." http://www.kocca.kr/eng/about/about/index/htm.

_____. 2013. *2013 White Paper on Korean Games.* Seoul: KOCCA.

_____. 2014. *2014 White Paper on Korean Games.* Seoul: KOCCA.

_____. 2015. *2015 Content Industries Prediction.* Seoul: KOCCA.

Korean Culture and Information Service(KOCIS). 2011. "Contemporary Korea No.1, the Korean Wave: A New Pop Culture Phenomenon." http://www.korea.net/Resources/Publications/AboutKorea/view?articleId=2215&page=Index=1.

_____. 2012. *The Korean Wave: A New Pop Culture Phenomenon.* Seoul: Korean Culture and Information Service.

Korean Film Council. 2003. *Korean Film Observatory 7.* Seoul: KOFIC.

_____. 2008. *Korean Cinema Yearbook.* Seoul: KOFIC.

_____. 2009. *Korean Film Industry White Paper, 2008.* Seoul: KOFIC.

_____. 2011. *Korean Film Industry White Paper, 2010.* Seoul: KOFIC.

_____. 2012a. *Korean Cinema 14.* Seoul: KOFIC.

_____. 2012b. *Korean Film Industry White Paper, 2011.* Seoul: KOFIC.

_____. 2013. *Summary of 2012 Korean Film Industry.* Seoul: KOFIC.

_____. 2014. *Korean Movie Industry Report of 2013.* Seoul: KOFIC.

_____. 2015. *Korean Movie Industry Report of 2014.* Seoul: KOFIC.

Korean Information Society Development Institute. 2012. *IT Industry Outlook of Korea, 2002.* Seoul: KISDI.

Korean.net News. 2011. "Smartphones, Apps Create a New Korean Wave." February 7.

Kpopstarz. 2012. "Foreign Composers to K-pop! Why?" July 18. http://www.kpopstarz.com/articles/10857/20120718/kpop-foreign-composers-shinee-nuest-market-global-midem-expostion.htm.

Kraidy, Marwan. 1999. "The Global, the Local, and the Hybrid: A Native Ethnography of glocalization." Critical Studies in Mass Communication 16, no.4, pp.456~476.

_____. 2002. "Hybridity in Cultural Globalization." *Communication Theory* 12, no.3, pp.316~339.

_____. 2005. *Hybridity; or, The Cultural Logic of Globalization.* Philadelphia: Temple University Press.

_____. 2010. *Reality Television and Arab Politics: Contention in Public Life.* New York: Cambridge University Press.

Kru Interactive. 2013. "About Us." http://kru.com/about.html#.

Kuwahara, Yasue(ed.). 2014. *The Korean Wave: Korean Popular Culture in Global Contexts.* New York: Palgrave.

Kwon, Seung-Ho and Joseph Kim. 2013. "The Cultural Industry Policies of the Korean Government and the Korean Wave." *International Journal of Cultural Policy*, pp.1~18.

Kyunghyang Shinmun. 2008. "Cultural Policy: The Government Directly Involves with Budgets." December 16.

Ladendorf, Kirk. 2012. "Samsung Plans Another $3 Billion Austin Investment." *Statesman*, August 20. http://statesman.com/news/business/samsung-plans-another-3-billion-austin-investment/nRNdw/.

Lam, Anderson. 2012. "Crossover Culture, 'Gangnam Style.'" *Tyee*, October 12.

Lee, Dong Hoo. 2012. "In Bed with the iPhone: The iPhone and Hypersociality in Korea." In *Studying Mobile Media: Cultural Technologies, Mobile Communication, and the iPhone,* edited by Larissa Hjorth, J. Burgess and I. Richardson. London: Routledge, pp.63~81.

Lee, Jamie Shinhee. 2004. "Linguistic Hybridization in K-pop: Discourse of Self Assertion and Resistance." *World Englishes* 23, no.3, pp.429~450.

Lee, Jung-yup. 2009. "Contesting Digital Economy and Culture: Digital Technologies and the Transformation of Popular Music in Korea." *Inter-Asia Cultural Studies* 10, no.4, pp.489~506.

_____. 2010. "Constituting the National Cultural Economy: The KOCCA and Cultural Policy Discourse in South Korea." Paper presented at the annual conference of International Communication Association, June 22, pp.1~25.

Lee, Kang Bong. 2009. "Select 17 New Growth Engines." *Science Times*, January 14.

Lee, Kwang Suk. 2011. *IT Development in Korea: A Broadband Nirvana?* London: Routledge.

Lee, Maggie. 2012. "*Variety* Film Review: The Thieves." *Variety*, August 21. http://www.variety.com/review/VE1117948092.

Lee, Mark. 2012. "Nexon Buys $685 Million Stakes in NCsoft, Becomes Biggest Holder." *Bloomberg*, June 8. http://www.bloomberg.com/news/2012-06-08/nexon-buys-685-million-stake-in-ncsoft-becomes-biggest-holder.html.

Lee, Sang Joon. 2015. "A Decade of Hallyu Scholarship: Toward a New Direction in Hallyu 2.0." Introduction to *"Hallyu" 2.0: Korean Wave in the Age of Social Media*, edited by A.M. Nornes and Sangjoon Lee. Ann Arbor: University of Michigan Press, pp.1~29.

Lee, Seung-Ah. 2015. "Of the Fans, by the Fans, for the Fans: The JYJ Republic." In *"Hallyu" 2.0: Korean Wave in the Age of Social Media*, edited by A.M. Nornes and Sangjoon Lee. Ann Arbor: University of Michigan Press, pp.108~131.

Lee, Soo Hyun. 2009. "English Lyrics Occupy Korean Popular Music." *Money Today*, February 5, p.2. http://star.mt.co.kr/stview.php?no=2009020508432009849.

Lee, Sook Jong and Kevin Hewison. 2010. "Introduction : South Korea and the Anti-monies of Neoliberal Globalization." *Journal of Contemporary Asia* 40, no.2, pp.181~187.

Lee, Tae Hee. 2012. "Power Is in Chaebol's Hands, Even President Can't Control." *Hankyoreh Shinmun*, February 12.

Lemish, Dafna and Chava Tidhar. 2001. "How Global Does It Get? The Teletubbies in Israel." *Journal of Broadcasting and Electronic Media* 45, no.4, pp.558~574.

Leung, Lisa. 2008. "Mediating Nationalism and Modernity: The Transnationalization of Korean Dramas on Chinese TV." *In East Asian Pop Culture*, edited by Chua Beng Huat and Koichi Iwabuchi. Hong Kong: Hong Kong University Press, pp. 53~69.

Lie, John. 2012. "What is the K in K-pop? South Korean Popular Music, the Cultural Industry, and National Identity." *Korea Observer* 43, no. 3, pp. 339~363.

_____. 2015. *K-pop: Popular Music, Cultural Amnesia, and Economic Innovation in South Korea*. Berkeley: University of California Press.

Lin, Ying-Chia. 2011. "Playing as Producing: Convergence Culture and Localization of EA Digital Games in Taiwan." In *Global Media Convergence and Cultural Transformation: Emerging Social Platforms and Characteristics*, edited by Dal Yong Jin. Hershey, Pa: IGI Global, pp. 311~325.

Lindvall, Helienne. 2011a. "Behind the Music: What Is K-pop and Why Are the Swedish Getting Involved?" *Guardian*, April 20. http://www.guardian.co.uk/music/musicblog/2011/apr/20/k-pop-sweden-pelle-lidell.

_____. 2011b. "K-pop: How South Korea Turned'round Its Music Scene." *Guardian*, April 20. http://www.guardian.co.uk/media/organgrinder/2011/apr/20/k-pop-south-korea-music-market?INTCMP=SRCH.

Livingstone, Sonia. 2007. "Interactivity and Participation on the Internet: Young People's Response to the Civic Sphere." In *Young Citizens and New Media: Learning for Democratic Participation*, edited by Peter Dahlgren. London: Routledge, pp. 103~124.

Lu, Amy Shirong. 2008. "The Many Faces of Internationalization in Japanese Anime." *Animation: An Interdisciplinary Journal* 3, no. 2, pp. 169~187.

Lull, James. 2000. "Superculture for the Communication Age." In *Culture in the Communication Age*, edited by James Lull. New York: Routledge, pp. 132~163.

Lustyik, Katalin and Philippa Smith. 2010. "From The Simpsons to The Simpsons of the South Pacific: New Zealand's First Primetime Animation, bro'Town" *Television and New Media* 11, no. 5, pp. 331~349.

M.Net.com. 2012. "*Super Star K4* Takes the Audition Battle to Australia." July 20. http://global.mnet.com/news/newsdetail.m?searchNewsVO.news_id=201207201716_1 0380&category=All&query=Superstar%20K4&page=7.

MacDonald, Donald. 1996. *The Koreans: Contemporary Politics and Society*. Boulder, Colo.: Westview Press.

Maeil Kyungjae Shinmun. 2012. "Movie Masquerade under Fire for Plagiarism." http://www.allkpop.com/2012/09/movie-masquerade-under-fire-for-plagiarism.

Manovich, Lev. 2007. "Understanding Hybrid Media." In *Animated Paintings*, by Betti-Sue Hertz, Suzanne Buchan, and Lev Manovich. San Diego: San Diego Museum of Art.

_____. 2013. *Software Takes Command.* London: Bloomsbury.

Maule, Christopher. 1989. "The Nation State and Trade in Cultural Services." *Canadian Journal of Communication* 14, no.2, pp.88~94.

Maxwell, Richard. 1995. *The Spectacle of Democracy: Spanish Television, Nationalism, and Political Transition.* Minneapolis: University of Minnesota Press.

McChesney, Robert and Dan Schiller. 2003. "The Political Economy of International Communications: Foundations for the Emerging Global Debate over Media Ownership and Regulation." UNRISD Project on Information Technologies and Social Development, December 1, pp.1~33.

McChesney, Robert. 1999. *Rich Media, Poor Democracy: Communication Politics in Dubious Times.* New York: New Press.

_____. 2008. *The Political Economy of Media: Enduring Issues, Emerging Dilemmas.* New York: Monthly Review Press.

Meredith, Paul. 1998. "Hybridity in the Third Space: Rethinking Bi-cultural Politics in Aotearoa/New Zealand." Paper presented to Te Oru Rangahau Maori Research and Development Conference, July 7~9.

Mey, K. and Y. Spielmann. 2005. "Editorial." *Convergence: The International Journal of Research into New Media Technologies* 11, no.4, pp.5~9.

Michel, Patrick. 2011. "How Korean Pop Conquered Japan." *Atlantic*, September 13. http://www.theatlantic.com/entertainment/archive/2011/09/how-korean-pop-conquered-japan/244712/.

Miege, Bernard. 1989. *The Capitalization of Cultural Production.* New York: International General.

Miller, Jade. 2010. "*Ugly Betty* Goes Global: Global Networks of Localized Content in the *Telenovela* Industry." *Global and Communication* 6, no.2, pp.198~207.

Miller, Toby and Marie Leger. 2001. "Runaway Production, Runaway Consumption, Runaway Citizenship: The New International Division of Cultural Labor." *Emergence* 11, no.1, pp.89~115.

Miller, Toby. 2004. "A View from a Fossil: The New Economy, Creative and Consumption— Two or Three Things I don't Believe In." *International Journal of Cultural Studies* 7, no.1, pp.55~65.

_____. 2010. "Holy Trinity: Nation, Pentagon, Screen." In *Communicating the Nation: National Topographies of Global Media Landscapes*, edited by Anna Roosvall and Inka Salovaara-Moring. Göteborg: Nordicom.

Millward, Steven. 2013. "In a Major Milestone, Korean-Made KakaoTalk Reaches 100 Million Users." *TechinAsia*, July 2. http://www.techinasia.com/kakaotalk-reaches-100-million-users/.

Min, B. S. 2012. "Is Gwang Hae a King of Plagiarism?" *Dong-A Ilbo*, September 28.

Min, Eungjun, Joo, Jin Sook and Han Ju Kwak. 2003. *Korean Film: History, Resistance, and Democratic Imagination*. London: Praeger.

Ministry of Culture and Tourism. 2001. *2001 Cultural Industry Whitepaper*. Seoul: MCT.

_____. 2002. *Cultural Industries Whitepaper*. Seoul: MCT.

_____. 2003. *Cultural Industry Whitepaper of 2003*. Seoul: MCT.

_____. 2004. *2004 Cultural Industries Whitepaper*. Seoul: MCT.

_____. 2005. "Analysis of 2004 Television Program Trade." Press release, April 1, pp.1~2.

_____. 2006a. *2005 Cultural Industry Whitepaper*. Seoul: MCT.

_____. 2006b. *Establishment of Film Development Fund*. Seoul: MCT.

_____. 2006c. *Statistics in the Cultural Industry*. Seoul: MCT.

_____. 2007. *2006 Cultural Industries Whitepaper*. Seoul: MCT.

_____. 2008. *MCT 2008 Plan Report to the President*. Seoul: MCT.

Ministry of Culture, Sports and Tourism. 2009a. *2008 Cultural Industry White Paper*. Seoul: MCST.

_____. 2009b. *The Music Industry Whitepaper of 2008*. Seoul: MCST.

_____. 2010a. *2009 Contents Industry Whitepaper*. Seoul: MCST.

_____. 2010b. *2010 Whitepaper on Korean Games*. Seoul: MCST.

_____. 2011a. *2010 Character Industry Whitepaper*. Seoul: MCST.

_____. 2011b. *2010 Contents Industry Whitepaper*. Seoul: MCST.

_____. 2011c. "Develops the Contents Industry as a New Future Driving Force." May 23. Press release.

_____. 2012b. *2011 Contents Industry Whitepaper*. Seoul: MCST.

_____. 2012c. *2012 Game Industry Whitepaper*. Seoul: MCST.

_____. 2012d. "Koreans' Top 10 Cultural DNAs." September 17. Press release.

_____. 2013a. *2012 Contents Industry Statistics*. Seoul: MCST.

_____. 2013b. *2012 Contents Industry Whitepaper*. Seoul: MCST.

_____. 2013c. *2013 Contents Industry Statistics*. Seoul: MCST.

_____. 2014b. *2013 Contents Industry Final Statistics*. Seoul: MCST.

_____. 2014c. *2014 Budget: Fund Summary*. Seoul: MCST.

_____. 2014d. *2014 Contents Industry Statistics*. Seoul: MCST.

_____. 2015. "2015-2019 Plan for Cultivating the Animation and Character Industries." February 26. Press Release.

_____. 2011d. The Music Industry Whitepaper of 2010. Seoul: MCST.

_____. 2012a. *2011 Contents Industry Statistics*. Seoul: MCST.

_____. 2014a. *2013 Contents Industry Statistics*. Seoul: MCST.

Ministry of Information and Communications. 1994. *Policies for PCS R&D*. Seoul: MIC.

Ministry of Knowledge Economy. 2013. *IT Export Achieved Net Gains in 2012*. Seoul: MKE.

_____. 2014b. "Status of Wireless and Wire Telephone Lines of 2013." January 24. Press release.

_____. 2015. *Status of Wireless and Wire Telephone Lines of 2014*. Seoul: Ministry of Science, ICT, and Future Planning.

Ministry of Science, ICT, and Future Planning. 2014a. *2014 Broadcasting Industry Report*. Seoul: Ministry of Science, ICT, and Future Planning.

Moran, Albert and Justin Malbon. 2006. *Understanding the Global TV Format*. Wilmington, N.C.: Intellect.

Moran, Albert. 1998. *Copycat TV: Globalization, Program Formats, and Cultural Identity*. Luton: University of Luton Press.

_____. 2008. "Makeover on the Move: Global Television and Programme Formats." Continuum: *Journal of Media and Cultural Studies* 22, no.4, pp.459~469.

Morelli, Sarah. 2001. "Who Is a Dancing Hero? Rap, Hip-Hop, and Dance in Korean Popular Culture." In *Global Noise: Rap and Hip-Hop Outside the USA*, edited by Tony Mitchell. Middletown, Conn.: Wesleyan University Press, pp.248~257.

Mori, Yoshitaka. 2009. "Reconsidering Cultural Hybridities: Transnational Exchanges of Popular Music in between Korea and Japan." In *Cultural Studies and Cultural Industries in Northeast Asia*, edited by Chris Berry, Nichola Liscutin, and Jonathan Mackintosh. Hong Kong: Hong Kong University Press, pp.213~230.

Morley, David and Kevin Robins. 1995. *Spaces of Identity: Global Media, Electronic Landscapes and Cultural Boundaries.* London: Routledge.

Mosco, Vincent. 2009. *Political Economy of Communication.* 2nd ed. London: Sage.

Munhwa Ilbo. 2008. "Hallyu Industries Experienced Minus Growth in Four Years." February 5, p.15.

Na, Benjamin Wei-Ming. 2002. "Japanese Popular Music in Singapore and the Hybridization of Asian Music." *Asian Music* 34, no.1, pp.1~18.

Nam, Siho. 2013. "The Cultural Political Economy of the Korean Wave in East Asia: Implications for Cultural Globalization Theories." *Asian Perspective* 37, no.2, pp.209~231.

Nam, Y. 2011. "The Origin of Korean Online Game Industry: Networks of 'Butterflies.'" *Science and Technology Studies* 11, no.2, pp.1~30.

National Computerization Agency. 1997. *National Information Whitepaper, 1997.* Seoul: NCA.

_____. 1998. *National Information Whitepaper, 1998.* Seoul: NCA.

National IT Industry Promotion Agency. 2011. *National Information Whitepaper, 2011.* Seoul: NIPA.

NAVER. 2014. *Corporate IR.* March. Seoul: NAVER.

NCsoft. 2007. "Global Network." http://www.ncsoft.net/global/aboutus/globalnetwork.aspx?office=NAI.

_____. 2009a. "Investor Relations, 2004-2009." http://www.ncsoft.net/global/ir/earnings.aspx?BID=&BC=2009.

_____. 2009b. *Investor Relations, 4Q 2009.* Seoul: NCsoft.

_____. 2010. *Investor Relations, 4Q 2009.* Seoul: NCsoft.

_____. 2011. *2010 Annual Revenue Report.* Seoul: NCsoft.

_____. 2012. *4Q 2011 Earnings Release.* Seoul: NCsoft.

_____. 2013. *4Q 2012 Earnings Release.* Seoul: NCsoft.

_____. 2015. *4Q 2014 Earnings Release.* Seoul: NCsoft.

Newman, David. 2013. "Resisting Hollywood? A Comparative Study of British Colonial Screen Policies in the Interwar Pacific: Hong Kong, Singapore and New Zealand." Ph.D. diss., Simon Fraser University.

Nexon. 2013. "The Kingdom of the Winds." http://baram.nexon.com/guide/dic/index.aspx.

Nielsen. 2013. *The Mobile Consumer: A Global Snapshot.* New York: Nielsen.

Noh, Jean. 2013. "Korean Film Exports Up 8.4% in 2012." *Screen Daily*, February 11.

Noh, Kwang Woo. 2009. "Compressed Transformation of Korean Film Industry from Old to New Regime." *Asian Cinema* 20, no.1, pp.137~154.

Nordenstreng, Kaarle and Tapio Varis. 1974. *Television Traffic a One-Way Street: A Survey and Analysis of the International Flow of Television Programme Material.* Paris: UNESCO.

Oh, Jean. 2011. "Western Artists, Producers Turn to K-pop." *Korea Herald*, March 2.

Oh, Jeong Il. 2007. "D-War Challenges Hollywood." *Korea Focus*, September 27.

Oh, Jun Kyung. 2011. "Korean Wave Spreads through Social Media." Korea.net, March 11. http://www.korea.net/NewsFocus/Culture/view?articleId=85618.

Oh, S. G. 1999. "Korean Cinema and Hollywood." http://www.cinekorea.com/forum/paper01.html.

Olivetti, Justin. 2011. "Appeals Court Affirm Richard Garriott's Lawsuit Win against NCsoft." *Joystiq*, October 25. http://massively.joystiq.com/2011/10/25/appeals-court-affirms-richard-garriotts-lawsuit-win-against-ncs/.

Onishi, Norimitsu. 2005. "Roll Over, Godzilla: Korea Rules." *New York Times*, June 28, A3.

Oren, Tasha and Sharon Shahaf. 2012. "Introduction: Television Formats: a Global Framework for TV Studies." In *Global Television Formats: Understanding Television across Borders*, edited by T. Oren and S. Shahaf, 1-20. London: Routledge.

Osborne, Charli. 2013. "Samsung Confirms It Will Sell Tizen-Based Smartphones." *ZDNet.* http://zdnet.com/smasung-confirms-it-will-sell-tizen-based-smartphones-7000009329/.

Otmazgin, Nissim. 2013. *Regionalizing Culture: The Political Economy of Japanese Popular Culture in Asia.* Hawaii: University of Hawaii Press.

_____. 2014. "Anime in the US: The Entrepreneurial Dimensions of Globalized Culture." *Pacific Affairs* 87, no.1, pp.53~70.

Ouellette, Laurie and Susan Murray. 2004. *Introduction to Reality TV: Remaking Television Culture, edited by Susan Murray and Laurie Ouellette.* New York: New York University Press, pp.1~15.

Paek, J. E. 2012. "Super Star K Passed 2 Million Participants." *Chosun Ilbo*, August 5.

Papastergiadis, Nikos. 2005. "Hybridity and Ambivalence Places and Flows in Contemporary Art and Culture." *Theory, Culture & Society* 22, no.4, pp.39~64.

Paquet, Darcy. 2005. "The Korean Film Industry: 1992 to the Present, New Korean Cinema." In *New Korean Cinema*, edited by Chi-Yun Shin and Julian Stringer. Edinburgh: University of Edinburgh Press, pp.32~50.

———. 2011. "An Insider's View of a Film Industry in Transition: Darcy Paquet Meditations on the Contemporary Korean Cinema." *ACTA Koreana* 14, no.1, pp.17~32.

Park, Chang Sik. 2003. "A 20,000 Dollar Income Era: Change the Nation." *Hankyoreh Shinmun*, July 4.

Park, Ji Hoon and Lemi Baruh. 2010. "Introduction: Reality to Everyday Politics." In *Reel Politics: Reality Television as a Platform for Political Discourse*, edited by Lemi Baruh and Ji Hoon Park. Cambridge: Cambridge Scholars, pp.1~21.

Park, Jung Hoon. 2010. "A Critical Approach to Cultural Policies in the Lee Myung Bak Government." Paper presented in the seminar on the marketization of culture in the Lee Government and Liberals' Alternative, Seoul, March 18.

Park, Kyonghwan. 2005. "Internet Economy of the Online Game Business in South Korea: The Case of NCsoft's Lineage." In *Digital Economy: Impacts, Influences and Challenges*, edited by Varinder P. Singh and Harbhajan Kehal. Hershey, Pa: IGI Global.

Park, So Young. 2010. "Transnational Adoption, Hallyu, and the Politics of Korean Popular Culture." *Biography* 33, no.1, pp.151~166.

Park, Yang Woo. 2012. "An Analysis of the Transition of the Cultural Content Industry Policy in Korea: Focused on the Government Finance." *Journal of Arts Management and Policy* 22, pp.299~332.

Pease, Rowan. 2006. "Internet, Fandom, and K-Wave in China." In *Korean Pop Music: Riding the Wave*, edited by Keith Howard. Kent: Global Oriental, pp.176~189.

Penney, Joel. 2011. "KEVIN07: Cool Politics, Consumer Citizenship, and the Specter of 'Americanization' in Australia." *Communication, Culture and Critique* 4, no.1, pp.80~98.

Pieterse, Jan Nederveen. 1995. "Globalization as Hybridization." In *Global Modernities*, edited by Mike Featherstone, S. Lash, and Roland Robertson. London: Sage, pp.45~68.

———. 2004. *Globalization on Culture: Global Melange*. Oxford: Rowman and Littlefield.

———. 2007. "Hybridity." In *Blackwell Encyclopedia of Sociology*, edited by George Ritzer, 5. Hoboken, N.J.: Blackwell, pp.2188~2191.

———. 2009. *Globalization and Culture: Global Mélange*. 2nd ed. Lanham, Md: Rowman and Littlefield.

Poole, Robert. 2009. "No Constrictions on BoA's Ambitions." *Japanese Times*, March 20.

Pororo the Little Penguin. 2003. News: Pororo the Little Penguin. http://www.pororo.net/en/news/news_read2.php?id=25&currentPage=2&articleNum=3&depth=0

_____. 2005. "Broadcasting Started on Hungama TV, India." http://www.pororo.net/en/news/news_read2.php?id=25&currentPage=1&articleNum=14&depth=0.

Pratt, Andy. 2005. "Cultural Industries and Public Policy: An Oxymoron." *International Journal of Cultural Policy* 11, no.1, pp.31~44.

Presidential Transition Team. 2013. *The 21st Century National Goals*. Seoul: Presidential Transition Team.

PriceWaterhouseCoopers. 2012. *Global Entertainment and Media Outlook, 2012-2016*. New York: PWC.

Pucca Wikia. 2015. "Pucca Races for Kisses." http://pucca.wikia/com/wiki/Pucca_Races_For_Kisses.

Raphael, Chad. 2004. "The Political Economic Origins of Reali-TV." In *Reality TV: Remaking Television Culture*, edited by Susan Murray and Laurie Ouellette. New York: New York University Press, pp.119~136.

Ratto, Mark. 2012. "Korea's Animation Industry and Pororo''s Impact." *Yonhap News*, May 2.

Reiss, Steven and James Wiltz. 2010. "Why America Loves Reality TV." *Psychology Today*. http://psychologytoday.com/articles/200109/why-america-loves-reality-tv.

Richardson, I. 2012. "Touching the Screen: A Phenomenology of Mobile Communication, and the iPhone." In *Studying Mobile Media: Cultural Technologies, Mobile Communication, and the iPhone*, edited by Larissa Hjorth, J. Burgess, and I. Richardson. London: Routledge, pp.133~153.

Ritzer, George and Michael Ryan. 2004. "Americanisation, McDonaldisation, and Globalization." In *Issues in Americanisation and Culture*, edited by Neil Campbell, Jude Davies, and George McKay. Edinburgh: Edinburgh University Press, pp.41~60.

Robertson, Roland. 1995. "Glocalization: Time-Space and Homogeneity-Heterogeneity." In *Global Modernities*, edited by Mike Featherstone, S. Lash and Roland Robertson. London: Sage.

Rogers, Richard. 2006. "From Cultural Exchange to Transculturation: A Review and Reconceptualization of Cultural Appropriation." *Communication Theory* 16, no.4, pp.474~503.

Roh, Moo-hyun. 2003. "A Keynote Speech at the International Conference of Growth Engines of Korea." July 24. http://archives.knowhow.or.kr/archives/?mode=view&bId=340&FRM_P_ID=15&id=149183.

Rutten, Paul. 1996. "Global Sounds and Local Brews, Musical Developments and Music Industry in Europe." In *Music in Europe*, edited by Paul Rutten. Brussels: European Music Office, pp.64~76.

Ryoo, Woongjae. 2008. "Seeking a Political Economic Paradigm for Korean Cultural Studies: Focusing on the Hybridity Debate of the Korean Wave." *Media and Society* 16, no.4, pp.2~27.

_____. 2009. "Globalization; or, The Logic of Cultural Hybridization: The Case of the Korean Wave." *Asian Journal of Communication* 19, no.2, pp.137~151.

Sánchez Ruiz, Enrique. 2001. "Globalization, Cultural Industries, and Free Trade: The Mexican Audiovisual Sector in the NAFTA Age." In *Continental Order: Integrating North America for Cybercapitalism*, edited by Vincent Mosco and Dan Schiller. New York: Rowman and Littlefield, pp.86~119.

Schiller, Dan. 1999. *Digital Capitalism.* Cambridge, Mass.: MIT Press.

Schiller, Herbert. 1976. *Communication and Cultural Dominance.* New York: International Arts and Sciences Press.

SCS Software Blog. 2013. "Crowdsourced Translations." http://blog.scssoft.com/2011/04/crowdsourced-translations.html.

Seabrook, John. 2012. "Factory Girls." *New Yorker*, October 8. http://www.newyorker.com/reporting/2012/10/08/121008fa_fact_seabrook.

Seo, Min Soo, Jung Tae-soo, Joo Young-Min and Lee Hae-Wook. 2013. "Six Strategies for Sustainable Growth of New Korean Wave." *Korea Economic Trends* 18, no.24, pp.9~14.

Seo, Sung Kon. 2009. "Game Industry Big Five Surpasses Sale of 2 Billion." *iNEWS*, May 19.

Seok, Juwon. 2010. "Korean Game Market: The Rising Representative Contents of Korea Games." http://www.hancinema.net/korean-game-market-the-rising-representative-contents-of-korea-gmaes-26901.html.

Seoul Economic Daily. 2012. "iOS' Market Share Dropped to 9.3%."

Seoulbeats. 2013. "Lost in Translation: The Reduced Role of Lyrics in K-pop." http://seoulbeats.com/2012/07/lost-in-translation-the-reduced-role-of-lyrics-in-k-pop/.

Shim, Doobo. 2006. "Hybridity and the Rise of Korean Popular Culture in Asia." *Media, Culture and Society* 28, no.1, pp.25~44.

_____. 2008. "The Growth of Korean Cultural Industries and the Korean Wave." In *East Asian Pop Culture: Analyzing the Korean Wave*, edited by Chua Beng huat and Koichi Iwabuchi. Hong Kong: Hong Kong University Press, pp.15~32.

Shin, H. I. 2004. "Keeping the 'Korean Wave' Washing onto Asian Shores." *Korea Herald*, August 26.

Shin, H. S. 2011. "Stop the Glut of Reality TV Shows." *Chosun Ilbo*, June 1.

Shin, Hyunjoon. 2005. "The Cultural Politics of 'K-pop' in the Era of Transregional Cultural Traffics." *Communication and Society* 13, no.3, pp.7~36.

_____. 2009. "Have you Ever Seen the Rain? And Who'll Stop the Rain? The Globalization Project of Korean Pop." *Inter-Asian Cultural Studies* 10, no.4, pp.507~523.

Shin, Jeeyoung. 2005. "Globalization and New Korean Cinema." In *New Korean Cinema*, edited by Chi Yun Shin and Julian Stringer. Edinburgh: University of Edinburgh Press, pp.51~62.

Shin, Yong Su. 2008. "Reflection of Korean Animation History." *Onliner*, March 30. http://onliner.or.kr/sub_read.html?uid=97&section=sc2.

Shome, Raka and Radha Hedge. 2002. "Culture, Communication, and the Challenge of Globalization." *Critical Studies in Media Communication* 19, no.2, pp.172~189.

Sinclair, Brendan. 2013. "Nexon Invests in Robotoki." *GamesIndustry.biz*, February 25. http://www.gamesindustry.biz/articles/2013-02-25-nexon-invests-in-robotoki.

Sinclair, John. 2007. "Cultural Globalization and American Empire." In *Media in the Age of Marketization*, edited by Graham Murdock and Janet Wasko. Cresskill, N.J.: Hampton Press, pp.131~150.

Siriyuvasak, Uronra and Shin Hyun Joon. "Asianizing K-pop: Production, Consumption and Identification Patterns among Thai Youth." *Inter-Asia Cultural Studies* 8, no.1, pp.109~136.

Sobchack, Thomas. 1975. "Genre Film: A Classical Experience." *Literature Film Quarterly* 3, no.3, pp.196~204.

Son, Min Jung. 2004. "The Politics of the Traditional Korean Popular Song Style T'urot'u." Ph.D. diss., University of Texas at Austin.

Song, Jung Eue and Wonho Jang. 2013. "Developing the Korean Wave through

Encouraging the Participation of YouTube Users: The Case Study of the Korean Wave Youth Fans in Hong Kong." *Journal of Korean Content Association* 13, no.4, pp.157~169.

Sparks, Colin. 2007. "What's Wrong with Globalization?" *Global Media and Communication* 3, no.2, pp.133~155.

SPCNET. 2012. "*The Thieves* Surpasses The Host to Become Korea's Most Watched Movie." October 8. http://www.spcnet.tv/news/2012/10/08/the-thieves-surpasses-the-host-to-become-koreas-most-watched-movie/#.VPYyHHysU7w.

Spivak, Graves. 1988. "Can the Subaltern Speak." In *Marxism and the Interpretation of Culture*, edited by Cary Nelson and Lawrence Grossberg. Urbana: University of Illinois Press, pp.271~313.

Staiger, Janet. 1997. "Hybrid or Inbred:The Purity Hypothesis and Hollywood Genre History." *Film Criticism* 22, pp.5~20.

Strategy Analytics. 2005. "Apple Becomes World's Largest Smartphone Vendor in Q4 2014." January 28. Press release.

_____. 2013. "Android Captures Record 81 Percent Share of Global Smartphone Shipments in Q3 2013." http://blogs.strategyanalytics.com/WSS/post/2013/10/31/Android-Captures-Records-81-Percent-Share-of-Global-Smartphone-Shipments-in-Q3-2013.aspx/

Straubhaar, Joseph. 1991. "Beyond Media Imperialism: Asymmetrical Interdependence and Cultural Proximity." *Critical Studies in Mass Communication* 8, pp.39~59.

_____. 2000. "Cultural Capital, Language and Cultural Proximity in the Globalization of Television." Paper presented at the Broadcast Education Association Convention on Electronic Media in the Digital Age: Content and Technology, Las Vegas.

_____. 2012. "Telenovelas in Brazil: From Traveling Scripts to a Genre and Proto-format Both National and Transnational." In *Global Television Formats*, edited by Trasha Oren and Sharon Shahaf. London: Routledge, pp.148~176.

Stringer, Julian. 2005. "Putting Korean Cinema in Its Place: Genre Classifications and the Contexts of Reception." In *New Korean Cinema*, edited by Chi Yun Shin and Julian Stringer. Edinburgh: Edinburgh University Press, pp.95~105.

Suh, Joowon. 2012. "Styling English in K-pop." Paper presented at Asian and Middle Eastern Studies Seminar, Durham, N.C., April 12.

Sung, Sang-yeon. 2006. "The Hanliu Phenomenon in Taiwan: TV Dramas and Teenage

Pop." In *Korean Pop Music: Riding on the Wave*, edited by Keith Howard. Kent: Global Oriental, pp.168~175.

Super Star K3. 2011. "*Super Star K3* Asian Preliminary." http://blog.naver.com/PostView. nhn?blogId=nannaya220&logNo=70112073520.

Sutton, Anderson. 2006. "Bounded Variation? Music Television in South Korea." In *Korean Pop Music: Riding on the Wave*, edited by Keith Howard. Kent: Global Oriental, pp.208~220.

_____. 2009. "Korean Fusion Music on the World Stage: Perspectives on the Aesthetics of Hybridity." *ACTA Koreana* 12, no.1, pp.27~52.

Taipei Times. 2011. "GTV Has License Renewal Application Approved with Programming Condition." December 29.

Takahashi, Dean. 2013. "Trion to Publish XL Games' Massively Online Game ArcheAge in Western Markets." http://venturebeat.com/2013/01/24/trion-to-publish-xl-games-massively-online-game-archeage-in-western-markets-exclusive/.

Throsby, David. 2010. *The Economics of Cultural Policy*. New York: Cambridge University Press.

Thussu, Daya K. 2006. "Mapping Global Flow and Contra-flow." In *Media on the Move: GLobal Flow and Contra-flow*, edited by Daya Thussu, London: Routledge, pp.11~32.

Thussu, Daya K.(ed.) 2007. *Media on the Move: GLobal Flow and Contra-flow*. London: Routledge.

Tobin, Joseph(ed.). 2004. *Pikachu's Global Adventure: The Rise and Fall of Pokemon*. Durham, N.C.: Duke University Press.

Tomlinson, John. 1999. *Globalization and Culture*. Chicago: University of Chicago Press.

Tong, Q. S. and Ruth Y. Hung. 2012. "Cultural Policy between the State and the Market: Regulation, Creativity and Contradiction." *International Journal of Cultural Policy* 18, no.1, pp.265~278.

TrendForce. 2015. "Top 10 Smartphone Vendors." January 20. Press release.

Tsukayama, Hayler. 2013. "Facebook Launches Mobile Game Platform, Edges near IPO Price." *Washington Post*, July 30. http://www.washingtonpost.com/business/technology/facebook-launches-mobile-game-platform-edges-near-ipo-price/2013/07/30/925ef37a-f936-11e2-afc1-c850c6ee5af8_story.html.

Tufte, Thomas. 1995. "How Do Telenovelas Serve to Articulate Hybrid Cultures in

Contemporary Brazil?" *Nordicom Review* 16, no. 2, pp. 29~35.

Tunstall, Jeremy. 1977. *The Media Are American: Anglo-American Media in the World.* New York: Columbia University Press.

Turow, Joseph. 2008. *Media Today: An Introduction to Mass Communication.* Routledge, London.

_____. 2011. *Media Today: An Introduction to Mass Communication.* 4th ed. London: Routledge.

Tyrell, Heather. 1999. "Bollywood versus Hollywood: Battle of the Dream Factories." In *Culture and Global Change*, edited by T. Skelton and T. Allen. London: Routledge University Press, pp. 260~266.

Vertovec, Steven. 1999. "Conceiving and Researching Transnationalism." *Ethnic and Racial Studies* 22, no. 2, pp. 447~462.

Vitalsign. 2010. "Hallyu 2.0 Has Begun." September 24. http://www.allkpop.com/2010/09/hallyu-2-0-has-begun.

Wahab, Juliana Abdul, Mustafa K. Anuar and Farhani. 2012. "Global Media Product and Construction of Japanese Identity: A Case Study of Anime on Malaysian Television." *Malaysian Journal of Communication* 28, no. 2, pp. 1~19.

Waisbord, Silvio and Nancy Morris. 2001. Introduction to *Media and Globalization: Why the State Matters*, edited by Nancy Morris and Silvio Waisbord. Lanham, Md.: Rowman and Littlefield.

Wall Street Journal. 2011. "Smartphone Users in Korea: 20M and Rising." October 31.

Wallerstein, Immanuel. 1974. *The Modern World-System: Capitalist Agriculture and the Origins of the European World Economy in the Sixteenth Century.* New York: Academic Press.

Wallis, Vaughan. 2012. "The Original Hallyu: The Korean Video Game Industry." September 23. http://10mag.com/korean-video-game-201209/.

Wang, Georgette and Emile Yeh. 2005. "Globalization and Hybridization in Cultural Products: The Case of Mulan and Crouching Tiger, Hidden Dragon." *International Journal of Cultural Studies* 8, no. 2, pp. 175~193.

Wang, Wei-ching. 2008. "A Critical Interrogation of Cultural Globalization and Hybridity: Considering Chinese Martial Arts Films as an Example." *Journal of International Communication* 14, no. 1, pp. 46~64.

Wasko, Janet. 1997. "Hollywood Meets Madison Avenue: The Commercialization of U.S. Films." In *Media in Global Context: A Reader*, edited by Annabelle Sreberny-Mohammadi, Dwayne Winseck, Jim McKenna and Oliver Boyd-Barett, pp.113~130.

Watson, James(ed.). 1997. *Golden Arches East: McDonald's in East Asia*. Stanford, Calif.: Stanford University Press.

Wee, Willis. 2013. "KakaoTalk Hits 10 Million Downloads in Japan." *Tech in Asia*. http://www.techinasia.com/kakaotalk-hits-10-million-downloads-japan/.

Wildavsky, Aron and Naomi Caiden. 2000. *The New Politics of the Budgetary Process*. 4th ed. New York: Addison-Wesley.

Won, Yong Jin. 2012. "Evaluation of Cultural Contents Policies of Lee Myung-bak Government." Paper presented at the Cultural Policy Forum, Seoul, April 27.

Wong, Sterling. 2013. "Riding the Korean Wave: How K-pop Stars Have Helped Lift Samsung to the Top in Asia." *Minyanville*, January 31.

Woo, Hyo Kyung. 2012. "Reading Transnationality in a National Context: Hallyu in Korean Audition Programs." Paper presented at the Political Popular: Intersection of Democracy and Popular/Public Culture in South Korea Conference, University of California-Irvine, September 20~22.

Wood, Ellen. 2003. *Empire of Capital*. London: Verso.

Wu, Huating and Joseph Chan. 2007. "Globalizing Chinese Martial Arts Cinema: The Global-Local Alliance and the Production of Crouching Tiger, Hidden Dragon." *Media, Culture and Society* 29, no.2, pp.195~217.

Yang, Jong Hae. 2007. "Globalization, Nationalism and Regionalization: The Case of Korean Popular Culture." *Development and Society* 36, no.2, pp.177~199.

Yazdiha, Haj. 2010. "Conceptualizing Hybridity: Deconstructing Boundaries through the hybrid." *Formations* 1, no.1, pp.31~38.

Yim, Haksoon. 2002. "Cultural Identity and Cultural Policy in South Korea." *International Journal of Cultural Policy* 8, no.1, pp.37~48.

Yin, Kelly and Kai K. Liew. 2005. "Hallyu in Singapore: Korean Cosmopolitanism or the Consumption of Chineseness?" *Korea Journal* 45, no.4, pp.206~232.

Yonhap News. 2010. "Mobile Big Bang Hits Korean Market." December 20.

_____. 2013. "Samsung Tops China's Smartphone Market in 2012." March 10. http://english.yonhapnews.co.kr/techscience/2013/03/10/34/0601000000AEN2013031000180

0320F.HTML.

Yoon, Ae Ri. 2009. "In-between the Value of the Global and the National: The Korean Animation Industry." In *Cultural Studies and Cultural Industries in Northeast Asia*, edited by Chris Berry, Nicola Liscutin and jonathan Mackintosh. Hong Kong: Hong Kong University Press, pp.103~115.

Yoon, Tae Jin. 1997. "Mass Media and the Reproduction of the International Order: Presentation of American Culture by American Television Programs Aired in Korea, 1970 to 1989." Ph.D. diss., University of Minnesota.

Yun, Suh Young. 2013. "Korean Movie Industry in Renaissance." *Korea Times,* February 3.

"Mobile Leads Gaming Charge in South Korea." 2012. December 13. http://www.emarkter.com/Article/Mobile-Leads-Gaming-Charge-South-Korea/1009541.

"Pokemon." 2012. http://bejitsu.deviantart.com/art/Pokemon-Pikachu-337454394.

찾아보기

옮긴이의 글

    한국 아이돌 그룹 공연장의 열성적인 서구 청소년팬들의 모습은, 이제 익숙해질 법도 하겠으나, 여전히 신기하고 경이롭다. 역자가 1992년 사회적으로 큰 파장을 일으켰던 미국의 아이돌 그룹 '뉴 키즈 온 더 블록New Kids on the Block'의 내한 공연을 직접 겪었던 세대라서 더욱 그럴지도 모르겠다. 하지만 서구 한류팬들에 의한 유튜브 팬페이지에 달린 어린 한국인들의 열성적인 댓글은 한류가 세대를 넘어 여전히 경이로운 현상으로 여겨지고 있음을 보여준다. 그런가 하면 2000년대 이후 한류를 연구하고 분석한 국내외의 수많은 연구는 한류 현상이 불러일으킨 놀라움의 감정이 비단 한국에 국한되는 것이 아님을 보여준다.

    국내외를 막론하고 한류가 불러일으킨 이 놀라움의 근본에는 오랫동안 전 지구적으로 고착되어온 서구의 문화적 지배라는 현상에 대한 "역류"가 위치한다. '문화적 근접성'을 기반으로 한 아시아권으로의 확산을 넘어 이제는 미국과 유럽이라는 '중심부'에 진출하고 있는 한류가 그러한 문화적 역류의 지표로서 읽히고 있는 것이다.

    그럼에도 불구하고 전 지구적인 문화적 역류의 본격화를 주장하는 것은 성급해 보이는데, 왜냐하면 이제 20여 년을 넘기고 있는 한류가 그 자체로서 매우 복잡다단한 현상이기 때문이다.

    이 책은 혼종성 이론을 바탕으로 수행한 한류에 대한 분석을 통해 한류 내에서 소용돌이치고 있는 다양한 문화적 흐름들을 짚어냄으로써 글로벌 시대를 맞아 선언되었던 '문화 제국주의의 종언'이 아직 성급함을 보여준다. 그리고 이를 통해 지난 몇 년간 한국의 방송과 정부가 자찬하기에 급급했던 한류 현상에 대한 비판적인 관점 또한 제공한다. 얼핏 문화적인 것으로만 보이는 한류지만 사실 그것은 (당연하게도) 산업적이고 정치적인 영역인 것이다. 올해 새로운 정부의 수립과 함께 한류는 또다시 변화의 기로에 서게 될 것인데, 이 책에서 제시하는 '혼종성'은 한류와 관련해서 중요한 키워드로서 전 지구적인 문화 흐름에 있어 한류의 역할과 가능성, 그리고 나아갈 길을 모색할 수 있도록 해줄 것이다.

지은이

진 달 용

일리노이 주립대학교(어버나–샴페인)에서 언론학 박사를 마쳤다. ≪문화일보≫ 기자 출신으로 현재 캐나다 사이먼 프레이저 대학교Simon Fraser University 언론학과 부교수로 재직 중이다. 2009년부터 2011년까지 KAIST 과학저널리즘대학원 인문사회학부 부교수를 역임했으며, 2014년부터 2015년까지 연세대학교 교환교수를 지냈다. 플랫폼 테크놀로지, 디지털 게임, 글로벌라이제이션, 한류, 정치경제학을 연구·강의하고 있다. 펴낸 책으로는 『과학저널리즘의 이해』(2015), 『문화제국주의의 재해석』(2011), *Smartland Korea: mobile communication, culture and society* (2017), *New Korean Wave: transnational popular culture in the age of social media* (2016), *Digital Platforms, Imperialism and Political Culture* (2015), *De-convergence of Global Media Industries (2013)*, *Korea's Online Gaming Emire* (2010), 『디지털 현기증: 소셜미디어 속에서 길을 잃은 현대인』(2016, 공역) 등이 있다.

옮긴이

나 보 라

연세대학교 커뮤니케이션대학원에서 영상커뮤니케이션을 전공하였으며, 동대학원에서 2006년 「게임플레이 경험에 관한 연구: 디지털 게임 장르를 중심으로」로 석사학위를, 2016년에는 「'게임성'의 통시적 연구: 한국 전자오락사의 이론적 고찰」로 박사학위를 받았다. 「가상공간의 산만성과 촉각성에 대한 고찰: MMORPG를 중심으로」(2011)를 비롯하여 「한국 디지털게임의 역사: 문화적 의미를 중심으로」(공저, 2011), 「뉴미디어포비아: 올드미디어의 오만과 편견」(공저, 2013) 등의 논문을 발표했으며, 『디지털을 읽는 10가지 키워드』(2011), 『비디오게임』(공역, 2007) 등의 번역서를 냈다.

한울아카데미 1993

신한류

소셜 미디어 시대의 초국가적 문화 권력

지은이 | 진달용
옮긴이 | 나보라
펴낸이 | 김종수
펴낸곳 | 한울엠플러스(주)
편   집 | 조인순

초판 1쇄 인쇄 | 2017년 6월 11일
초판 1쇄 발행 | 2017년 6월 15일

주소 | 10881 경기도 파주시 광인사길 153 한울시소빌딩 3층
전화 | 031-955-0655
팩스 | 031-955-0656
홈페이지 | www.hanulmplus.kr
등록번호 | 제406-2015-000143호

Printed in Korea.
ISBN 978-89-460-5993-1 93300 (양장)
      978-89-460-6349-5 93300 (학생판)